札幌静修高等学校

〈収録内容〉

■ 2024年度入試の問題・解答解説・解答用紙・「合否の鍵はこの問題だ!
の「出題傾向の分析と合格への対策」は、弊社HP の商品ページにて
■ 2021年度は、弊社ホームページで公開しております。
本ページの下方に掲載しておりますQRコードよりアクセスし、データをダウンロードしてご利用ください。
■ 英語リスニング問題は音声の対応をしておりません。

2024 年度 …………………………… 2024年10月 弊社HPにて公開予定
※著作権上の都合により、掲載できない内容が生じることがあります。

2023 年度 ……………… 普通科特進コース・ユニバーサル科
(数・英・理・社・国)
普通科総合コース (数・英・国)
※ユニバーサル科は英（聞き取りテストを含む）・国
※普通科特進コース・ユニバーサル科・普通科総合コース国語の大問二は、問題に使用された作品の著作権者が二次使用の許可を出していないため、問題を掲載しておりません。

2022 年度 ……………… 普通科特進コース・ユニバーサル科
(数・英・理・社・国)
普通科総合コース (数・英・国)
※ユニバーサル科は英（聞き取りテストを含む）・国

2021 年度 ……………… 普通科特進コース・ユニバーサル科
(数・英・理・社)
普通科総合コース (数・英)
※ユニバーサル科は英（聞き取りテストを含む）・国

解答用紙データ配信ページへスマホでアクセス! ⇒

※データのダウンロードは 2025 年 3 月末日まで。
※データへのアクセスには、右記のパスワードの入力が必要となります。 ⇒ 243957

本書の特長

実戦力がつく入試過去問題集

- ▶ 問題 ‥‥‥‥‥ 実際の入試問題を見やすく再編集。
- ▶ 解答用紙 ‥‥ 実戦対応仕様で収録。
- ▶ 解答解説 ‥‥ 詳しくわかりやすい解説には、難易度の目安がわかる「基本・重要・やや難」の分類マークつき（下記参照）。各科末尾には合格へと導く「ワンポイントアドバイス」を配置。採点に便利な配点つき。

入試に役立つ分類マーク

基本 確実な得点源！
受験生の90%以上が正解できるような基礎的、かつ平易な問題。
何度もくり返して学習し、ケアレスミスも防げるようにしておこう。

重要 受験生なら何としても正解したい！
入試では典型的な問題で、長年にわたり、多くの学校でよく出題される問題。
各単元の内容理解を深めるのにも役立てよう。

やや難 これが解ければ合格に近づく！
受験生にとっては、かなり手ごたえのある問題。
合格者の正解率が低い場合もあるので、あきらめずにじっくりと取り組んでみよう。

合格への対策、実力錬成のための内容が充実

- ▶ 各科目の出題傾向の分析、合否を分けた問題の確認で、入試対策を強化！
- ▶ その他、学校紹介、過去問の効果的な使い方など、学習意欲を高める要素が満載！

解答用紙ダウンロード 解答用紙はプリントアウトしてご利用いただけます。弊社ＨＰの商品詳細ページよりダウンロードしてください。トビラのＱＲコードからアクセス可。

UD FONT 見やすく読みまちがえにくいユニバーサルデザインフォントを採用しています。

札幌静修高等学校

▶交通　地下鉄南北線幌平橋駅
　　　　札幌市電静修学園前駅

〒064-0916　札幌市中央区南16条西6丁目2-1
☎011-521-0234
https://www.sapporoseishu.ed.jp

沿　革

1922年、札幌・中島に札幌静修会女学校開校。1923年、新校舎を建設し、現在地に移転。1933年、札幌静修女学校に校名変更。1948年、札幌静修高等学校に校名変更。1992年、札幌初の国際科を開設。1999年、特進コースを新設、合わせて特進コースと国際科を男女共学化。2002年、カナダ、オーストラリアの計４校と姉妹校提携。2011年、国際科をユニバーサル科に改称。2022年に創立100周年を迎えた。

教育方針

納得のいく進路を実現するために不可欠な「３つの心」とそれを支える「５つの力」を養うため、生徒たちを全力でサポートする。

「３つの心」

「他をおもいやる心」「学ぼうとする心」「チャレンジする心」

「５つの力」

「思考する力」一物事を適切に判断するために、学びを深め、自らが考えようとする力を養うため、スタディプログラムで基礎学力チェック、学習習慣を確立させる。

「探求する力」一本質を深く理解するために、課題に粘り強く向かっていく姿勢や力を養うため、NIE教育、授業振り返りシートを通じて学びの探求を実現。

「伝え受け止める力」一自分の考えや思いを正確に伝え、相手の言葉を的確に受け止める力を養うために、読解力、記述力強化でコミュニケーション能力を図る。

「協働する力」一人や社会のつながりを意識し、他者と協力して行動できる力を養うため、学校行事、部活動、課外活動を通して協力することの大切さを体現していく。

「試みる力」一難しく思えることにも目標を定めて、最後までやり抜こうとする力を養うため、部活動と勉強を両立させる。また、英検や漢検、情報処理などのキャリア系資格の取得を目指す指導を実施。

学習課程

全科・コースを問わず国際交流が盛んで海外留学、海外派遣団、訪問団の受け入れを行っている。

「ユニバーサル科」

英語をコミュニケーションツールとして使いこなし、国際社会への理解を深めることで、国内外を問わず希望の進路をかなえる力を養うコース。２年生は全員、２カ月半のオーストラリア・カナダ語学研修を実施。

「普通科　特進」

大学進学に的を絞り、主要５教科の授業数が多くなるようカリキュラムを編成。早期の志望校決定と学習進度・受験科目に合わせた個人指導で志望校合格をサポートする。大学入学共通テストに不可欠な読解力と表現力を磨く指導も行う。

「普通科　総合」

将来の仕事につながる幅広い進路選択ができるよう、独自のキャリアプログラムを開講。１年修了時に進路に合わせた３つのコース(理系・文系・キャリア)を選択する。キャリアコースは将来の希望職種に合

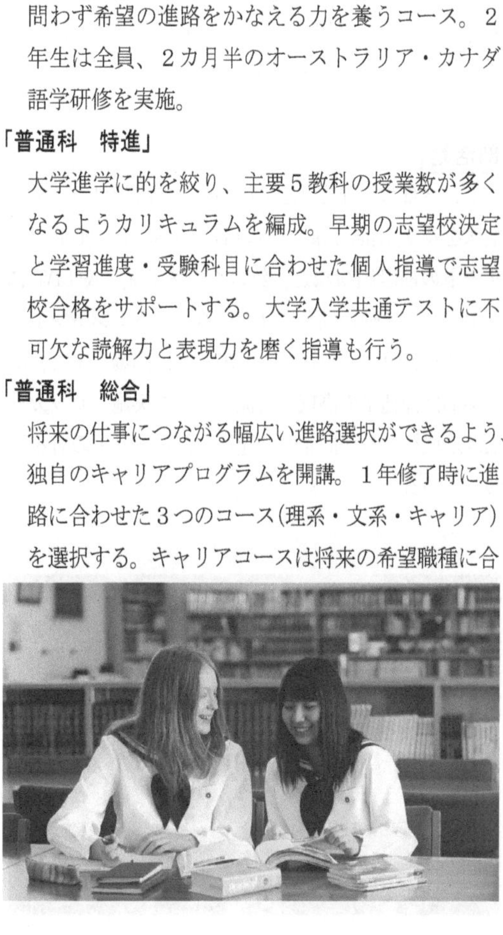

わせて５つの系に分かれる。

進　路

●2021年度進学実績

（４年生大学）

北海道教育大学、室蘭工業大学、札幌市立大学、北海学園大学、北海商科大学、北星学園大学、藤女子大学、酪農学園大学、札幌大学、東洋大学、亜細亜大学、桜美林大学、城西国際大学、京都外国語大学、大阪芸術大学、京都精華大学、神戸親和女子大学、沖縄大学　他

（医療・看護・歯・薬学系大学、専門学校）

天使大学、北海道医療大学、札幌保健医療大学、日本医療大学、北海道情報大学、北海道科学大学、北海道文教大学、関西看護医療大学、関西福祉大学、神戸常盤大学、兵庫大学、札幌医療リハビリ専門学校、札幌歯科学院専門学校、北海道歯科衛生士専門学校、吉田学園医療歯科専門学校

●就職先は、サービス、物流・運送、建設・不動産業など、就職率は100％である。また、カナダ、オーストラリアへの海外留学者もいる。

部活動

ダンス部は、全国大会のほか、24時間テレビ「愛は地球を救う」出演や東方神起LIVE TOUR、DA PUMPコンサートの前座出演など、数多くのメディアやLIVEにも出演し、活動の幅を広げている。バドミントン部、陸上部、書道部、放送局も全国大会に出場。また、吹奏楽部は沖縄県の高校と交流演奏会を実施。サッカー部は地域社会や民間企業と連携したキャリア教育を実践している。

●強化指定部

バドミントン、ハンドボール、野球、吹奏楽

●運動部

弓道、剣道、サッカー、新体操、ソフトテニス、ダンス、テニス、バスケットボール、バレーボール、陸上、水泳

●文化部

演劇、合唱、軽音楽、クッキング、国際交流、写真、書道、赤十字、パソコン同好会、文芸、漫画、理科、美術

●外局

図書、放送、編集

●課外講座

華道、茶道

年間行事

円山競技場で開催される体育祭はクラス対抗で、クラスのきずなが深まる行事として人気がある。また、みんなで作り上げる静修祭は一人ひとりが主役になれるイベントとして好評。

６月／体育祭

７月／静修祭

９月／芸術鑑賞

10月／遠足、修学旅行（普通科）

11月／球技大会

１月／予餞会

◎2023年度入試状況◎

学　　科	特　進	総　合	ユニバーサル
募集数	240		40
応募者数	193/466		31/36
受験者数	193/464		31/36
合格者数	192/459		30/35

※推薦・単願／一般

過去問の効果的な使い方

① **はじめに**　入学試験対策に的を絞った学習をする場合に効果的に活用したいのが「過去問」です。なぜならば，志望校別の出題傾向や出題構成，出題数などを知ることによって学習計画が立てやすくなるからです。入学試験に合格するという目的を達成するためには，各教科ともに「何を」「いつまでに」やるかを決めて計画的に学習することが必要です。目標を定めて効率よく学習を進めるために過去問を大いに活用してください。また，塾に通われていたり，家庭教師のもとで学習されていたりする場合は，それぞれのカリキュラムによって，どの段階で，どのように過去問を活用するのかが異なるので，その先生方の指示にしたがって「過去問」を活用してください。

② **目的**　過去問学習の目的は，言うまでもなく，志望校に合格することです。どのような分野の問題が出題されているか，どのレベルか，出題の数は多めか，といった概要をまず把握し，それを基に学習計画を立ててください。また，近年の出題傾向を把握することによって，入学試験に対する自分なりの感触をつかむこともできます。

過去問に取り組むことで，実際の試験をイメージすることもできます。制限時間内にどの程度までできるか，今の段階でどのくらいの得点を得られるかということも確かめられます。それによって必要な学習量も見えてきますし，過去問に取り組む体験は試験当日の緊張を和らげることにも役立つでしょう。

③ **開始時期**　過去問への取り組みは，全分野の学習に目安のつく時期，つまり，9月以降に始めるのが一般的です。しかし，全体的な傾向をつかみたい場合や，学習進度が早くて，夏前におおよその学習を終えている場合には，7月，8月頃から始めてもかまいません。もちろん，受験間際に模擬テストのつもりでやってみるのもよいでしょう。ただ，どの時期に行うにせよ，取り組むときには，集中的に徹底して取り組むようにしましょう。

④ **活用法**　各年度の入試問題を全問マスターしようと思う必要はありません。できる限り多くの問題にあたって自信をつけることは必要ですが，重要なのは，志望校に合格するためには，どの問題が解けなければいけないのかを知ることです。問題を制限時間内にやってみる。解答で答え合わせをしてみる。間違えたりできなかったりしたところについては，解説をじっくり読んでみる。そうすることによって，本校の入試問題に取り組むことが今の自分にとって適当かどうかが，はっきりします。出題傾向を研究し，合否のポイントとなる重要な部分を見極めて，入学試験に必要な力を効率よく身につけてください。

数学

各都道府県の公立高校の入学試験問題は，中学数学のすべての分野から幅広く出題されます。内容的にも，基本的・典型的なものから思考力・応用力を必要とするものまでバランスよく構成されています。私立・国立高校では，中学数学のすべての分野から出題されることには変わりはありませんが，出題形式，難易度などに差があり，また，年度によっての出題分野の偏りもあります。公立高校を含め，ほとんどの学校で，前半は広い範囲からの基本的な小問群，後半はあるテーマに沿っての数問の小問を集めた大問という形での出題となっています。

まずは，単年度の問題を制限時間内にやってみてください。その後で，解答の答え合わせ，解説での研究に時間をかけて取り組んでください。前半の小問群，後半の大問の一部を合わせて50%以上の正解が得られそうなら多年度のものにも順次挑戦してみるとよいでしょう。

英語

英語の志望校対策としては，まず志望校の出題形式をしっかり把握しておくことが重要です。英語の問題は，大きく分けて，リスニング，発音・アクセント，文法，読解，英作文の5種類に分けられます。リスニング問題の有無(出題されるならば，どのような形式で出題されるか)，発音・アクセント問題の形式，文法問題の形式(語句補充，語句整序，正誤問題など)，英作文の有無(出題されるならば，和文英訳か，条件作文か，自由作文か）など，細かく具体的につかみましょう。読解問題では，物語文，エッセイ，論理的な文章，会話文などのジャンルのほかに，文章の長さも知っておきましょう。また，読解問題でも，文法を問う問題が多いか，内容を問う問題が多く出題されるか，といった傾向をおさえておくことも重要です。志望校で出題される問題の形式に慣れておけば，本番ですんなり問題に対応することができますし，読解問題で出題される文章の内容や量をつかんでおけば，読解問題対策の勉強として，どのような読解問題を多くこなせばよいかの指針になります。

最後に，英語の入試問題では，なんと言っても読解問題でどれだけ得点できるかが最大のポイントとなります。初めて見る長い文章をすらすらと読み解くのはたいへんなことですが，そのような力を身につけるには，リスニングも含めて，総合的に英語に慣れていくことが必要です。「急がば回れ」ということわざの通り，志望校対策を進める一方で，英語という言語の基本的な学習を地道に続けることも忘れないでください。

国語

国語は，出題文の種類，解答形式をまず確認しましょう。論理的な文章と文学的な文章のどちらが中心となっているか，あるいは，どちらも同じ比重で出題されているか，韻文(和歌・短歌・俳句・詩・漢詩)は出題されているか，独立問題として古文の出題はあるか，といった，文章の種類を確認し，学習の方向性を決めましょう。また，解答形式は，記号選択のみか，記述解答はどの程度あるか，記述は書き抜き程度か，要約や説明はあるか，といった点を確認し，記述力重視の傾向にある場合は，文章力に磨きをかけることを意識するとよいでしょう。さらに，知識問題はどの程度出題されているか，語句(ことわざ・慣用句など)，文法，文学史など，特に出題頻度の高い分野はないか，といったことを確認しましょう。出題頻度の高い分野については，集中的に学習することが必要です。読解問題の出題傾向については，脱語補充問題が多い，書き抜きで解答する言い換えの問題が多い，自分の言葉で説明する問題が多い，選択肢がよく練られている，といった傾向を把握したうえで，これらを意識して取り組むと解答力を高めることができます。「漢字」「語句・文法」「文学史」「現代文の読解問題」「古文」「韻文」と，出題ジャンルを分類して取り組むとよいでしょう。毎年出題されているジャンルがあるとわかった場合は，必ず正解できる力をつけられるよう意識して取り組み，得点力を高めましょう。

数学

出題傾向の分析と 合格への対策

●出題傾向と内容

本年度の出題数は，特進コース・総合コース共に例年と同じ大問8題，小問数にして25題であり，解答形式は筆記問題であった。

出題内容は，①が計算に関する小問集合問題，②が方程式，因数分解などの小問集合問題，③がさまざまな分野からの短い文章題の小問集合問題，④が図形と確率に関する問題，⑤が1次関数のグラフを利用した問題，⑥が角度，⑦が作図や図形の証明の問題，⑧が2次関数や点の移動に関する問題である。

例年通り，教科書内容全般から基本事項を中心にバランスよく出題されている。

✓学習のポイント

基本から標準レベルまでの例題的な問題が幅広く出題される。解法を1つ1つしっかり理解し把握するように心がけよう。

●2024年度の予想と対策

例年，中学数学の各分野の基本～標準レベルの問題がバランスよく出題されている。この傾向は今後も続くだろう。教科書内容を徹底的に把握することが十分な対策となる。

計算については，すべての内容で速く正確に解けるようにした上で，例題レベルの文章題まで解きこなせるようにしよう。不等式も利用できるようにした方がよい。関数や確率についても，例題レベルで触れていないものが無いようにしよう。平面図形については，角・長さ・面積などを求める練習に加え，位置関係や多角形などの知識や三角形・四角形の性質や条件などを網羅し，証明を記述できるようにもしよう。

▼年度別出題内容分類表 ……

※普通科特進コースをA，総合コースをBとする。

出題内容			2019年	2020年	2021年	2022年	2023年
数と式		数の性質	AB	B	AB	AB	AB
		数・式の計算	AB	AB	AB	AB	AB
		因数分解	AB	AB	AB	AB	AB
		平方根	AB	AB	AB	AB	AB
方程式・不等式		一次方程式	AB	AB	AB	AB	AB
		二次方程式	AB	AB	AB	AB	AB
		不等式			AB		
		方程式・不等式の応用	AB	AB	AB	AB	A
関数		一次関数	AB	AB	AB	AB	AB
		二乗に比例する関数	AB	AB	AB	AB	AB
		比例関数	A			B	AB
		関数とグラフ	AB	AB	AB	AB	A
		グラフの作成					
図形	平面図形	角度	AB	AB	AB	AB	AB
		合同・相似			AB	AB	B
		三平方の定理	B	AB			
		円の性質	AB	AB			
	空間図形	合同・相似					
		三平方の定理					
		切断					
	計量	長さ	B			AB	AB
		面積	AB		B	AB	B
		体積	A		A		
		証明	AB	AB	AB	AB	B
		作図					A
		動点					B
統計		場合の数	B				B
		確率	A	AB	B	A	AB
		統計・標本調査	AB				B
融合問題		図形と関数・グラフ	AB	AB	A	B	A
		図形と確率					A
		関数・グラフと確率					
		その他					
その他					AB	AB	

札幌静修高等学校

英語

出題傾向の分析と 合格への対策

●出題傾向と内容

本年度は普通科特進コース・総合コースともに，長文読解問題，対話文問題，適語補充(選択)問題，単語の発音問題，単語のアクセント問題という大問計5題，ユニバーサル科はこれに聞き取り問題を加えた大問計6題の出題であった。レベル，内容ともほぼ例年通りだった。

長文読解問題・対話文問題は，内容吟味だけでなく文法力や語彙力も試される総合問題である。いずれも難解な語句や表現はなく，読みやすい文章である。例年,「あなた自身」のことを英語で問われる自由英作文問題が出題されている。文法問題は中学の教科書レベルの標準的な問題が中心である。

学習のポイント

教科書範囲の文法・基本構文を確実に身につけ，様々な問題形式に慣れておこう。単語を正しく書けるように練習しておこう。

●2024年度の予想と対策

来年度も出題形式，量，内容とも例年とさほど変わりないと予想される。長文読解問題の対策としては，問題集などを使って長文を何度も読み，内容を短時間で正確に理解できるように練習を積むと良いだろう。文法問題の対策としては，教科書の内容を充分確認したうえで標準的な問題集1冊をくり返し解くとよい。自由英作文以外にも単語を書く問題が多くあるので，教科書で学習した単語は正しいつづりで書けるように日頃から意識しておくことが大切だ。

ユニバーサル科は聞き取り問題の対策も重要である。日頃からCDなどで英語を聞くように心がけておこう。

▼年度別出題内容分類表 ••••••

※普通科特進コース・ユニバーサル科をA，総合コースをBとする。

	出題内容	2019年	2020年	2021年	2022年	2023年
話し方・聞き方	単語の発音	A	AB	AB	AB	AB
	アクセント	A	AB	AB	AB	AB
	くぎり・強勢・抑揚					
	聞き取り・書き取り	A				A
語い	単語・熟語・慣用句	AB	AB	AB	B	A
	同意語・反意語					
	同音異義語					
読解	英文和訳(記述・選択)		B			B
	内容吟味	AB	AB	AB	AB	AB
	要旨把握			AB	AB	AB
	語句解釈					
	語句補充・選択	AB	AB	AB	AB	AB
	段落・文整序					
	指示語	B	B	B	AB	AB
	会話文	A	AB	AB	AB	
文法・作文	和文英訳	B				
	語句補充・選択		AB	AB	AB	AB
	語句整序	AB	AB	B	A	AB
	正誤問題					
	言い換え・書き換え	A				
	英問英答	AB				
	自由・条件英作文	AB	AB	AB	AB	AB
文法事項	間接疑問文					
	進行形				AB	
	助動詞	A	AB	AB	B	AB
	付加疑問文					
	感嘆文					
	不定詞	AB	AB	AB	A	B
	分詞・動名詞	AB	AB	AB	AB	A
	比較	AB	AB		AB	AB
	受動態	AB	B	A	B	B
	現在完了	B	AB	AB		AB
	前置詞		AB	B	A	
	接続詞	AB	AB	A	AB	AB
	関係代名詞	AB	AB		A	AB

札幌静修高等学校

理科

出題傾向の分析と合格への対策

●出題傾向と内容

例年，大問8題で小問が約50題の出題であり，4分野からの幅広い出題で構成されている。内容的には基本から標準レベルの問題が大半を占めるが，難度が高めの問題が，毎年2～3問出題される。第一分野からは，物質とその変化，運動とエネルギーからの出題が多く，第二分野からは，生物の体のしくみや，生物の種類とその生活，地球と太陽系，天気の変化からの出題が目立つ。

試験時間は50分であり，すべての問題を解くのに十分な時間である。

✔学習のポイント

基本～標準レベルの問題を数多く解いて，典型的な計算問題の解き方を身につけよう。

●2024年度の予想と対策

問題文は簡潔だが，よく読まないと条件を間違えてしまう出題も見受けられる。そのため，問題文の意味を素早く正確に読み取る練習を普段の学習から心がけたい。また，余裕を持った試験時間を作るために，やさしい問題から解き始め，難度の高い問題を後回しにするなどの工夫を入試問題演習や，模擬テストなどで実践することも大切である。時間を気にした学習を行ってもらいたい。

基本から標準レベルの問題が多いので，典型的な物理分野や化学分野の計算問題や，よく見かける化学反応式は十分に学習して慣れておくことが大切である。生物分野，地学分野は基本知識を中心に幅広く学習してもらいたい。

▼年度別出題内容分類表……

	出題内容	2019年	2020年	2021年	2022年	2023年
第一分野	物質とその変化	○	○	○	○	
	気体の発生とその性質		○			
	光と音の性質	○		○	○	
	熱と温度					
	力・圧力			○		
	化学変化と質量				○	○
	原子と分子					
	電流と電圧	○			○	○
	電力と熱					
	溶液とその性質					
	電気分解とイオン	○				○
	酸とアルカリ・中和			○		
	仕事					
	磁界とその変化					
	運動とエネルギー		○			○
	その他					
第二分野	植物の種類とその生活		○			
	動物の種類とその生活					
	植物の体のしくみ		○			
	動物の体のしくみ	○				
	ヒトの体のしくみ	○			○	
	生殖と遺伝				○	
	生物の類縁関係と進化			○		
	生物どうしのつながり					○
	地球と太陽系	○				
	天気の変化		○	○	○	○
	地層と岩石	○			○	○
	大地の動き・地震			○		
	その他			○		

札幌静修高等学校

社会

出題傾向の分析と 合格への対策

●出題傾向と内容

出題数は大問が6題で小問数は70問程度，各分野均等の出題となっている。解答形式では記号選択が5割で残りが語句記入，記述問題は3題と昨年より1題増えている。

地理は世界のエネルギー消費や主要国の発電形式，日本の鉱産物輸入先の識別など。歴史は人類誕生から近世までの日本と世界の関わりと明治～大正の3つの文章からの出題。お札の人物に関するものや作品名から作者を判断する設問などがみられる。公民は基本的人権と私たちの暮らしと経済に関するもの。記述は火力発電の設置場所や再生可能エネルギー，憲法改正についての基本的なものとなっている。

学習のポイント

地理：地図帳でのチェックを忘れずに！
歴史：世界史の分野にも要注意！
公民：現代社会の課題に目を向けよう！

●2024年度の予想と対策

内容的には基本的なものが中心であるのでまずは教科書レベルの知識を完璧にすることから始めよう。ただ，記述問題も多いので普段から自分の意見をまとめる練習はしておきたい。

地理は常に地図帳を傍らに置いて学習に臨むことが大切である。また統計資料などについては最新のデータで確認しておこう。歴史はまずは時代の流れをしっかりとつかむこと。時代ごとの特徴を確認したら分野史ごとのチェックも忘れないでほしい。授業で触れることの少ない世界史も要注意である。公民は憲法や政治のしくみを確認しよう。時事問題も上手に利用し現代社会の様々な問題に数多く触れておこう。

▼年度別出題内容分類表 ……

		出題内容	2019年	2020年	2021年	2022年	2023年
地理的分野	（日本）	地形図					
		地形・気候・人口	○	○	○	○	○
		諸地域の特色	○		○	○	
		産業	○				○
		交通・貿易					○
	（世界）	人々の生活と環境	○	○	○	○	
		地形・気候・人口	○	○		○	
		諸地域の特色	○	○	○	○	
		産業		○		○	○
		交通・貿易					
	地理総合						
歴史的分野	（日本史）	各時代の特色					
		政治・外交史	○	○	○	○	○
		社会・経済史	○	○	○	○	○
		文化史	○	○	○	○	○
		日本史総合					
	（世界史）	政治・社会・経済史	○	○	○	○	○
		文化史	○	○	○		○
		世界史総合					
	日本史と世界史の関連		○	○	○	○	○
	歴史総合						
公民的分野	家族と社会生活		○			○	○
	経済生活					○	○
	日本経済			○			
	憲法（日本）		○	○	○		○
	政治のしくみ		○	○	○	○	○
	国際経済						○
	国際政治				○	○	○
	その他						
	公民総合						
各分野総合問題							

札幌静修高等学校

国語

出題傾向の分析と 合格への対策

●出題傾向と内容

本年度の読解問題は，近年の傾向通り論説文・小説・古文からの出題であった。この他，特進・総合共通の漢字の読み書きと慣用句の問題が1題ずつの計5題の大問構成である。現代文の文章は特進・総合で共通。ただし，論説文は一部設問が特進と総合で異なる。現代文の読解問題では，語句の意味も大問に含まれる形で出題されている。

論説文は，特進・総合ともに論理関係の把握に注目した出題。本文中に明記されていること・されていないことの両者から，筆者が主張したいことの核心をとらえているかどうかを試される設問が多い。特進では，90字以内と長めの記述問題も出題された。小説は，特進・総合共通の問題で，登場人物の心情を比喩表現から読み取らせる出題が目立つ。五十字程度の記述問題も出題された。

古文は特進では『撰集抄』，総合では『伊勢物語』からの出題。総合では和歌の解釈も出題された。特進・総合どちらも，古文単語や文法の知識があれば解きやすくなる問題が含まれる点は例年通り。

学習のポイント

論説文は，自分なりに内容を言い換える練習をしておこう。小説は，比喩表現を多く含むものを読んでみよう。古文は，単語や文法知識をつけるだけでなく，文化的背景についても知っておきたい。

●2024年度の予想と対策

論説文の読解問題では，全体を通して筆者が主張したいことを前提として把握したうえで，細部を読み取らせる問題というのが考えられるだろう。小説は，長めの文量を短時間で通読する力はまず養っておく必要がある。比喩表現や婉曲表現など，文学的な言い回しについても多く目に触れさせ，具体的内容を理解しようとする習慣をつけることが望ましい。

古文は，問題集を活用してなるべく多くの作品に触れて読み慣れておくことが重要である。読んだ文章は必ず現代語訳に挑戦し，単語や文法の知識をかためておきたい。

知識問題は，様々なジャンルから出題される傾向にあるが，語彙力を問うものが多めであろう。

▼年度別出題内容分類表 ……

※普通科特進コース・ユニバーサル科をA，総合コースをBとする。

出題内容			2019年	2020年	2021年	2022年	2023年
内容の分類	読解	主題・表題					
		大意・要旨	AB	AB	B		
		情景・心情	AB	AB	AB	AB	AB
		内容吟味	AB	AB		B	B
		文脈把握	AB	AB	AB	AB	AB
		段落・文章構成			B		
		指示語の問題		A	A		
		接続語の問題	AB	AB	AB	AB	AB
		脱文・脱語補充	AB	AB	AB	AB	AB
	漢字・語句	漢字の読み書き	AB	AB	AB	AB	AB
		筆順・画数・部首					
		語句の意味	AB	AB	AB	AB	AB
		同義語・対義語					
		熟語	A	AB	A		B
		ことわざ・慣用句	AB		AB		AB
	表現	短文作成					
		作文(自由・課題)					
		その他			B		
	文法	文と文節					
		品詞・用法	B	AB	AB	AB	
		仮名遣い	AB	AB	AB	A	AB
		敬語・その他					
	古文の口語訳		B	AB	AB	A	AB
	表現技法			A	A	AB	AB
	文学史		AB		B		
問題文の種類	散文	論説文・説明文	AB	AB	AB	AB	AB
		記録文・報告文					
		小説・物語・伝記	AB	AB	AB	AB	AB
		随筆・紀行・日記					
	韻文	詩					
		和歌(短歌)					A
		俳句・川柳					
	古文		AB	AB	AB	AB	AB
	漢文・漢詩						

札幌静修高等学校

2023年度 合否の鍵はこの問題だ!!

（普通科特進コース・ユニバーサル科）

数学 $\boxed{4}$, $\boxed{5}$

$\boxed{4}$　3つの直径AD，BE，CFに着目して考えるとよい。

$\boxed{5}$ (3)　一般にA$(a,\ b)$，B$(c,\ d)$のとき，線分ABの中点の座標は，$\left(\dfrac{a+c}{2},\ \dfrac{b+d}{2}\right)$で求められる。

◎特別な難問はないので，時間配分を考えながら，できるところから解いていこう。

英語 $\boxed{1}$ 問8, $\boxed{2}$ 問7

英作文問題の配点が高くなっているため，確実に得点したい問題となっている。そのためには以下の点に注意をして英文を書こう。

〈英作文を書く時の注意点〉

① 問題の答えとしてきちんと対応しているか。

② スペルミスはないか。

③ 時制があっているか。

④ 名詞の形は正しいか（単数形か複数形か）。

⑤ 主語と動詞が入っているか。

⑥ 正しく冠詞（a, an, the など）を使っているか。

20語程度の英文で答える必要があるため，理由を含めるとよい。because や so を用いて英文を書こう。2文以上の英文にする場合は，I have two reasons. First, ～. Second, …. を用いるとよい。過去問でも同様の出題があるため，何度も解いて出題形式になれるようにしたい。

理科 3・5

4分野の典型的な知識や考え方を問うものが多くみられる。基礎的な知識，考え方を問う問題が多いため，それらの問題でミスをすると大きな痛手となる。難問に取り組む時間を増やすよりも，やさしい問題をていねいに解き，確実に正解をすることが大切である。

3は電流と電圧についての出題である。オームの法則は確実に覚えておくべき知識である。また，電力の求め方も基本知識として持っておかねばならない。(1)③は，図2のグラフから実際に電圧を2倍にしたときの電力量を比べれば，正解できる。(2)は並列つなぎの場合，各電熱線に同じ電圧がはたらくということを知識として持っていないとできない。5は，6打点ごとの時間が0.1sであることをまず考えなくてはならない。(2)は面倒と思わず各区間の平均の速さを出し，その平均を求めよう。

本校の入試問題は，問題数は多いものの，基本から標準の問題が幅広い範囲から出題される。そのため，受験勉強においては，基本～標準の問題を多く練習しよう。また，時間配分も大切である。やさしい問題と難しい問題を見極め，やさしい問題から解くなどの工夫を普段の学習から，取り入れよう。

社会 5 問2

設問は「日本における差別に関わる事柄として正しい文をア～エから一つ選べ」というもの。選択肢のアは「同和対策審議会の答申で，部落差別をなくすことが国の責務であり，国民の課題であると宣言した」というもの。同和とは人々が和合することで，被差別部落の解放と差別の撤廃に関するさまざまな活動を意味している。江戸時代，穢多(牛馬の死体処理などに従事した人)・非人(物乞いや芸能などの人)として極度の差別と抑圧の中に置かれた被差別部落の人々は，明治に入り解放令で制度上は解放されたものの，社会的・経済的な差別は依然として残された。大正デモクラシーの風潮の中，全国水平社が結成され人間の尊厳と平等を求めた運動が展開されるようになる。戦後，総理府の付属機関として設置された審議会の答申では，国の責務と国民の課題と宣言し，部落差別は差別する人の問題であると指摘している。選択肢のイは「アイヌ文化振興法ではアイヌ民族を日本の先住民族と定めた」というもの。この法律はアイヌを固有の民族として初めて法的に位置づけたが，先住民族と認めたのは2019年に成立したアイヌ民族支援法である。これは2007年に国連で先住民族の権利に関して採択された決議を受けたもので，これによりアイヌ文化振興法は廃止されることになった。選択肢のウは「男女共同参画社会基本法が制定され，雇用における女性差別が禁止された」というもの。この法律は性別に関係なく個性と能力を発揮できる社会の実現をめざしその基本理念などを定めた法律で，雇用における差別を禁止したのは1985年に成立した男女雇用機会均等法である。最後の選択肢エは「障がい者基本法は障がい者には特別な配慮が必要で，社会生活から離して保護する必要がある」というもの。この法律の基本理念にはノーマライゼーション(高齢者・障がい者などを区別せず，ともに社会で生活できることをめざす考え方)が導入され，障がい者はあらゆる分野の活動に参加する機会を与えられるものという趣旨が明示されている。

いずれにしても受験生にはあまり耳にしない法律であるかもしれない。ただ，世界でも類を見ない超高齢社会となった日本では，福祉社会の実現をめざしたさまざまな取り組みがなされつつある。日ごろからニュースなどには十分注意を払いながら生活することが極めて大切と言えるだろう。

国語 ㊀ 問五

傍線部の内容説明を求める設問では，傍線部をそのまま読んで答える，「つまり何を問いたいのか」から考えなくてはいけない場合がある。

傍線部3は「生物学の視点からは両者を区別する必要がある」。このうち「生物学の視点」がいかなるもので，「両者」とは何を指すのかをまず考えなくてはならない。「両者」は「現実世界」「想像世界」とある程度容易に特定できるが，「生物学の視点」は「生物進化の歴史上の順番」と同義であり，要は，この設問の本質は「生物進化の歴史上の順番」でもって，どのように「現実世界」「想像世界」が異なるということを説明できるか，という問いである。したがって，どのような「順番」かの説明は必須である。ここにまず気づくことができないと高得点は難しい。

ポイントとしては，傍線部をある程度分解し，キーワードを見つけてその説明をする，つまりキーワードを言い換えるイメージを持つことである。傍線部に含まれるキーワードのうち，一部にしか言及できていない答案は減点されやすいので注意しよう。

MEMO

大切なことはメモしておこうネ！

ダウンロードコンテンツのご利用方法

※弊社 HP 内の各書籍ページより，解答用紙などのデータダウンロードが可能です。

※巻頭「収録内容」ページの下部 QR コードを読み取ると，書籍ページにアクセスが出来ます。（Step 4 からスタート）

Step 1 東京学参 HP（https://www.gakusan.co.jp/）にアクセス

Step 2 下へスクロール『フリーワード検索』に書籍名を入力

Step 3 検索結果から購入された書籍の表紙画像をクリックし，書籍ページにアクセス

Step 4 書籍ページ内の表紙画像下にある『ダウンロードページ』を

クリックし，ダウンロードページにアクセス

Step 5 巻頭「収録内容」ページの下部に記載されている

パスワードを入力し，『送信』をクリック

解答用紙・+αデータ配信ページへスマホでアクセス！ ⇒

※データのダウンロードは 2024 年 3 月末日まで。

※データへのアクセスには，右記のパスワードの入力が必要となります。 ⇒ ●●●●●●

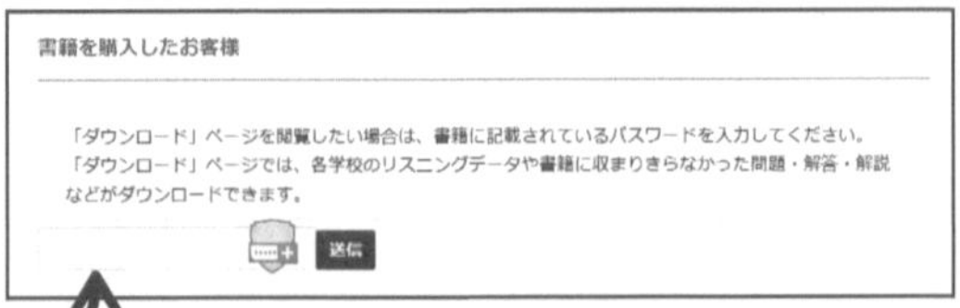

Step 6 使用したいコンテンツをクリック

※ PC ではマウス操作で保存が可能です。

2023年度

★★★★★★★★★★★★★★★★★★★★★★★

入　試　問　題

2023年度

札幌静修高等学校入試問題
（普通科特進コース・ユニバーサル科）

【数　学】（50分）　＜満点：100点＞

1 次の計算をしなさい。

⑴ $(-4^2)\div 2$

⑵ $\dfrac{3}{5}-5\times\left(-\dfrac{2}{5}\right)^2$

⑶ $(2\sqrt{3}+1)(\sqrt{3}+2)$

⑷ $\dfrac{2x+1}{3}-\dfrac{x-2}{2}$

⑸ $(x+y)^2-3x(x-y)$

2 次の各問いに答えなさい。

⑴ 1次方程式 $2(x-1)+\dfrac{x-2}{3}=9$ を解きなさい。

⑵ 2次方程式 $(x+2)(x-4)=x-8$ を解きなさい。

⑶ $ax^2-2ax+a$ を因数分解しなさい。

⑷ 連立方程式 $\begin{cases}2x-y=10\\3x+2y=8\end{cases}$ を解きなさい。

⑸ 内角の和が1620°である多角形は何角形か答えなさい。

3 次の各問いに答えなさい。

⑴ 半径が9㎝，弧の長さが 8π ㎝であるおうぎ形の中心角の大きさを求めなさい。

⑵ y は x に反比例する。$x=2$ のときの y の値は，$x=5$ のときの y の値より3大きい。y を x の式で表しなさい。

⑶ ある数 a を30で割った商の小数第1位を四捨五入したら4になった。このような a のうちで最も小さい数を求めなさい。

⑷ 3けたの整数 a は十の位の数が0で，a の百の位の数と一の位の数を入れかえた数を b とするとき，$a-b=792$ である。a の値を求めなさい。ただし，b も3けたの整数とする。

⑸ $x=\sqrt{5}+1$，$y=\sqrt{5}-1$ のとき，x^2y-xy^2 の値を求めなさい。

4 次のページの図のように，円周上の点A，B，C，D，E，Fが円周を6等分している。これらの中から4つの点を選んで四角形をつくるとき，その四角形が台形または長方形になる確率を求めなさい。

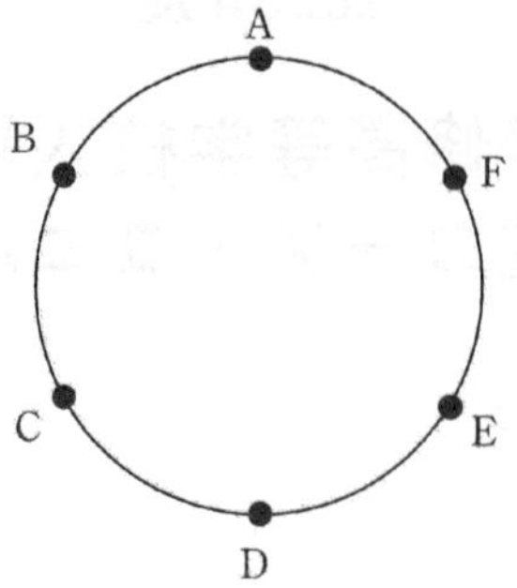

5　右の図は，直線 $y=2x-2$ と直線 $y=-x+4$ である。この２直線と y 軸との交点をそれぞれA，Bとし，２直線の交点をCとする。

　このとき，次の各問いに答えなさい。

⑴　点Cの座標を求めなさい。

⑵　２直線と x 軸との交点をそれぞれD，Eとするとき，線分DEの長さを求めなさい。

⑶　点Cを通り，△ABCの面積を２等分する直線の式を求めなさい。

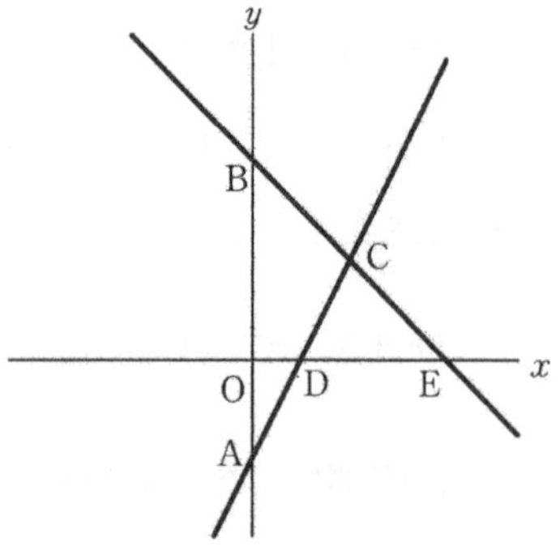

6　下の図で，$\angle x$ の大きさを求めなさい。ただし，⑴では，五角形ABCDEは正五角形，$\ell \parallel m$ とし，⑵では，四角形ABCDは平行四辺形，BD＝BEとする。

⑴

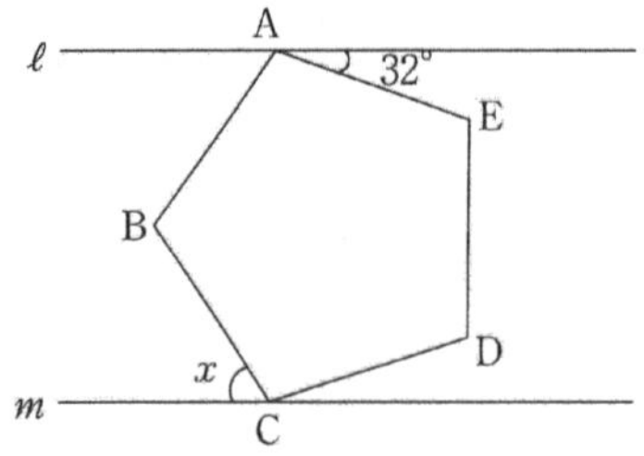

⑵

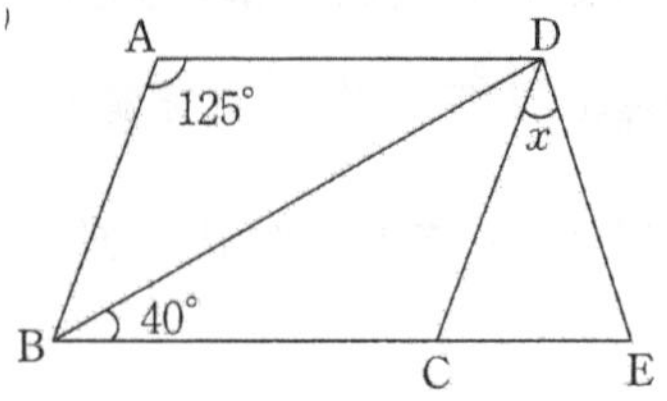

7　右の図のように，直線ℓとℓ上の点P，ℓ上にない点Qがある。このとき，点Pでℓに接し，点Qを通る円を定規とコンパスを使って作図しなさい。ただし，作図に用いた線は消さないこと。

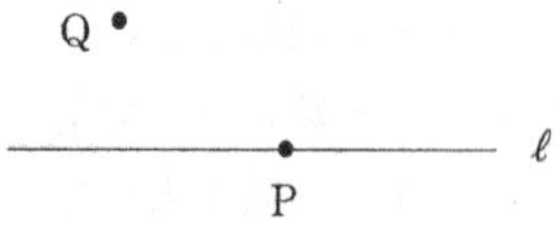

8　次のページの図は，関数 $y=x^2$ のグラフである。このグラフ上に２点A，Bがあり，A，Bの x 座標はそれぞれ１，２である。また，点Aを通り，x 軸と平行な直線とこのグラフの２つの交点のうち，点Aと異なる点をCとする。

　このときあとの各問いに答えなさい。

⑴　点Cの座標を求めなさい。

⑵　２点B，Cを通る直線の式を求めなさい。

⑶　y 軸上の点で，２つの線分の長さの和 AD＋BD が最小となるような点Dの y 座標を求めなさい。

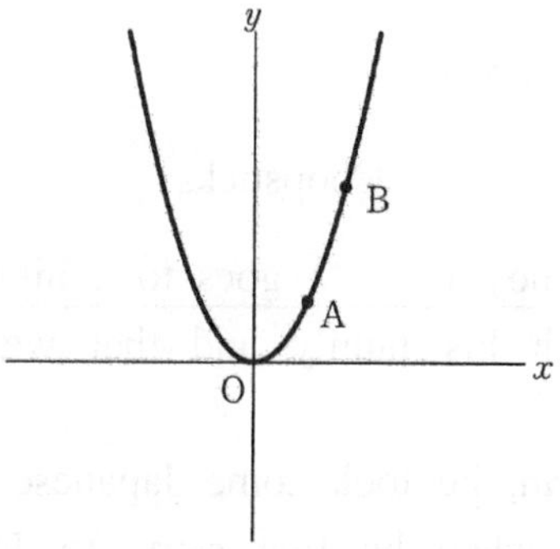

【英　語】（普通科特進コース）（50分）　＜満点：100点＞
（ユニバーサル科）　（60分）　＜満点：120点＞

1　次の英文を読み，問いに答えなさい。

Chopsticks

①Mark is a 17-year-old boy (　　　) goes to a high school in Japan. He came to Japan 2 years ago with his family and that was his first time living in a foreign country.

(　A　) he came to Japan, he took some Japanese classes so he could speak a little Japanese. However, when he first came to Japan, he couldn't understand what his Japanese classmates and teachers were saying so it was hard for him to communicate with them.

②This (　　　)(　　　) sad. To make friends, he studied hard and talked to them as much as he could. His Japanese gradually got better and he started to enjoy his school life.

As his Japanese improved, Mark noticed some strange things. He always uses *chopsticks when he has lunch with his classmates at school. ③He (ア it / イ felt / ウ has / エ to / オ is / カ never / キ difficult) use chopsticks. There are a lot of Japanese restaurants in America. Mark and his family often went there and they usually used chopsticks when they ate there. However, when he was using chopsticks at school, his classmates always said to him, "Wow, you can use chopsticks very well!", or "You are good at using them!" Mark didn't understand why they told him ④such a thing because everyone, even little kids, can use them. He even felt like ⑤they were making fun of him.

Mark talked to his teacher and asked her why this was happening. The teacher listened to Mark and said to him, "Some Japanese people don't know that there are a lot of Japanese restaurants in foreign countries (　B　) they don't *expect you to be able to use chopsticks well. Another reason is some of us believe that it's difficult to use them properly. Your friends are just ⑥surprise to see you use them well. Now Mark understood the reason.

Living in a foreign country is an exciting experience for Mark. Japanese culture and communication style are so different from American. They sometimes surprise and confuse him (　C　) now he knows there is always a reason for the differences. Now he wants to share his cultural experiences with his friends to teach them about cultural differences.

（注）*chopsticks　はし　　*expect you to ～　あなたに～することを期待する

問１　下線部①，②を英語に直すとき，（　）に入る語を答えなさい。

①「マークは日本の高校に通う17歳の少年です。」

②「このことは彼を悲しくさせました。」

問２　(A)～(C) に入る最もふさわしいものをそれぞれア～カから選び，記号で答えなさい。ただし，文頭にくるものも小文字で記してある。

ア so　イ before　ウ and　エ but　オ however　カ after

問３　下線部③が「はしを使うことを難しいと感じたことは一度もない。」という意味になるように並べかえて正しい英文にしたとき，(１)，(２) に入る語をア～キから選び，記号で答えなさい。

He ____ (1) ____ ____ (2) ____ ____ use chopsticks.

問４　下線部④が示す内容を日本語で書きなさい。

問５　下線部⑤で使われている make fun of の意味を次のア～エから１つ選び，記号で答えなさい。

ア　尊敬する　イ　からかう　ウ　励ます　エ　心配する

問６　下線部⑥を正しい形に直しなさい。

問７　本文の内容に合うものをア～エから１つ選び，記号で書きなさい。

ア　Mark has never used chopsticks before.

イ　All Japanese people can use chopsticks well.

ウ　It is a good experience for Mark to live in Japan and learn cultural differences between Japan and America.

エ　Mark was able to communicate well with his classmates when he first came to Japan.

問８　次の質問に対するあなた自身の答えを20程度の英語で自由に書きなさい。ただし，英文２文以上になってよいものとする。

Do you want to live in a foreign country?

[2] 次の英文を読み，問いに答えなさい。

Ai :　You look busy packing your suitcase. [A]

Steve : I'm going back to Australia during the winter vacation in order to see my friends and family.

Ai :　I thought you already went there this August.

Steve : I wanted to but the air tickets were too expensive for me to buy, so I stayed in Japan. [B]

Ai :　Well, it's because everyone wants to go somewhere during the summer holiday. By the way, [C]

Steve : Of course!　I haven't seen them for more than a year so ①彼らと時間を過ごすのをとても楽しみにしています。　Oh, by the way, I'm thinking of getting some souvenirs from Japan.　Do you have any good *recommendations?

Ai :　Let me see.　Do you know the shop ②call J-Plaza near Sapporo Station?

Steve : Yes.　Actually, I have wanted to go there for along time.

Ai :　You should go check it out then.　J-Plaza is one of the best souvenir shops in Sapporo you can find something nice for your family there.

Steve： I'll go there, then. Do you know if they have Japanese sweets, too? My family has never tried Japanese sweets and I really want ③them to try some.

Ai： I don't think that there is a food section ④there, but you can buy sweets at any convenience store. They always have a variety of sweets and snacks that are popular among young people. Also, ⑤they (souvenir shops / expensive / not / are / as / as).

Steve： That sounds like a good idea! I'll do it this weekend before I leave. [D]

Ai： Sure. I'm busy on Saturday but I'm free on Sunday. Is that OK?

Steve： That would be great, thank you.

（注） *recommendation おすすめ

問1 [A] ～ [D] に入る最もふさわしいものをア～カから選び，記号で答えなさい。

ア Why are you busy?

イ Where are you going?

ウ Are you excited to see your family and friends?

エ Could you come and help me choose some sweets?

オ Do you know why this happens?

カ Can I help you?

問2 下線部①を以下の英語に直すとき，（　）に入る語を答えなさい。

① I'm really (　　　)(　　　) to spending some time with them.

問3 下線部②を正しい形に直しなさい。

問4 下線部③，④が示すものを本文中から英語で抜き出しなさい。

問5 下線部⑤が「それらはお土産屋さんほど高くありません。」という意味になるよう並べかえなさい。

⑤ they ＿＿＿＿＿＿＿＿＿＿＿＿＿＿＿＿＿＿＿＿＿＿＿＿.

問6 本文の内容に合うものをア～エから１つ選び，記号で答えなさい。

ア Steve went to Australia this summer.

イ Steve hasn't seen his family just for a year.

ウ Steve isn't going to buy some sweets for his family at J-Plaza.

エ Steve has been to J-Plaza before.

問7 次の質問に対するあなた自身の考えを20字程度で英語で自由に書きなさい。

What do you like to do with your friends?

3 あとの英文の（　）に入る最もふさわしいものをそれぞれア～ウから選び，記号で答えなさい。

1 What is the date today?—（ ア It's winter. イ It's Tuesday. ウ It's January 22nd. ）

2 Whose school uniform is this?—（ ア It's her. イ It's mine. ウ It's not you. ）

3 Can I（ ア try イ help ウ go ）this T-shirt on?—Sure.

4 My dog is （ ア big イ bigger ウ the biggest ）than yours.

5 （ ア Because イ When ウ If ） you called me, I was sleeping in bed.

6 Thank you for（ ア come イ to come ウ coming ）here today.

7 You（ア must イ has to ウ is going to ）pay 10 dollars to join the event.
8 I have（ア already イ yet ウ since ）eaten lunch.
9 Wow, you won the speech contest! I'm so proud（ア in イ on ウ of ）you!
10 We didn't understand（ア anyone イ anything ウ anyway ）she said.

4 左側の語の下線部の発音と同じ音をもつ語をア～エから１つ選び，記号で答えなさい。

1	amazing	： ア band	イ capital	ウ face	エ glad
2	local	： ア host	イ iron	ウ money	エ mountain
3	true	： ア brush	イ return	ウ subject	エ fruits
4	loud	： ア could	イ through	ウ around	エ trouble
5	king	： ア lifestyle	イ milk	ウ shrine	エ circle

5 次のア～ケの語の中で最も強く発音する部分が１にあるものを３つ選び，記号で答えなさい。

ア earth-quake 1 2	イ Aus-tra-lian 1 2 3	ウ choc-o-late 1 2 3
エ in-tro-duce 1 2 3	オ per-haps 1 2	カ tra-di-tion-al 1 2 3 4
キ ath-lete 1 2	ク as-sis-tant 1 2 3	ケ ex-am-ine 1 2 3

（ユニバーサル科）

6 聞き取りテスト

（A）

Study Abroad Program

Three weeks in Canada

Are you interested in studying in Canada?

Please join this program!

May 10th to May 31st, 2023

Program fee: 490,000 yen

10 to 15 students can join

5 students can join this program for 95,000 yen

*You have to pass the English test and interview test

THE EIKEN TEST: Grade 2

Apply by March 24th, 2023

Courses

Course 1: Reading and writing	Teacher: Ms. Forrester	Office A
Course 2: Listening and speaking	Teacher: Ms. Kubota	Office B
Course 3: History of Canada	Teacher: Mr. Butler	Office C
Course 4: Dance class in the gym	Teacher: Ms. Boyle	Office D

For more information,
contact Mr. Kouwenhoven
in the teachers' room
011-123-4567

To apply for the test,
please talk with Mr. Matsui
in the International Center
Web page: www.seishu.study.program.com

（B）

1 a）Math is not his favorite subject.
b）He could not study much for the test.
c）It was more difficult than he thought.
d）He did not know there was a test.

2 a）Stay with her family.
b）Go to America.
c）Join the summer camp.
d）Work with John.

3 a）He is taking off his jacket.
b）He is walking outside.
c）He is getting dressed.
d）He is waiting for Ann.

4 a）He thinks it is very convenient.
b）He doesn't think it is expensive.
c）He thinks it is expensive.
d）He thinks it is cheaper than rentals.

5 a）Leave her college.
b）Open her own store.
c）Work as a hairdresser.
d）Become a nurse.

※聞き取りテストの放送台本は非公表です。

【理　科】（50分）　＜満点：100点＞

1　物質の酸化について，次の各問いに答えなさい。

〔実験〕

右図の実験器具を用いて，銅の粉末を加熱するグループ実験を行った。それぞれのグループが用意した銅の粉末と加熱後に残った物質の質量を表に示した。ただし，グループ6は銅の質量を測定し忘れ，記録がない。また，加熱時間が不十分だったグループが1つ含まれている。

図

グループ	1	2	3	4	5	6
用意した銅の質量［g］	1.6	2.8	1.2	3.0	4.8	－
加熱後の物質の質量［g］	2.0	3.5	1.5	3.6	6.0	6.5

表

⑴　銅の酸化を化学反応式で表しなさい。

⑵　加熱後新たにできた物質の性質を表しているものはどれか，次の㈠～㈥からすべて選び，記号で答えなさい。

㈠　黒色である。　㈡　白色である。

㈢　電気をよく通す。　㈣　電気をほとんど通さない。

㈤　水に溶けやすい。　㈥　水に溶けにくい。

⑶　加熱後の物質をガラス管に入れ，水素を通じながら加熱すると，銅にもどる。このような酸化の逆の反応を何というか，答えなさい。

⑷　グループ6は，用意した銅の質量の測定を忘れてしまった。十分加熱できていたとすると，用意した銅の質量は何gだったと考えられるか，求めなさい。

⑸　グループ1～5のうち1つのグループは，十分に加熱できていない。そのグループの番号を答え，そのグループが用意した銅の質量のうち何％が酸化せず銅のまま残っていたか，求めなさい。

2　炭素循環について，次のページの各問いに答えなさい。

図は，自然界における炭素循環の流れを矢印で表したものである。

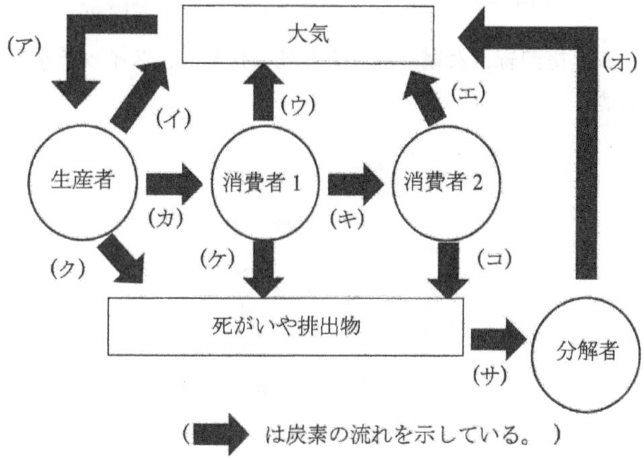

図

⑴　図において，光合成による炭素の流れを表しているものはどれか，㋐～㋚から１つ選び，記号で答えなさい。

⑵　図において，呼吸による炭素の流れを示しているものはどれか，㋐～㋚からすべて選び，記号で答えなさい。

⑶　図の「生産者→消費者１→消費者２」で表される，食う－食われるの関係を何というか，答えなさい。

⑷　分解者にあたる生物を次の㋐～㋓から１つ選び，記号で答えなさい。

㋐　ウシ　　㋑　トンボ　　㋒　ミズカビ　　㋓　シロツメクサ

⑸　分解者は生産者と消費者のどちらの仲間に分類されるか，答えなさい。

⑹　図の㋐～㋔の矢印は同じ物質の流れを表している。この物質と同じ物質が生じる実験はどれか，次の(A)～(D)から１つ選び，記号で答えなさい。

(A)　亜鉛にうすい塩酸を注ぐ。

(B)　オキシドールに二酸化マンガンを入れる。

(C)　石灰石をうすい塩酸に入れる。

(D)　塩化アンモニウムと水酸化カルシウムを混ぜ加熱する。

3　電流と電圧，消費電力の関係について，次のページの各問いに答えなさい。

電流と電圧の関係を調べるために，〔実験１〕〔実験２〕を行った。ただし，電熱線以外に抵抗はないものとする。

〔実験１〕　図１のような回路をつくり，2種類の電熱線A，Bをそれぞれ用いた場合の電熱線に流れる電流と，かかる電圧を測定した。図２のグラフはその結果を表したものである。

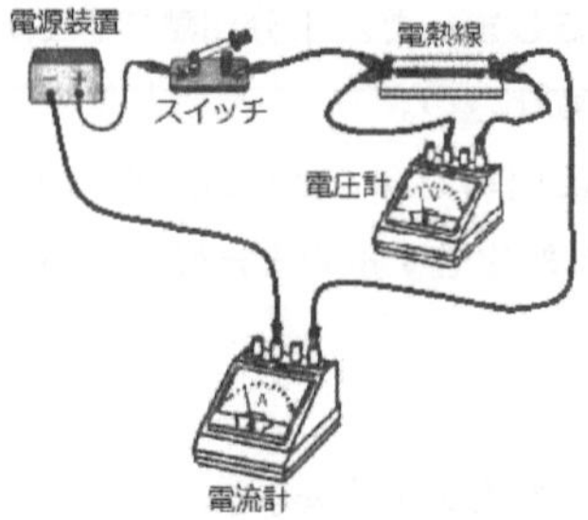

図１

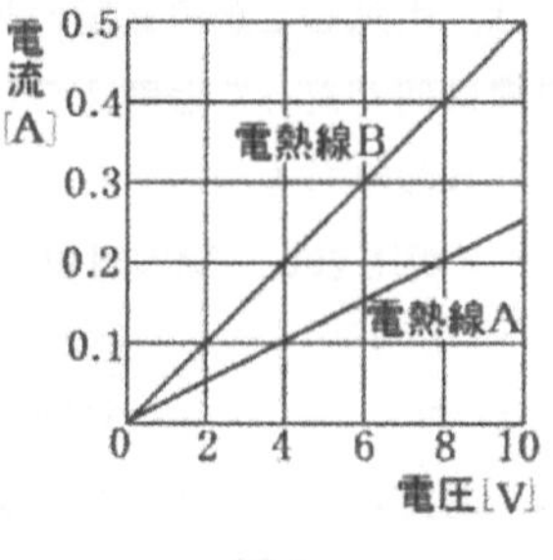

図２

〔実験２〕　図３のように，電熱線Aと電熱線Bを並列に接続し，スイッチを閉じて電熱線Aに2.0Vの電圧をかけた。

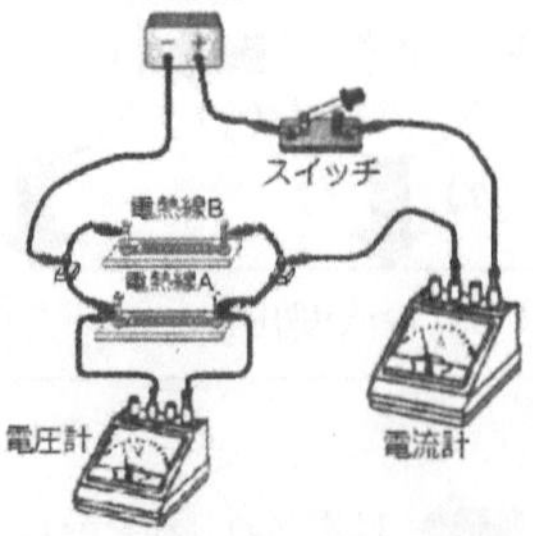

図３

⑴ ［実験１］について，次の各問いに答えなさい。

① 図２のように，電熱線を流れる電流は，それに加える電圧に比例する。この関係を何の法則というか，答えなさい。

② 電熱線Ａの抵抗の大きさは何Ωか，求めなさい。

③ 電熱線Ａにかける電圧を２倍にすると，電熱線Ａで消費される電力は何倍になるか，求めなさい。

⑵ ［実験２］について，電熱線Ａと電熱線Ｂで消費される電力の合計は何Ｗか，求めなさい。

⑶ 次の文について，下の①，②の問いに答えなさい。

わたしたちは，目的に合わせてエネルギーを変換しながら利用している。白熱電球では，電気エネルギーの一部が光エネルギーになるが，残りのほとんどが（　Ａ　）エネルギーになってしまう。ＬＥＤ電球では，明るさが同程度の白熱電球より（　Ａ　）エネルギーに変換される量が少なく，消費電力が小さい。

① 文中の（Ａ）に当てはまる語句を答えなさい。

② 消費電力60Ｗの白熱電球を消費電力８ＷのLED電球に交換すると，30日間で消費する電力量を何kWh減らせるか，求めなさい。ただし，１日の使用時間を５時間とする。

4 風の吹き方について，あとの各問いに答えなさい。

図１は理科年表の世界の気温の月別平年値から４都市を選んでグラフにしたものであり，図２はその観測地点周辺の地図である。

図３は2010年の東京における時間ごとの気温の平均値をグラフにしたものである。

著作権の都合上，省略。

図１

著作権の都合上，省略。

図２

著作権の都合上，省略。

図３

⑴ 図２に示す太平洋上の３都市214グアム，215マジュロ，216コロールはいずれも年間の気温変化

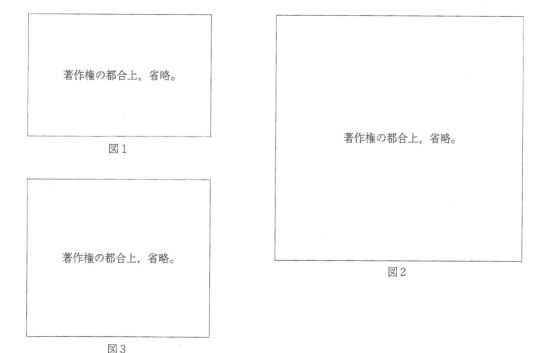

のグラフがほとんど同じ形を示す。その気温変化を表すグラフはどれか，図１の㋐～㋓から１つ選び，記号で答えなさい。ただし，1℃上昇させるために必要なエネルギーは海水の方が陸地より４倍以上大きい。

⑵　図１㋓の温度変化が示すのは図１の中のどの都市か，次に示す４都市から１つ選び，その番号を答えなさい。

46オイミャコン　　55ウラジオストク　　88九竜　　90ソウル

⑶　図２について，この地域で１月に吹く風について，次のように説明した。説明文中の①～④のそれぞれについて，あてはまる語句を選び，記号で答えなさい。

暖かい海側では空気が膨張し，密度が小さくなって①｛㋐　上昇する，㋑　下降する｝。寒い大陸側では空気が収縮し密度が大きくなって②｛㋐　上昇する，㋑　下降する｝。その結果，密度の③｛㋐　大きい大陸，㋑　大きい海｝から密度の④｛㋐　小さい大陸，㋑　小さい海｝に向かって大気が流れるからである。

⑷　１月に図２の地域で吹く風の様子を表す気象衛星の写真はどれか，次の㋐～㋓から１つ選び，記号で答えなさい。

㋐

著作権の都合上，省略。

㋑

著作権の都合上，省略。

㋒

著作権の都合上，省略。

㋓

著作権の都合上，省略。

⑸　東京地域のある１日の気温の変化が図３のようになったとする。この場合，東京地域の夜間に吹く風は次の㋐㋑のうちどちらになると考えられるか，記号で答えなさい。

㋐　陸→海　　㋑　海→陸

5　運動の規則性について，次のページの各問いに答えなさい。

台車が斜面を下る運動について調べるために，〔実験〕を行った。ただし，空気抵抗や台車と面とのまさつなどは考えないものとし，斜面と水平な床はなめらかにつながっているものとする。

〔実験〕　図１（次のページ）のように，紙テープをつけた台車を斜面上に置き，静かに離したところ，台車は斜面を下った。台車が手から離れた後の運動を，$\frac{1}{60}$秒間隔で点を打つ記録タイマーを用いて紙テープに記録した。図2は，記録された紙テープを6打点ごとに切って①，②，…⑧の順に台紙にはり，6打点ごとに移動した距離を示したものである。

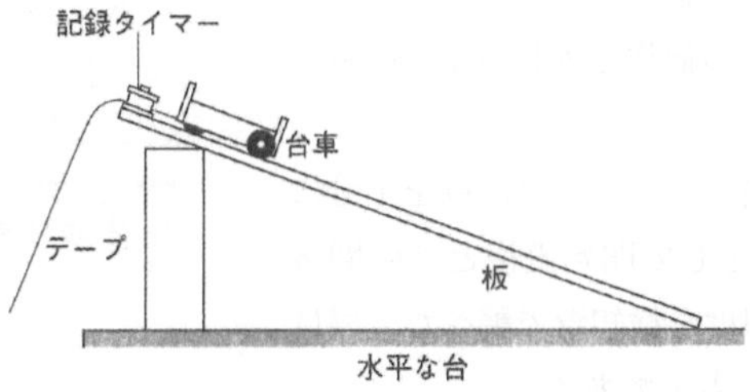

図1

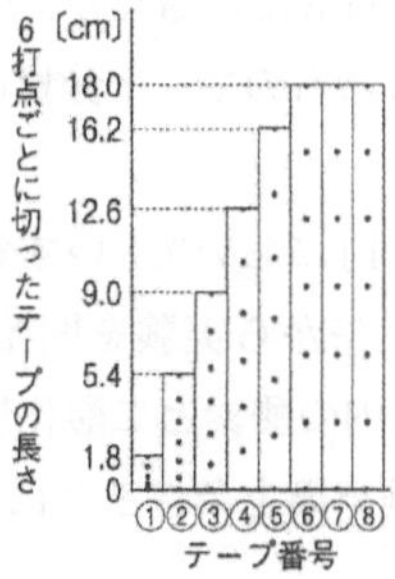

図2

⑴　①のテープを記録したときの平均の速さは何㎝/sか，求めなさい。

⑵　紙テープに記録された②から⑤までの区間の平均の速さは何㎝/sか，求めなさい。

⑶　①～⑧のうち，平均の速さが同じものをすべて選び，番号で答えなさい。

⑷　この台車が，水平な面上を移動しているとき，台車にはたらいている力はどれか，下図の㋐～㋕からすべて選び，記号で答えなさい。

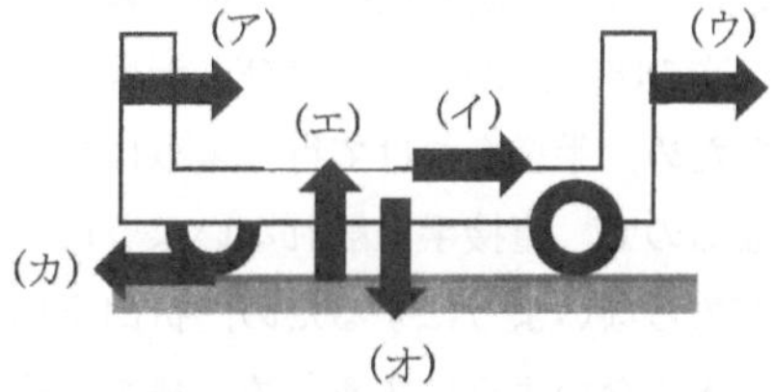

⑸　紙テープに記録された①～⑧までの区間の運動について，Ⓐ動きはじめてからの時間と物体の瞬間の速さの関係，Ⓑ動きはじめてからの時間と物体が進んだ距離の関係を表すグラフはどれか，次の㋐～㋕から最も適切なグラフをそれぞれ1つずつ選び，記号で答えなさい。

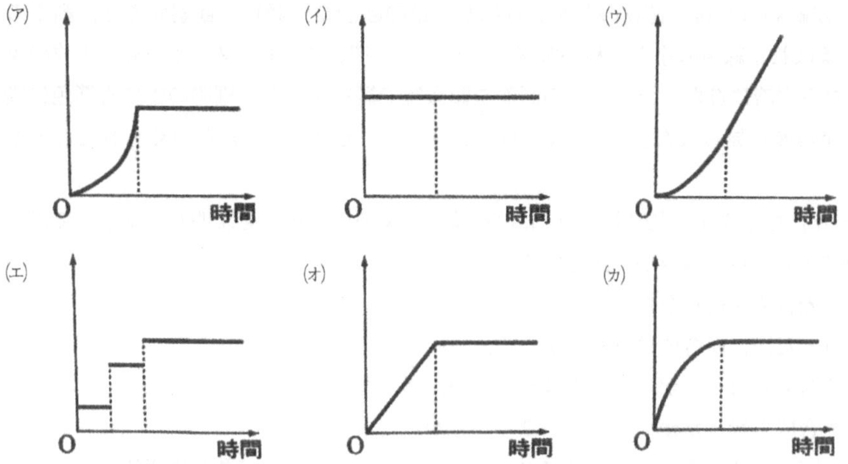

6　植物の葉のはたらきについて，次の各問いに答えなさい。

植物の葉のはたらきを調べるために，図の実験装置を用いて４つの条件を設定した実験を同時に行った。条件の一つ目は日光の当たり具合で，日なたに置くか，暗箱に入れるか。条件の二つ目はフラスコに入れるもので，十分量の葉をもつ植物を入れるか，何も入れないか。

〔実験１～４〕において，いずれの実験でもフラスコに息を十分にふきこみ，正午から実験を開始した。そして開始直後と３時間後に，フラスコ内の酸素と二酸化炭素の濃度を検知管で調べた。表はそれらの実験結果を条件ごとにまとめたものである。

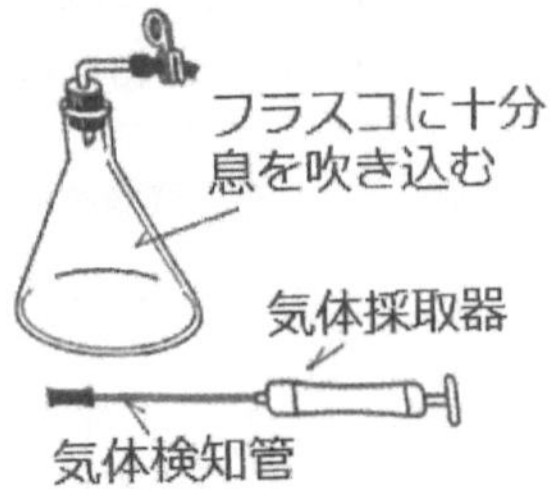

図

	実験の条件		実験前後での気体濃度の変化	
	フラスコを置く場所	フラスコに入れるもの	フラスコ内の酸素濃度	フラスコ内の二酸化炭素濃度
〔実験１〕	暗箱でおおう	なし	変化なし	変化なし
〔実験２〕	暗箱でおおう	植物の葉	減少	増加
〔実験３〕	日なた	なし	変化なし	変化なし
〔実験４〕	日なた	植物の葉	増加	減少

表

⑴　酸素の気体検知管を使うとき，二酸化炭素用の気体検知管を使うときに比べて，特に注意しなければならないことは何か，次の㋐～㋓から１つ選び，記号で答えなさい。

㋐　検知管が膨張して危険なため，手袋をつけて行うようにする。

㋑　使用後の検知管が熱くなるので，直接手で触れないようにする。

㋒　検知管に測定前の気体が入らないようにするため，折口を指でふさぐ。

㋓　検知管に実験者の呼気が入らないようにするため，息を止める。

⑵　［実験２］において，実験の前後で気体の割合を変化させた葉のはたらきを何というか，答えなさい。

⑶　次の文の（ａ），（ｂ）にあてはまる語句を答えなさい。

［実験４］が終わった後，植物の葉をとり出し，葉の断面を顕微鏡で観察すると，細胞の中に（　ａ　）とよばれる緑色の小さな粒が数多く見られた。続いて，エタノールでもう１枚の葉の緑色をぬき，ヨウ素液にひたした後，その断面を顕微鏡で観察すると，細胞の中に青紫色に染まった小さな粒が数多く見られた。このことから，（　ａ　）で（　ｂ　）がつくられたことがわかる。

⑷　［実験１～４］をふまえ，［実験４］における植物の葉のはたらきを説明した文として適切なものを，次の㋐～㋓から１つ選び，記号で答えなさい。

㋐　呼吸も，光合成も行わなかった。

㋑　呼吸は行ったが，光合成は行わなかった。

㋒　呼吸も光合成も行ったが，呼吸のほうがさかんだった。

㋓　呼吸も光合成も行ったが，光合成のほうがさかんだった。

⑸　［実験３］，［実験４］の条件を変更することによって，酸素濃度も二酸化炭素濃度も変化なしとなるようにしたい。植物は生きたまま用いるとして，変更する条件を述べなさい。

7 地層と岩石について，次の各問いに答えなさい。

図１は北海道で観察される地層，図２は北海道で観察される溶岩の様子を示す写真である。

著作権の都合上，省略。

図１

著作権の都合上，省略。

図２

⑴ 図１のように地層の様子が観察できる場所を何というか，答えなさい。

⑵ 図１の場所で地層に近づいて観察すると，(a)<u>１～２mm程度の粒々でできた岩石が観察される層</u>と，(b)<u>粒子のほとんど見えないなめらかな感じのする岩石の層</u>とがあった。

① 下線部(a)，(b)はそれぞれ何という岩石か，答えなさい。

② 特別な地殻変動のあとが観察されない場合，新しい時代にてきた地層は下にあるか，上にあるか，答えなさい。

⑶ 図１の場所では平行な縞模様が観察できるが，このことからわかることは何か，次の㋐～㋓から１つ選び，記号で答えなさい。

㋐ 火山の噴火が何度もあり，その都度性質の異なる火山灰が降り積もった。

㋑ 浅い海の海岸で川からの運搬物が堆積してできた。

㋒ 川からの運搬物が海岸から遠いところまで運搬され堆積してできた。

㋓ プレートの力により圧縮されて波打つように曲げられてできた。

⑷ 図２の場所では，ぬれて黒っぽい色に見えるが，(c)<u>乾くと濃い灰色に見える。たたくと非常に硬い</u>手応えがある，(d)<u>白っぽい鉱物の粒々が斑点状に見える</u>。

① 下線部(c)は何という岩石か，答えなさい。

② 下線部(d)の特徴を持つ岩石のつくりを何組織というか，答えなさい。

8 電解質水溶液に電流を流す実験について，あとの各問いに答えなさい。

〔実験〕 右図のように，炭素棒を電極にして電源装置につなぎ，塩化銅水溶液に電流を流した。一方の電極からは気体が発生し，もう一方の電極には固体が付着した。

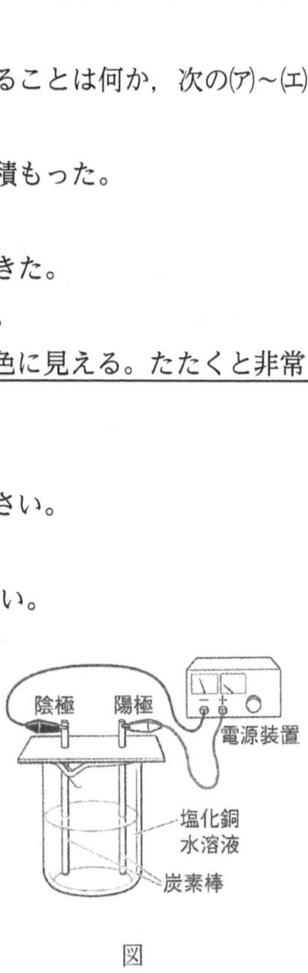

図

⑴ 塩化銅が水溶液中で電離している様子を，イオン式を使って化学反応式で表しなさい。

⑵　電解質水溶液に電流を通すことによって物質が分解されることを何というか，答えなさい。

⑶　気体が発生した電極は，陽極，陰極のどちらか，答えなさい。

⑷　各電極で発生した物質は何か，それぞれ化学式で答えなさい。

⑸　発生した気体について書かれているものはどれか，次の㋐～㋔から１つ選び，記号で答えなさい。

㋐　無色で腐卵臭をもつ。火山地帯などでは，自然に地面から発生していることがある。

㋑　無色無臭で空気よりも密度が大きい。石灰水を白く濁らす。水に溶けると酸性を示す。

㋒　無色無臭で最も密度が小さい。空気中で燃えると水になる。

㋓　無色無臭で空気中に体積の割合で78％含まれており，水に溶けにくい。

㋔　黄緑色で刺激臭をもつ。水道水の消毒剤や，漂白剤として利用されている。

【社　会】（50分）　＜満点：100点＞

1　次の文章を読み，あとの問いに答えなさい。

国の領域は領土，領海，（　a　）からなる。領海は原則として（　b　）時の海岸線から（　あ　）海里の範囲と定められている。その外側は，世界の国々が条約を結び各国の海岸線から（　い　）海里以内にある水産資源や鉱産資源を自国のものにできる（　c　）を設けている。

日本の領域は，時代とともに変化してきた。日本が近代国家として国際的に認められたのは，江戸時代の末期から明治時代にかけての時代だった。第二次世界大戦後，日本の領土は，本州・北海道・九州・四国とその周辺の島々に限られたが，その後，アメリカ合衆国の統治下におかれた奄美群島や小笠原諸島，（　d　）が日本にそれぞれ復帰して，1972年にほぼ現在の領域になった。

問１　（a）～（d）にあてはまる語句を答えなさい。

問２　（あ）と（い）にあてはまる数字を答えなさい。

問３　下線部について，次の⑴・⑵の問いに答えなさい。

⑴　次の文章は日本とロシアの間の国境について説明したものである。（e）～（g）にあてはまるものとして正しいものを，下のア～エからそれぞれ選び，記号で答えなさい。

> 日本とロシアの間の国境は1855年の（　e　）で初めて定められた。日露戦争後の（　f　）によって日本の領土は拡大した。第二次世界大戦後，1956年の（　g　）によって両国間の国交は回復したが，領土問題については未解決のままである。

ア　樺太・千島交換条約
イ　日露通好（和親）条約
ウ　日ソ共同宣言
エ　ポーツマス条約

⑵　あとのア～エは日本とロシアの間の国境をあらわしたものである。時代の古い順に並び変えなさい。

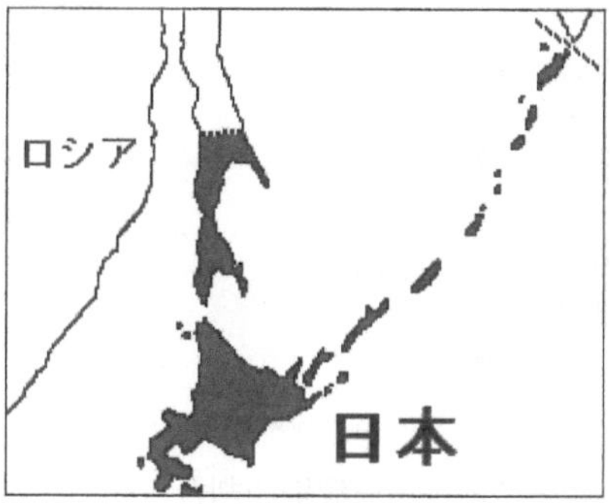

ア

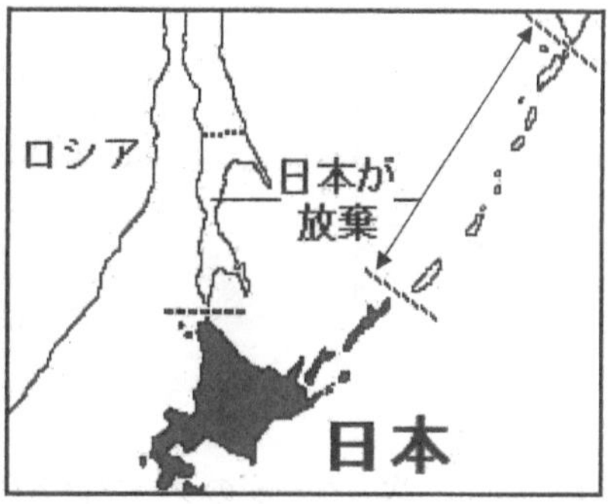

イ

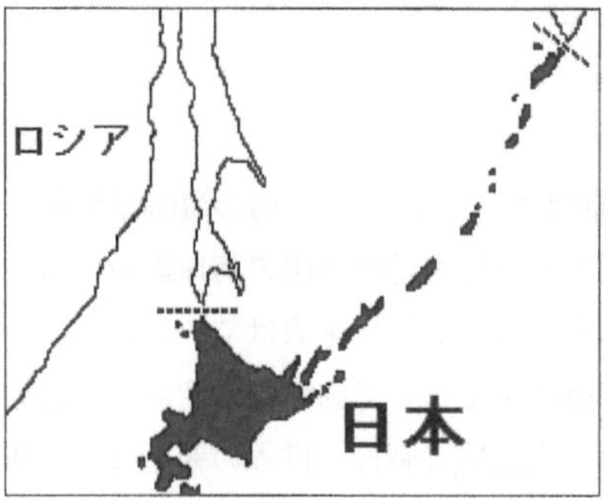

ウ

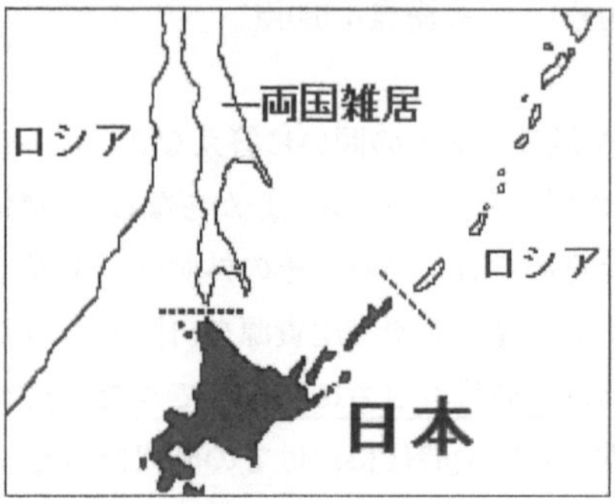

エ

2 次の文章を読み，あとの問いに答えなさい。

近年，1エネルギーを電力として利用する割合が高まっている。2発電の方式はさまざまで，国によっても特色がみられる。かつては燃料を必要としない水力発電が中心だったが，電力需要の増加にともない3火力発電が増え，国によっては4原子力発電も大きな割合を占めている。しかし，2011年の東日本大震災で5福島第一原子力発電所が深刻な事故を起こしたことで，今後の原子力の利用や電力の確保について関心が高まっている。

近年，従来の6資源を利用した発電のかわりに，7再生可能エネルギーの利用が注目を集めている。再生可能エネルギーとして，太陽光，風力，波力，水力，地熱・太陽熱などの自然界に存在する熱やエネルギー，生物資源に由来する（　a　）を利用した発電なども進められている。

問１　（a）にあてはまる語句をカタカナ５文字で答えなさい。

問２　＿＿１について，下のグラフは世界の地域ごと（アジア・アフリカ・ヨーロッパ・北アメリカ・中央南アメリカ・オセアニア）のエネルギー消費を表している。アジアを示したものとして正しいものをグラフ中のア～カから一つ選び，記号で答えなさい。

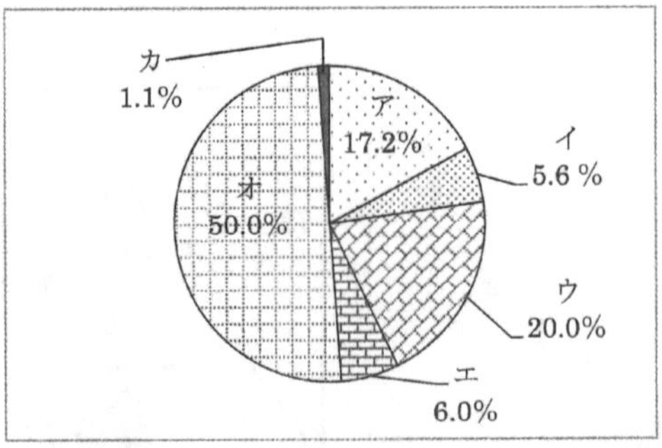

（BP「Statistical Review of World Energy 2020」から作成）

問３　＿＿２について，次のページのグラフは各国の発電エネルギー源別の割合（火力・水力・原子力・その他）を示したものである。水力発電の割合を示したものとして正しいものをア～ウから一つ選び，記号で答えなさい。

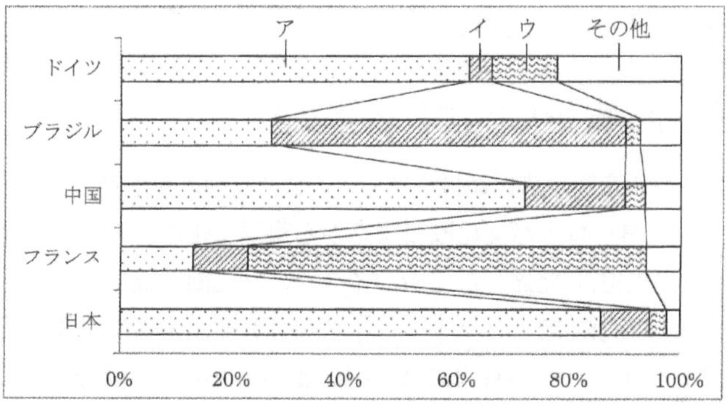

（『世界国勢図会2020／2021』から作成）

問4　＿＿3について，日本の火力発電所は沿岸部に集中しているが，その理由を簡単に説明しなさい。

問5　＿＿4について，原子力発電の燃料をカタカナ3文字で答えなさい。

問6　＿＿5に関連して，福島県の正しい位置を解答用紙の白地図を塗りつぶして答えなさい。

問7　＿＿6について，下の表は原油，石炭，鉄鉱石の世界の生産国と，日本の輸入先のそれぞれ上位5か国を示したものである。表中のあ～うがそれぞれ原油・石炭・鉄鉱石のどれにあたるのか，答えなさい。

生産量					
あ		い		う	
アメリカ合衆国	15.3%	オーストラリア	36.5%	中国	54.7%
ロシア	14.0%	ブラジル	17.9%	インド	10.5%
サウジアラビア	12.2%	中国	14.9%	インドネシア	7.2%
イラク	5.9%	インド	8.3%	オーストラリア	6.4%
カナダ	5.5%	ロシア	4.1%	アメリカ合衆国	5.0%
(2019年)			(2017年)		(2017年)

日本の輸入先					
あ		い		う	
サウジアラビア	40.1%	オーストラリア	57.9%	オーストラリア	50.9%
アラブ首長国連邦	31.5%	ブラジル	26.9%	インドネシア	15.9%
クウェート	9.0%	カナダ	6.0%	ロシア	12.5%
カタール	8.3%	南アフリカ共和国	3.1%	アメリカ合衆国	5.4%
ロシア	4.1%	インド	1.9%	カナダ	5.2%
(2020年)			(2020年)		(2020年)

（『世界国勢図会2020／2021』ほかから作成）

問8　＿＿7について，なぜ再生可能エネルギーが注目されているのか，説明しなさい。

3　日本と世界の関わりに関する次の〔A〕～〔E〕の文を読み，あとの問いに答えなさい。

〔A〕　1人類は約700万年前にアフリカで誕生したと考えられている。地球は約260万年前から氷河時代にはいる。その後，2約1万年前に最後の氷期が終わり，地球が暖かくなると，寒い気候に適していた大型動物が減っていった。そこで食料が足りなくなった人類は農耕や牧畜を始めた。

〔B〕　6世紀末，約300年ぶりに隋が中国国内を統一し，大帝国を作った。このころヤマト王権では，豪族の対立や争いが激しくなり，渡来人の知識と技術を利用して蘇我氏が勢力を大きくのばした。$_{3}$6世紀半ばに仏教が伝わると，蘇我氏はその導入に努め，大王の摂政となった$_{4}$聖徳太子（厩戸王）も，仏教に影響を受けた政治を行った。また，この時代には，海外との交流により$_{5}$大和（奈良県）を中心に最初の仏教が栄えた。

〔C〕 13世紀，モンゴル帝国が広い領域を有し，そこに交通路を整備したことで，東アジア文化圏・イスラム文化圏・ヨーロッパ文化圏にまたがる東西文化の一大交流が起こった。火薬や木版印刷や羅針盤などの中国で発達した技術がイスラム文化圏を経てヨーロッパに伝わり，14～16世紀頃のヨーロッパ各地で起こった □ と呼ばれる出来事に影響した。

そして，フビライ＝ハンの時代には，中国北部を支配して国号を元に変えた。1279年，$_{6}$宋を滅ぼすと同時に周辺のアジア諸国にも軍を進めた。

〔D〕 14世紀末，朝鮮半島では李成桂が高麗をたおし，国名を朝鮮と改めた。朝鮮ではハングルという文字が作られ，金属活字を用いて印刷するなど独自の文化が発展した。朝鮮は日本に東シナ海で海賊行為や密貿易を行う（　a　）の取りしまりを強く求め，そのかわりに，通交と貿易を許可した。朝鮮は貿易相手を幕府に限定しなかったため，守護大名，北九州や瀬戸内海の武士，博多の商人などが貿易に参加した。こうして貿易相手が押し寄せるようになると，$_{7}$朝鮮は港を制限するなど貿易を統制した。

〔E〕 中国では，漢民族が政治の中心であった明にかわって，17世紀前半に中国東北部の女真族による（　b　）が成立し，モンゴルやチベットなどもふくむ広大な領域を支配した。当時，$_{8}$江戸幕府が政権を握っていた日本と（　b　）の正式な国交は結ばれないままであったが，（　b　）の商人は長崎に来航して貿易を行った。また，長崎には中国人の住む唐人屋敷もおかれた。

問１　（a）と（b）にあてはまる語句を答えなさい。

問２　□ には複数の語句があてはまる。□ にあてはまらない語句の説明をした文をア～エから一つ選び，記号で答えなさい。

ア　ドイツのルターが，教皇や教会の権威を否定し，「聖書だけが信仰のよりどころである」と説いて始まった出来事。

イ　人間の個性や自由を表現しようとした古代ギリシア・ローマ文化を理想とする文化的風潮。

ウ　基本的人権の尊重と人民主権の考え方にもとづく人権宣言が発表され，その後，王政が廃止されて共和政が生まれた革命。

エ　直接インドや中国と香辛料などの取り引きをするために，ヨーロッパ人による新航路の開拓が続いた時代。

問３　___1について，次の文は３種類の人類ごとの特徴をそれぞれ説明したものである。ア～ウの文を解答欄に合わせて時代の古い順番に並べなさい。（完全解答）

ア　火を使うようになり，仲間同士で意思を伝えあうために，言葉を発達させた。

イ　弓矢を用いて動物の狩りを行い，粘土を焼いた土器を用いるようになった。

ウ　２本の足で立って歩くようになり，手を使って石などを道具として使うようになった。

問４　___2について，この時期から始まる日本の時代区分に関する説明として正しい文を次のページのア～エから一つ選び，記号で答えなさい。

ア　豊作を神に祈る祭りの道具として，青銅器が用いられた。

イ　豪族の富と権力を示す古墳が登場した。

ウ　倭国に移住してきた渡来人が，須恵器や鉄器の製造など多くの技術を伝えた。

エ　住居の近くに貝塚ができた。

問５　＿＿３について，このときに仏教を伝えた国家はどこか，その国家の位置としてあてはまる場所を右の地図中のア～エから一つ選び，記号で答えなさい。

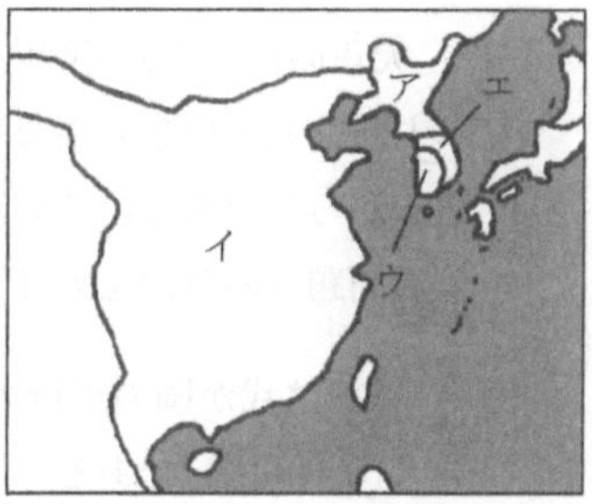

問６　＿＿４について，この人物に関わる政策と資料の内容の組み合わせとして正しいものをア～エから一つ選び，記号で答えなさい。

①　十七条の憲法

②　遣隋使の派遣

資料１（『続日本紀』より，一部要約）

> 天平15年10月15日をもって，盧舎那仏《るしゃなぶつ》の金銅像一体をおつくりすることとする。国中の銅を使って像を鋳造し，大きな山をけずって仏殿を建てなさい。…天下の富をもつ者は私であり，天下の勢いをもつ者も私である。この富と勢いとをもって仏像をつくることは困難ではないであろうが，それは発願の趣旨にそぐわない。…もし一枝の草やひとにぎりの土でももって仏像をつくることに協力を願う者があれば，許し受け入れなさい。

資料２（『日本書紀』より，一部要約，抜粋）

> 一に曰く，和をもって貴しとなし，さからうことなきを，宗となせ。
> 二に曰く，あつく三宝を敬え。三宝とは仏，法，僧なり。
> 三に曰く，詔を承りては必ず謹め。

ア　①－資料１　　イ　①－資料２　　ウ　②－資料１　　エ　②－資料２

問７　＿＿５について，この文化を何というか，答えなさい。

問８　＿＿６について，日宋貿易に力を入れた人物としてあてはまるものをア～エから一つ選び，記号で答えなさい。

ア　平清盛　　イ　平将門　　ウ　源頼朝　　エ　源義経

問９　＿＿７について，江戸時代に朝鮮との貿易の窓口となった勢力としてあてはまるものをア～エから一つ選び，記号で答えなさい。

ア　長州藩　　イ　薩摩藩　　ウ　松前藩　　エ　対馬藩

問10　＿＿８について，武力ではなく学問や礼節を重んじる文治政治に転換した将軍は誰か，答えなさい。

4　次の〔Ａ〕～〔Ｃ〕の文と図を見て，あとの問いに答えなさい。

〔Ａ〕　新政府は，1大久保利通や木戸孝允，のちに初代内閣総理大臣となる（　ａ　）ら約50名の2使節団派遣のあとも，欧米諸国との対等な関係を求めて条約改正の努力を続けていた。3欧米人を鹿鳴館に招いて舞踏会を開くなどの欧化政策を行ったが，国民には受け入れられなかった。

その後，4政府はロシアの南下を警戒するイギリスと交渉し，1894年，日英通商航海条約を結んで，領事裁判権の廃止に成功した。また，5関税自主権を完全に回復したのは，6日露戦争の勝利後である1911年になってからであった。

〔B〕 大正時代，加藤高明内閣の下で7男子普通選挙が実現した。その背景には，護憲運動や8民本主義などの思想の高まりなどといった民主主義にもとづく社会運動がさかんになった時代であるからといえる。この時代の風潮を（　b　）という。また，社会問題の一つであった部落差別問題への解決をめざして，1922年に（　c　）が結成された。

〔C〕 図1は我が国の現行の日本銀行券（10,000円）である。図2は2024年発行予定の日本銀行券（10,000円）である。作品1は明治時代に，印象派の影響を受けた人物による西洋画の作品『湖畔』である。同じく作品2も明治時代に，伝統的な木彫技術に，西洋の彫刻がもつ写実性を加えた作風のある作品『老猿』である。

図1

（財務省ホームページより）

図2

（財務省ホームページより）

作品1

著作権の都合上，省略。

作品2

著作権の都合上，省略。

問1　（a）～（c）にあてはまる語句を答えなさい。

問2　＿＿1は倒幕の中心人物でもある。倒幕運動に関する説明として誤っている文をア～エから一つ選び，記号で答えなさい。

ア　尊皇攘夷の考えをとる長州藩は，4か国の連合艦隊から攻撃を受けて敗北して，開国に考えを改めた。

イ　土佐藩の大久保利通は，長州藩と薩摩藩の同盟のなかだちを行い，倒幕運動を推進させた。

ウ　薩摩藩は，生麦事件の報復として，イギリス艦隊から砲撃されて，攘夷が難しいことをさとった。

エ　15代将軍の徳川慶喜は，天皇に政権の返上を申し出る大政奉還をおこなった。

問3　＿＿2～＿＿5の出来事に関わりの深い人物としてあてはまるものを次のページのア～エか

らそれぞれ一つずつ選び，記号で答えなさい。

ア　小村寿太郎　　イ　岩倉具視　　ウ　井上馨　　エ　陸奥宗光

問４　＿＿6について，この戦争に関する説明として正しい文をア～エから一つ選び，記号で答えなさい。

ア　キリスト教徒の内村鑑三や社会主義者の幸徳秋水はロシアとの開戦を主張した。

イ　日独伊三国同盟をうしろだてとして，ロシアとの開戦を主張する声が強くなった。

ウ　戦争後，ロシアから賠償金が得られないことがわかると，日比谷焼き打ち事件などの暴動が起こった。

エ　近代装備でまさる日本軍が勝利し，下関で日露講和条約が結ばれた。

問５　＿＿7について，このときの選挙権が与えられる資格をア～エから一つ選び，記号で答えなさい。

ア　20歳以上の全ての男子　　　　　イ　25歳以上の全ての男子

ウ　納税額３円以上の20歳以上の男子　　エ　納税額３円以上の25歳以上の男子

問６　＿＿8について，この考え方を提唱した人物としてあてはまるものをア～エから一つ選び，記号で答えなさい。

ア　新渡戸稲造　　イ　美濃部達吉　　ウ　尾崎行雄　　エ　吉野作造

問７　図１と図２について，各図に描かれている人物に関する説明として正しい文をア～エからそれぞれ一つずつ選び，記号で答えなさい。

ア　明治から昭和初期にかけて活躍した実業家である。秩父鉄道や東洋紡績など多くの企業設立にたずさわった。

イ　思想家・教育者である。欧米に渡り，西洋の様子を紹介する一方で，日本を西洋的な文明国にしようと教育に力を注いだ。彼の著書の『学問のすゝ（す）め』は，多くの若者に読まれた。

ウ　農業の指導に従事した。その一方で，多くの詩や童話を書き，東北地方の冷害の頃に書いた『雨ニモマケズ』の詩を残した。

エ　医者である。アメリカの医科学研究所を拠点に世界で活躍し，ノーベル賞の候補にも挙がった。アフリカで黄熱病の研究中に自らも感染し亡くなる。

問８　作品１と作品２の作者としてあてはまるものをア～エからそれぞれ一つずつ選び，記号で答えなさい。

ア　高橋由一　　イ　狩野芳崖　　ウ　高村光雲　　エ　黒田清輝

5　日本国憲法における基本的人権に関する次の文を読み，あとの問いに答えなさい。

日本国憲法では，私たちが人間らしく生きていくことができるように，1平等権，2自由権，3社会権，4参政権などの基本的人権が保障されている。人権の保障は，一人一人の個性を尊重し，かけがえのない人間としてあつかうという「個人の尊重」（憲法第13条）に基づいている。また，日本国憲法は，全ての人を平等にあつかうことがなければ個人の尊重が損なわれると考えたため「（　a　）」（憲法第14条１項）を規定している。

人権は本来，法律によっても侵害されないものである。しかし，人権が他人の人権を侵害する場合には人権の制限が認められる場合がある。日本国憲法は，これを社会全体の利益を意味する（　b　）という言葉で表現している。さらにこの憲法では，国民に社会生活を支えるために果たすべき義務を制定している。

以上のように，日本国憲法には様々な人権が規定されている。しかし，産業の発達や科学技術の発展，情報化の進展などにともなって，5日本国憲法に直接的には規定されていない権利が主張されるようになった。このような権利を新しい人権という。

問1　(a) と (b) にあてはまる語句を答えなさい。

問2　＿＿1について，日本における差別に関わる事柄として正しい文をア～エから一つ選び，記号で答えなさい。

ア　同和対策審議会の答申で，部落差別をなくすことが国の責務であり，国民の課題であると宣言した。

イ　1997年にアイヌ文化振興法が制定され，アイヌ民族を先住民族とすることが定められた。

ウ　1985年に男女共同参画社会基本法が制定され，雇用における女性差別が禁止された。

エ　障害者基本法は，障がいのある人には特別な配慮が必要であり，そのため社会生活から離して保護する必要があるという考えのもとで制定された。

問3　＿＿2について，日本国憲法における自由権の分類A～Cと，その自由の具体的内容①～③の組み合わせとして正しいものを，ア～カから一つ選び，記号で答えなさい。

A　精神の自由

B　身体の自由

C　経済活動の自由

①　自分の就きたい職業を選ぶ自由

②　手続きなしに逮捕されない自由

③　言いたいことを自由に発言する自由

ア　A－①　B－②　C－③　　エ　A－②　B－③　C－①

イ　A－①　B－③　C－②　　オ　A－③　B－①　C－②

ウ　A－②　B－①　C－③　　カ　A－③　B－②　C－①

問4　＿＿3について，日本国憲法では第25条1項で生存権が規定されている。以下の条文の（あ）と（い）にあてはまる語句を，答えなさい。

すべて国民は，（　あ　）で（　い　）的な最低限度の生活を営む権利を有する。

問5　＿＿4について，次の表は，衆議院議員総選挙における，ある選挙区での比例代表制の得票数を示したものである。この選出方法における議席数を4としたとき，各政党の獲得議席数はそれぞれ何議席になるか，数字で答えなさい。ただし，その計算方法は，現在採用されている方法で行うものとする。（完全解答）

政党名	A党	B党	C党
得票数	150	90	40

問6　＿＿5について，新しい人権が憲法に直接規定されてこなかった理由を，以下の語句を用いて簡単に説明しなさい。

一般の法律の改正手続き　　厳しい

6 私たちの暮らしと経済に関する次の文を読み，あとの問いに答えなさい。

私たちは，$_1$<u>日常生活で様々な商品を購入し</u>，その商品を消費することで$_2$<u>生活を便利で豊かなものにしている</u>。この商品は，形のある（　a　）と形のない（　b　）に分類される。一方で，$_3$<u>私たちが消費する商品は，農家や工場，商店などの生産者が生産している</u>。消費と生産は，私たち消費者が商品に対してお金を支払い，商店など生産者がそれを受け取るというように，お金のやり取りでつながっている。このように，経済とは，消費と生産という活動を通じて$_4$<u>暮らしを豊かにする</u>しくみである。

ただ，$_5$<u>経済活動</u>において，人間の欲求には限りがないということに注意が必要である。それは，欲求は無限でも，収入や時間には限りがあり，全ての欲求を満たすことはできないためである。そこで私たちは限られた収入と時間の中で，$_6$<u>本当に必要な商品を選択していく必要がある</u>。

問1　（a）と（b）にあてはまる語句を答えなさい。

問2　____1について，購入した商品を消費するとごみが出る場合がある。そのごみについて，大量に廃棄する社会から循環型社会に転換するために，いわゆる「3つのR」が言われる。この「3つのR」を全て答えなさい。（順不同）

問3　____2について，豊かさをはかる指標の一つとして，特定の国や地域の中で，一定期間に生産された商品の付加価値の合計を表す指標を何というか，答えなさい。

問4　____3のように生産をになう主体を企業という。次の企業に関するグラフから読み取れることとして正しい文をア～エから一つ選び，記号で答えなさい。

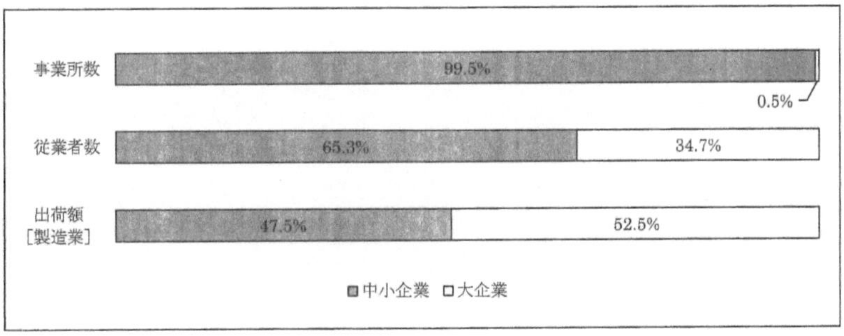

中小企業の日本経済に占める割合（2016年）（『中小企業白書』2020年度版より作成）

ア　事業所数では，大企業が多くの割合を示している。

イ　従業者数では，中小企業と大企業の間に大きな差はない。

ウ　出荷額［製造業］では，わずかだが中小企業の割合の方が高い。

エ　製造業では，従業者1人あたりの出荷額は中小企業より大企業の方が高い。

問5　____4について，労働時間を減らし，仕事と家庭生活や地域生活とを両立することを何というか，答えなさい。

問6　____5について，不景気のときに，日本銀行の金融政策や政府の財政政策で行われる政策として正しい文をあとのア～カから三つ選び，記号で答えなさい。（順不同）

ア　日本銀行が，都市銀行や地方銀行がもつ国債などを買い上げ，その代金を支払う。

イ　日本銀行が，都市銀行や地方銀行に国債などを売って，その代金を受け取る。

ウ　政府が，公共投資を増加させる。

エ　政府が，公共投資を減少させる。

オ　政府が，増税をする。

カ　政府が，減税をする。

問７　____6について，消費者が商品を選択するときに消費者問題が起こることがある。消費者問題にかかわる事柄Ａ～Ｄの中で正しい文はいくつあるか。一つならア，二つならイ，三つならウ，四つならエ，なければオと答えなさい。

Ａ　訪問販売や電話勧誘などで商品を購入した場合に，購入後８日以内であれば消費者側から無条件で契約を解除できる制度がある。

Ｂ　電話や葉書で約束をして直接会ったときに，高額商品を売りつけるアポイントメントセールスという悪質商法がある。

Ｃ　商品にかかわる情報量や知識などが生産者と消費者の間で同等であるために，消費者問題が起こる。

Ｄ　2004年，消費者保護基本法が消費者基本法に改正され，消費者への保護を強化する一方で，消費者が自立した消費生活を送ることを支援するしくみを整えた。

2 おぼろけにては取り出ださるることも侍らず

ア いつも取り出して見ているものでした
イ 普通のことでは取り出さないものでした
ウ ぼろぼろな状態で取り出せないものでした
エ 記憶があいまいでは取り出せないものでした

4 我が身の科をも助からむ

ア 罪を犯した自分も救おう
イ 自分の肉体も改善しよう
ウ 自分の短所も克服しよう
エ 自分の人生の支えにしよう

問五 ――線3「頼み奉る」とあるが、そうしたのはなぜか。理由として最もふさわしいものを次から選び、記号で答えなさい。

ア 仲太と若君が割った硯だが、若君が割ったと聞けば、大納言も許してくれると思ったから
イ 仲太が割った硯であるが、若君が割ったと聞けば、大納言も許してくれると思ったから
ウ 若君が割った硯なのだから、若君自身が大納言に許しを申し出るのは当然だと思ったから
エ 誰が割ったかわからないが、自分が割ったと大納言に申し出てくれると言ってくれたから

問六 ――線5「性空とぞ申し侍りけり」とあるが「性空」と同一人物を本文中から二字で抜き出して答えなさい。

問七 内容全体の説明したもののうち、ふさわしくないものを次から選び、記号で答えなさい。

ア 若君は、この事件のあった時十歳であった
イ 性空上人は、硯のことがきっかけで出家した
ウ 仲太は、若君の涙に感動し心打たれた
エ 大納言は、硯が割られたことを許せなかった

四

次の慣用句と関係の深い熟語はどれか。最もふさわしいものをそれぞれ選び、記号で答えなさい。

① 口がすべる　② 鼻が高い
③ 顔を出す　④ 目を奪われる

ア 魅了　イ 多忙　ウ 疲労
エ 参加　オ 失言　カ 自慢

五

次の傍線部のカタカナを漢字にし、漢字にはその読みをひらがなで書きなさい。

① 本をヘンキャクする。　② 予定をヘンコウする。
③ わたしのシュミは読書だ。　④ 納得できない話だ。
⑤ 技術を駆使する。　⑥ 緩やかな坂道を登る。

子にてなんおはしける。かの大納言のもとに、昔より(1)めでたき硯《すずり》侍《はべ》り。錦《にしき》の袋に入れて置かれ侍り。*司《つかさ》を給はるたびに、この硯をば見るに侍りければ、2おぼろけにては取り出ださるることも侍らず。*しかあるに、この殿、大納言に上がり給ひて、この硯を見給ひて*厨子《づし》に置き給ひてけり。仲太、この硯を見たくおぼえて御子の若君の十になり給へりけるを、*すかしこしらへて、忍びて硯を開けて見るほどに、足音の荒らかに聞こえければ、心惑ひしてしたため①置かむとするほどに、取りはづして落して*あやなく二つに打ち割りぬ。仲太*いかがせむと騒ぐに、この若《わか》君②のたまふやう、「*いたくな嘆きそ。我割りたると言はむ。我したりと聞き給はば、おのづから許し給ふかたも*侍りなむ」とのたまへば、仲太手をすりて、「3頼み奉る」とて退《の》き侍りぬ。さるほどに、大納言、この硯をしたため置かむとて見給ふに、まさに二つに割れたり。(2)あさましなんど*言ふもおろかにおぼえ給ひて、「誰が割りたる」と、まことに腹立ちむつかり給ふ。この若君うち涙ぐみで父の御そばに寄り、「我割りてさぶらふ」と聞え給ふに、大納言、大きに怒りて、首を切られけり。その時、仲太あさましく悲しくおぼえて、*かつうは若君の*後世《ごせ》をもとひ奉《たてまつ》らむ、かつうは4我が身の科《とが》をも助からむと思ひて、やがて*飾り下ろし、5性空とぞ申し侍りけり。

（『撰集抄』）

* いまそかりけり…いらっしゃった
* 本院の左府…役職名
* 大納言…役職名
* 司を給はる…役職をいただく
* しかあるに…そうであるのに
* 厨子…収納具
* すかしこしらへて…機嫌を取ってだまして
* あやなく…むなしく
* いかがせむ…どうしたらよかろうか
* いたくな嘆きそ…そんなに嘆かないでほしい
* 侍りなむ…あるでしょう
* 言ふもおろかに…口では言えないほどにけしからんことだと
* かつうは…一方では
* 後世をもとひ奉らむ…ご冥福をお祈りしよう
* 飾り下ろし…髪を下して（出家して）

問一 ══線①「置かむ」、②「のたまふ」を現代かなづかいに直して、ひらがなで答えなさい。

問二 〰〰線(1)「めでたき」、(2)「あさまし」の意味として最もふさわしいものをそれぞれ選び、記号で答えなさい。

(1) めでたき
ア すばらしい　イ おめでたい
ウ うらやましい　エ かわいらしい

(2) あさまし
ア 憐れだと悲しむ　イ うれしく喜ぶ
ウ 悔いあらためる　エ 驚きあきれる

問三 ——線1「男子にてなんおはしける」について、ここで使われている文法上のきまりを答えなさい。

問四 ——線2「おぼろけにては取り出ださるることも侍らず」、4「我が身の科をも助からか」の解釈として最もふさわしいものをそれぞれ選び、次のページの記号で答えなさい。

エ　その場の変わりうる状況に応じて、的確に言い表すこと

問七 □ A、Bに入れるのに最もふさわしい語をそれぞれ選び、記号で答えなさい。

A　ア　効用　イ　失速　ウ　弊害　エ　矛盾

B　ア　英知　イ　想像　ウ　現実　エ　言語

問八　次に示すのは、本文を読んだ後に、四人の生徒が話し合っている場面である。□ Ⅰ、Ⅱに入れるのに最もふさわしい語、内容をそれぞれ選び、記号で答えなさい。

生徒A　筆者は、人間が言語を使うことで文明を発展してきたと言っているね。言語が想像力と結びついた結果だと。

生徒B　じゃあ、動物たちは言語を持たないから想像しない。…ってことは、動物たちは不安になったりしないのかな？

生徒C　そうじゃないかな。言語ってたしかにものすごい力があるって聞いたことがある。

生徒A　そういうのを［　Ⅰ　］って言ったりするよね？　口に出すと実現したり、そのものの力を得たり、言葉には不思議な力が宿っているっていうこと。ほんとにそれってよくあるよなあ。

生徒D　私はそんなのないと思う。それは筆者の言う「想像世界」の話で、言語があるから想像が可能になった。ただの偶然がそうなったように思ってしまうだけで錯覚なんだと思う。

生徒B　でも僕は小さい頃、「痛いの痛いの飛んでいけ」っておまじないのように言われて、たしかに安心できたし、痛みもおさまった気がしたよ。

生徒C　もし言葉そのものに力があるとすれば、他国の言語で言われて意味がわからなくてもその効果を感じることができるんだよね。そう考えると言葉自体に力があるというのは、私は少し疑問だな。

生徒D　だから筆者は、人間は言語を用い、想像力を働かせて文明を発展させてきた。でもその言語によって［　Ⅱ　］という一面を見逃してはいけないと言いたいんじゃないかな。

生徒A　なるほど。日常的に使うからこそ気をつけなきゃだめなんだね。

Ⅰ　ア　格言　イ　神業　ウ　因縁　エ　言霊

Ⅱ
- ア　想像力を操られるとだまされてしまうこともある
- イ　想像力が狭められてしまい、文明の発展を止めてしまう
- ウ　どんな体験も過去の型にはめてしまい、おもしろみがなくなる
- エ　現実認識をおろそかにして生物進化に影響を与えている

二　※問題に使用された作品の著作権者が二次使用の許可を出していないため、問題を掲載しておりません。

（出典：小川　糸『食堂かたつむり』）

三　次の古文を読んで、後の問いに答えなさい。ただし、問題の都合で本文を一部変更している箇所がある。

昔、播磨の国、書写《しよしや》といふ山寺に、性空上人《しやうくうしやうにん》といふ人*いまそかりけり。*本院の左府時平の孫、時朝の*大納言の侍に、仲太の小三郎といふ[1]男

語による単純化がおきる。それによって、その人の複雑な内面や、状況によって変わりえる臨機応変の行動傾向が無視されがちになる。「暗い性格」と特定することで、大切な人間関係の機会を失っているかもしれない。これが言語による単純化の［　A　］である。

《中略》

人間は、想像力を身につけ［　B　］を発達させてきた。今ここで直面している現実とは異なる現実を言い表すことに成功し、未来の現実を改善する方法を見出せるようになった。文明社会の発展は、こうした人類の英知によってもたらされたのである。

その一方で、言語はウソやフェイクを容易にした。言葉を発するだけで、現実にはない偽りの想像を相手に抱かせることが簡単にできる。自分は正当な発言をしていると見せかけて、聞き手の誤解を利用しただましも横行している。いわば、言語がウソの進化を加速したのである。

（石川幹人『だからフェイクにだまされる』）

問一　~~~線(1)「言わずもがな」、(2)「雄弁」の語句の本文中の意味として、最もふさわしいものをそれぞれ選び、記号で答えなさい。

(1)　言わずもがな
- ア　言うまでもない　　イ　言ったとおり
- ウ　言ってはいけない　　エ　言わないほうがよい

(2)　雄弁
- ア　自分が優位に立つために、偉そうにしゃべること
- イ　人をあざむくように、言葉巧みにしゃべること
- ウ　心の内を見透かされないように、嘘をつくこと
- エ　人の心を動かすように、力強くしゃべること

問二　（　）1～3に入れるのに最もふさわしい語をそれぞれ選び、記号で答えなさい。

ア　たとえば　　イ　しかし　　ウ　むしろ
エ　しかも　　オ　したがって　　カ　なぜなら

問三　――線1「物語によって築かれた〝虚構（フェイク）世界〟」とあるが、これを言い換えている部分を傍線部より前の本文中から六字で抜き出して答えなさい。

問四　――線2「功罪の両面」とあるが、それはどのような内容か。最もふさわしいものを次から選び、記号で答えなさい。

- ア　言語が持っている「意味が広がる性質」と「意味を区別する性質」
- イ　意味が広がることによる「便利になる面」と「だまされやすくなる面」
- ウ　意味を区別する性質が「物事の理解を進めること」と「誤解を深める作用をもつこと」
- エ　意味を区別することで「言語の切れ味が鋭くなること」と「想像世界が高度に進化すること」

問五　――線3「生物学の視点からは両者を区別する必要がある」とあるが、それはどうしてか。「生存競争」「現実世界」「想像世界」という語句を必ず用いて七〇字から九〇字以内で説明しなさい。

問六　――線4「言語による単純化」とあるが、それはどういうことか、説明として最もふさわしいものを後から選び、記号で答えなさい。

- ア　人間関係を築きやすくするため、自分に都合よく言い表すこと
- イ　日常的な場面を想像して、行動傾向を特定して言い表すこと
- ウ　場面ごとの状況を踏まえず、大まかに分類して言い表すこと

たんに過去に見たことがある椅子の集まりではない。私たちは、過去に見たこともない斬新なデザインの椅子も「イス」と思えるし、山歩きで疲れた時に休憩する切り株も「イス」と言えるし、人形遊びに使うミニチュアの椅子も「イス」に見えるのである。「イス」が抽象的な概念になっているので、「イス」という言葉がいろいろな椅子を指し示せるのだ。

その反面、意味が広がることでだまされやすくなる。パーティで「今日の主役はそのイスに腰かけて」と促され、座ってみると、ひっくり返って皆に笑われる〝パーティ向けのジョーク仕掛け〟だったなんてこともある。

一方、言語には、「意味が広がる性質」のほかに、「意味を区別する性質」もある。これが、言語の〝切れ味の鋭さ〟につながるのだが、こちらにも、[2]功罪の両面がある。物事の理解を進めると同時に、誤解を深める作用をもつのである。

たとえば本章では、「現実世界」と「想像世界」があることを論じてきた。哲学では観念論といって、「現実もまた想像に過ぎない」という両者を同一視する思想が伝統的にある中で、[3]生物学の視点からは両者を区別する必要があると、あえて強く述べたのである。

その理由は、生物進化の歴史上の順番である。生物は現実の中で生きており、現実世界を優先して考える必要性が生じていた。あれこれ想像をめぐらす生物がいたら、いち早く食べられてしまっただろう。そのため、現実認識が先に強く進化し、未来予測をする余裕を確立した人間において、はじめて想像が高度に進化したのである。

このように「現実世界」と「想像世界」は異なる由来をもっか別の特性であるから、「〝山を守る神様〟は想像世界の存在であり、現実世界には存在しない」などと、両者を区別することに意義が生じる。この区別は、「現実世界」と「想像世界」という別の言葉を使うことで、両者は〝別物〟と的確に表現できる。

ところが、この「言語の切れ味の鋭さ」は過剰に働いてしまいがちである。「想像世界」の始まりは、過去や未来の「現実世界」の想像であった。すると、「現実世界」とも「想像世界」とも言える中間段階があることになる。「言語の切れ味の鋭さ」によって、この中間段階が見失われがちになるのだ。

よりわかりやすい例をあげよう。心理学では性格論争というのがある。「明るい性格」や「暗い性格」が本当にあるのか、という論争である。とかく私たちは、「あの人は明るい」とか「この人は暗い」などと、レッテル貼りをしがちであるが、そうした見方の有効性に疑問が呈されているのだ。（　3　）、ふだん口数が少ない「暗い性格の人」が自分の趣味の話になると、(2)雄弁に語り出して「明るい性格の人」になることもよくあるからである。

結局のところ、この性格の診断は質問紙で行われている。診断を受ける人は、「こんな場合はどうしますか？」と聞かれ、日常的な普通の場面を〝想像して〟答えているだけである。この日常的場面での行動傾向に限って、「明るい・暗い」が判定されており、確かにその範囲では「明るい性格寄りの人」や「暗い性格寄りの人」が特定できる。だが、これを「明るい性格」、「暗い性格」と特定することの意義はほとんどない。明るいと暗いの境界付近の人々も多いし、いずれにしても、つきあっている間にその人との関わり方がわかってくるからである。

ところが、「明るい・暗い」と区別して言い表す習慣が生じると、[4]言

【国　語】（五〇分）〈満点：一〇〇点〉

一 次の文章を読んで、後の問いに答えなさい。ただし、問題の都合で本文を一部変更している箇所がある。

私たちは、発話文を聞くことによって、今現在は直接体験していない、現在・過去・未来の様子を、直接体験に準じるかたちで想像できる。だからこそ、自分自身は体験していない他者の多くの体験が、他者と共有でき、それらの過去の体験をパターン化して記憶し、未来に起きる事象を高い確率で予想できるのだ。これが、協力集団の作業効率を大幅に高めた。

人類が類縁のチンパンジーと大きく異なって、文明社会を築く道に進むことができたのは、協力性と、想像力をヒトが身につけたことが大きな基本要因になっている。両者が揃《そろ》ったところで、言語の発展が急速に起きて、社会に知識の蓄積が起き、文明構築につながったのだ。

（　1　）、この想像力が高まったことによる弊害もある。もともと想像力は、情報が少なく不確実な現実を補うものであった。たとえば、「昨日は丘の東側にマンモスがいたが、今日は西側にマンモスがいる。夜のうちに移動したのだ。ならば、移動の経路あたりにワナを仕掛けたらマンモスがとれるだろう」などと働くのである。ところが、東側のマンモスと西側のマンモスは別なマンモスならば、「移動した」という想像は誤りであり、ワナ仕掛けは失敗である。

想像内容はあくまで現実に準じるものであり、確実な現実と思わないほうがよい。想像力が高すぎると、想像世界を現実のように思う弊害が生じる。

（　2　）、三〇〇年前に起きた火山の大噴火の様子を人から伝え聞けば、身近なことのように感じ、経験の共有化ができる。これこそ、想像力のなせるワザである。ところが、大噴火が一〇〇〇年に一度程度の災害であれば、自分が生きるうえでは問題にならない。それにもかかわらず、大噴火を過度に心配してしまうことになる。これが高い想像力の弊害である。理想を言えば、現実から遠いありそうもない経験ほど、想像内容がぼんやりと薄らいでいけば便利そうだが、人間の想像はそうはなっていない。

火山の大噴火の様子を伝承することには利点があるものの、「それが起きると死んじゃうんだ」と想像すれば不安が高じる。そこで人間は、ファンタジーによる対処を発達させてきた。たとえば、「山を守る神様」を想像世界に登場させ、「その神様が頑張っている限りは大噴火しない」などという物語を作成し、それを想像した未来と重ね合わせて安心するのだ。

1 物語によって築かれた〝虚構（フェイク）世界〟の存在を、現実と同様に信じることによって未来への不安が軽減し、適度に現実と対峙《たいじ》できるのである。この役割を伝統的に宗教が果たしてきたことは、(1)言わずもがなだろう。

《中　略》

ここまで、ひとつの言葉がいろいろな意味をもつことを示してきた。たとえば、「世界」という言葉で、「現実世界」や「想像世界」を言い表してきた。「世界」は他に、窓から見える「外の世界」や、地球上の国々が集まった「世界」なども意味できる。

このように言語のもつ「意味が広がる性質」には便利な面がある。「イス」という言葉で考えてみよう。「イス」という言葉が指し示すのは、

2023年度

札幌静修高等学校入試問題（普通科総合コース）

【数　学】（50分）　　＜満点：100点＞

1　次の計算をしなさい。

(1)　$(-3)-(-8)\div 4$

(2)　$15\div\left(-\frac{5}{6}\right)$

(3)　$\sqrt{18}+\sqrt{50}$

(4)　$\frac{2x+1}{3}+\frac{-3x+1}{4}$

(5)　$(12a^3b^2-6a^2b)\div 3ab$

2　次の各問いに答えなさい。

(1)　1次方程式　$3x-8=-x+12$　を解きなさい。

(2)　2次方程式　$x^2+3x-28=0$　を解きなさい。

(3)　x^2-25　を因数分解しなさい。

(4)　連立方程式　$\begin{cases} x-3y=-7 \\ -x+4y=8 \end{cases}$　を解きなさい。

(5)　y は x に反比例し，$x=2$ のとき $y=-3$ である。y を x の式で表しなさい。

3　次の各問いに答えなさい。

(1)　半径が9㎝，中心角が120°であるおうぎ形の面積を求めなさい。

(2)　ジョーカーを除く52枚のトランプの中から1枚を引くとき，カードのマークがハートである確率を求めなさい。

(3)　ある数 a を30で割った商の小数第1位を四捨五入したら4になった。このような a のうちで最も小さい数を求めなさい。

(4)　1次関数　$y=3x-5$　において，x の値が2増加するとき，y の値はいくら増加または減少するか答えなさい。

(5)　ある中学校の3年生10人に対して10点満点の数学のテストを行った。次の資料は得点を小さい順に並べ替えたものである。

（単位：点）

4，	4，	4，	4，	5，	6，	6，	8，	9，	10

この資料について，次の㋐～㋓のうち，正しいものをすべて選び記号で答えなさい。

㋐　平均値は6である。　㋑　中央値は6である。

㋒　最頻値は6である。　㋓　範囲は6である。

4 右の図のように，円周上の点A，B，C，D，E，Fが円周を6等分している。これらの中から4つの点を選んで四角形をつくるとき，その四角形が台形または長方形になるのは何通りあるか求めなさい。

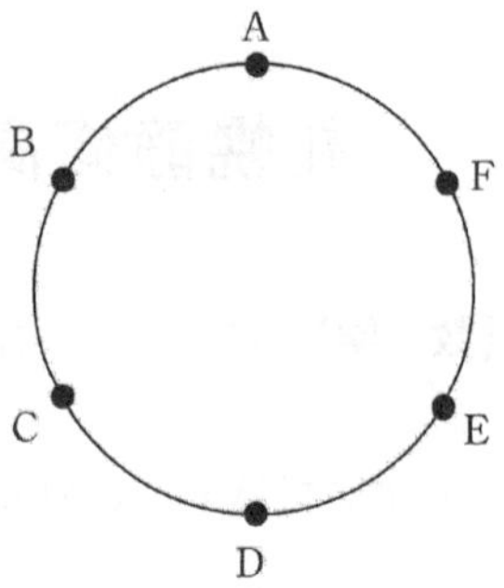

5 右の図は，直線 $y=2x-2$ と直線 $y=-x+4$ である。この2直線の交点をAとする。

このとき，次の各問いに答えなさい。

⑴ 点Aの座標を求めなさい。

⑵ 2直線と x 軸との交点をそれぞれB，Cとするとき，線分BCの長さを求めなさい。

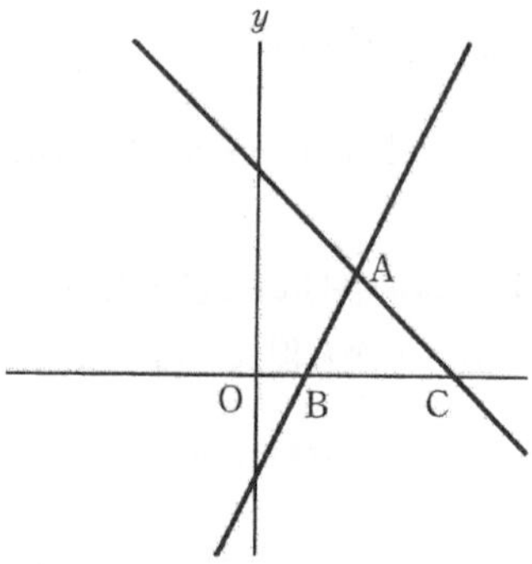

6 下の図で，$\angle x$ の大きさを求めなさい。ただし，⑵では $\ell \,//\, m$ とする。

⑴

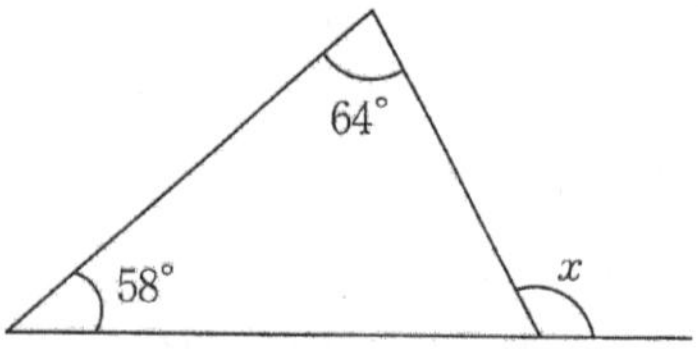

⑵

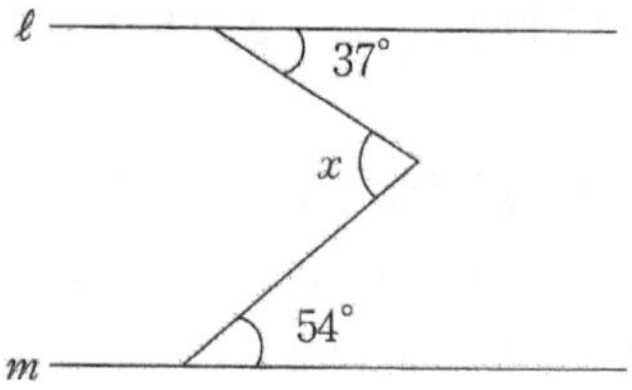

7 四角形ABCDにおいてAB＝CD，AD＝BCであるとき，∠ABC＝∠CDAを次のように証明した。

［証明］△ABCと△CDAにおいて，
仮定より　AB＝CD　　… ①
　　　　　BC＝DA　　… ②
　　　　　CA＝AC（共通）　… ③
①，②，③より ⑴ がそれぞれ等しいから
　　　　　△ABC ⑵ △CDA
したがって∠ABC＝∠CDA

⑴，⑵ に適するものを次の㋐～㋕から一つ選び，記号で答えなさい。

㋐ 3組の辺　　㋑ 2組の辺とその間の角　　㋒ 1組の辺とその両端の角

㋓ ≡　　㋔ ＝　　㋕ ー

8 右の図のように，AB＝10㎝，AD＝９㎝，∠A＝∠D＝90°の台形ABCDがある。２つの点P，QがAを同時に出発し，点Pは辺AB上を毎秒２㎝の速さでBまで，点Qは辺AD，DC上を毎秒３㎝の速さでCまで移動する。Aを出発してから x 秒後の△APQの面積を y ㎠とする。

このとき，次の各問いに答えなさい。

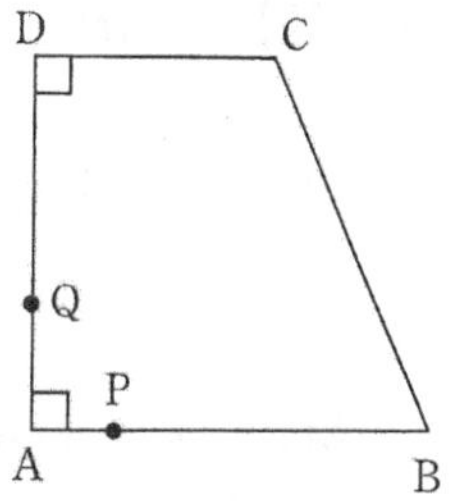

⑴ 点Pが辺AB上を，点Qが辺AD上を動くとき，y を x の式で表しなさい。

⑵ 点Pが辺AB上を，点Qが辺DC上を動くとき，y を x の式で表しなさい。

⑶ 点P，QはそれぞれB，Cに同時に到着する。このとき，辺CDの長さを求めなさい。

【英　語】（50分）　＜満点：100点＞

1　次の英文を読み，問いに答えなさい。

Chopsticks

Mark is a 17-year-old student and goes to a high school in Japan. He came to Japan 2 years ago with his family and that was his first time living in a foreign country. Before he came to Japan, he took some Japanese classes so he could speak a little Japanese. However, (　A　) he first came to Japan, he couldn't understand what his Japanese classmates and teachers were saying so it was hard for him to communicate with them. This made ①he sad but he didn't give up. He studied hard and talked to them as much as he could. His Japanese gradually got better and he started to enjoy his school life.

As his Japanese improved, Mark noticed some strange things. He always uses *chopsticks when he has lunch with his classmates at school. He has never felt it is difficult to use chopsticks. There are a lot of Japanese restaurants in America. Mark and his family often went there and they usually used chopsticks when they ate there. However, when he was using chopsticks at school, his classmates always said to him, "Wow, you can use chopsticks very well!", or "You are good at using them!" Mark didn't understand why they told him ②such a thing because everyone, even little kids, can use them. He even felt like they were making fun of him.

Mark talked to his teacher and asked her (　B　) this was happening. The teacher listened to Mark and said to him, "Some Japanese people don't know that there are a lot of Japanese restaurants in foreign countries so they don't *expect you to be able to use chopsticks well. Another reason is some of us believe that it's difficult to use them properly ③Your friends (ア to / イ are just / ウ that / エ find / オ surprised) you can use them well." Now Mark understood the reason.

Living in a foreign country is an exciting experience for Mark. Japanese culture and communication style are so different (　C　) American. They sometimes surprise and confuse him but now he knows there is always a reason for the differences. Now he wants to share his cultural experiences with his friends to teach them about cultural differences.

（注）　*chopsticks　はし　　*expect you to be able to ～　あなたが～できると期待する

問1　（A）～（C）に入る最もふさわしいものをそれぞれア～ウから選び，記号で答えなさい。

（A）　ア　why　　イ　when　　ウ　what

（B）　ア　that　　イ　to　　ウ　why

（C）　ア　from　　イ　by　　ウ　of

問2　下線部①を正しい形に直しなさい。

問3　下線部②が示す内容を日本語で書きなさい。

問4　下線部③が，「あなたの友達はあなたがはしを上手に使えるとわかって驚いただけだよ。」という意味になるように並べかえて正しい英文にしたとき，（1），（2）に入る語をア～オから選び記号で答えなさい。

③ Your friends ＿＿＿ （ 1 ） ＿＿＿ ＿＿＿ （ 2 ） you can use them well.

問5　本文の内容に関する以下の説明について，正しいものにはT，間違っているものにはFをそれぞれ書きなさい。

ア　Mark couldn't speak Japanese when he was in America.

イ　Mark has lived in Japan for two years.

ウ　It's hard for some Japanese to use chopsticks well.

問6　次の質問に対するあなた自身の答えを15語程度の英語で自由に書きなさい。ただし，英文は2文以上になってよいものとする。

Which country do you want to live in?

2　次の英文を読み，問いに答えなさい。

Ai：　You look busy packing your suitcase. [A]

Steve：　I'm going back to Australia during the winter vacation to see my friends and family.

Ai：　I thought you already went there this August.

Steve：　I wanted to but the air tickets were too expensive for me to buy, so I stayed in Japan. Also, it's summer time in Australia now and Christmas is an important time of the year for people in Australia.

Ai：　I see. Air tickets are always expensive during the summer [B] everyone wants to go somewhere on holiday. Are you excited to see your family and friends?

Steve：　Of course! I haven't seen them for ①1年以上 so I'm really looking forward to spending some time with them. I'm thinking of getting some souvenirs from Japan. Do you have any good *recommendations?

Ai：　Let me see.... ②Do you know the shop called J-Plaza near Sapporo Station?

Steve：　Yes, my host mother took me there once before. Actually, she bought me this suitcase there.

Ai：　That was nice of her. J-Plaza is one of the best souvenir shops in Sapporo so you can find something nice for your family there.

Steve：　I'll go there, then. Do you know if they have Japanese sweets, too? My family has never tried Japanese sweets and I really want them to try some.

Ai：　I don't think that there is a food section ③there, but you can buy sweets at any convenience store. They always have a variety of sweets and snacks that are popular among young people. Also, ④they are not (　　) expensive (　　) souvenir shops.

Steve：　That sounds like a really good idea. I'll do it this weekend before I leave.

⑤一緒に来てお菓子を選ぶのを手伝ってくれませんか？

Ai : Sure, I can help you. I'm busy on Saturday but I'm free on Sunday. Is that OK?

Steve : That would be great, thank you.

（注） *recommendation おすすめ

問1 [A] , [B] に入る最もふさわしいものをア～ウから選び，記号で答えなさい。

[A] ア Why are you going? イ Where are you going?
ウ What are you packing?

[B] ア because イ but ウ so

問2 下線部①，⑤を英語に直すとき，（ ）に入る語を答えなさい。

① （ ）（ ） a year

⑤ （ ）（ ） come and help me choose some sweets?

問3 下線部②を日本語に直すとき，（ ）に入る語句を答えなさい。

札幌駅の近くにある（ ）？

問4 下線部③が示すものを本文中から英語で抜き出しなさい。

問5 下線部④が「それらはお土産屋さんほど高くありません。」という意味になるように空欄に入る共通の一語を書きなさい。

④ they are not （ ） expensive （ ） souvenir shops.

問6 本文の内容に合うものをア～エから２つ選び，記号で答えなさい。

ア スティーブは去年の夏オーストラリアに行った。

イ スティーブはアイと週末コンビニへ行く予定だ。

ウ スティーブはJ-Plazaでお菓子を家族へのお土産に買うつもりだ。

エ スティーブはJ-Plazaに行ったことがない。

問7 次の質問に対するあなた自身の答えをその理由も含めて10語程度の英語で自由に書きなさい。ただし，英文は２文以上になってよいものとする。

Do you like convenience stores?

3 次の英文の（ ）に入る最もふさわしいものをそれぞれア～ウから選び，記号で答えなさい。

1 Mother Teresa was a woman （ ア who イ which ウ where ） helped a lot of people.

2 Ken （ ア eats イ is eating ウ ate ） rice yesterday.

3 I think （ ア that イ when ウ because ） English is very interesting.

4 We use computers （ ア doing イ to do ウ done ） many things.

5 You （ ア must イ can't ウ should not ） wash your hands before lunch.

6 My sister finished （ ア take イ to take ウ taking ） a shower.

7 I like animated movies （ ア good イ better ウ the best ） of all.

8 Sapporo is （ ア visit イ visited ウ visits ） by many tourists.

9 （ ア Have イ Has ウ Did ） she played the game before?

10 Wow, you won the speech contest! I'm so proud （ ア in イ on ウ of ） you!

4 左側の語の下線部の発音と同じ音をもつ語をア～ウから１つ選び，記号で答えなさい。

1	national	：ア nature	イ stand	ウ brave
2	delicious	：ア river	イ library	ウ behind
3	voice	：ア towel	イ body	ウ enjoy
4	clean	：ア head	イ steak	ウ speaker
5	theater	：ア these	イ thousand	ウ though

5 次のア～ケの語の中で最も強く発音する部分が２にあるものを３つ選び，記号で答えなさい。

ア	ar-ti-cle 1 2 3	イ	break-fast 1 2	ウ	im-por-tant 1 2 3
エ	ex-am-ple 1 2 3	オ	di-no-saur 1 2 3	カ	or-ange 1 2
キ	res-tau-rant 1 2 3	ク	tech-nol-o-gy 1 2 3 4	ケ	sub-way 1 2

問五 ――線3「上、中、下」の解釈として最もふさわしいものを次から選び、記号で答えなさい。

上、中、下
- ア 桜の上部、下部を問わず
- イ 狩りの上手、下手を問わず
- ウ 和歌の上句、下句を問わず
- エ 身分の上位、下位を問わず

問六 Aの歌の説明として最もふさわしいものを次から選び、記号で答えなさい。

- ア 桜がなくなったので、心がさみしくなったことを表現している
- イ 桜が散って、やっと季節の変化が感じられることを表現している
- ウ 自然の厳しさに耐えて咲く桜に、春の力強さを託して表現している
- エ 桜など無いほうがましだと言いながら、桜への深い愛情を表現している

問七 ――線5の現代語訳として最もふさわしいものを次から選び、記号で答えなさい。

- ア 散るからこそ、いっそう桜は素晴らしいのだ
- イ 散るからこそ、ほとんど鑑賞する暇もないのだ
- ウ 散るからこそ、真っ先に桜は花を咲かせるのだ
- エ 散るからこそ、一気に桜は咲いて満開になるのだ

四

次の慣用表現の空欄にはあてはまる体の一部分を漢字で書きなさい。

① 彼の努力には□がさがる。

② 彼女のうわさを□にはさむ。

③ とても□がたたない相手だ。

④ いつも弱い方の□を持つ。

五

次の傍線部のカタカナを漢字に直し、漢字はその読みをひらがなで書きなさい。

① 本をヘンキャクする。　② 予定をヘンコウする。

③ わたしのシュミは読書だ。　④ 納得できない話だ。

⑤ 技術を駆使する。　⑥ 緩やかな坂道を登る。

生徒A　なるほど。日常的に使うからこそ気をつけなきゃだめなんだね。

Ⅰ　ア　格言　イ　神業　ウ　因縁　エ　言霊

Ⅱ
ア　想像力を操られるとだまされてしまうこともある
イ　想像力が狭められてしまい、文明の発展を止めてしまう
ウ　どんな体験も過去の型にはめてしまい、おもしろみがなくなる
エ　現実認識をおろそかにして生物進化に影響を与えている

二　※問題に使用された作品の著作権者が二次使用の許可を出していないため、問題を掲載しておりません。

（出典：小川　糸『食堂かたつむり』）

三　次の古文を読んで、後の問いに答えなさい。

むかし、*惟喬《これたか》の親王《みこ》と申す親王①おはしましけり。*山崎のあなたに、水無瀬《みなせ》といふ所に、*宮ありけり。年ごとの桜の花ざかりには、その宮へな1むおはしましける。その時、*右の馬の頭《かみ》なりける人を、常に②率《ゐ》ておはしましけり。時世経《へ》て久しくなりにければ、2その人の名忘れにけり。狩は(1)ねむごろにもせで、酒をのみ飲みつつ、やまと歌にかかれりけり。いま狩する*交野《かたの》の渚の家、その院の桜、ことに(2)おもしろし。その木のもとにおりゐて、枝を折りて、かざしにさして、3上《かみ》、中《なか》、下《しも》、みな歌よみけり。馬の頭なりける人のよめる。

A　世の中に　たえて桜の　なかりせば　春の心は　のどけからまし

となむ4よみたりける。また人の歌、

5散ればこそ　いとど桜は　めでたけれ　憂《う》き世になにか　久しかるべき

とて、その木のもとは立ちてかへるに日暮になりぬ。　（『伊勢物語』）

＊惟喬の親王……文徳天皇の第一皇子
＊山崎のあなたに、水無瀬といふ所……京都府山崎町の先が大阪府の水無瀬
＊宮……離宮、皇居とは別に設けられた宮殿
＊右の馬の頭《かみ》……右馬寮《うめりょう》の長官
＊交野の渚の家……大阪府枚方市にあった一般人出入り禁止の宮廷ご領地

問一　═══線①「おはしましけり」、②「率て」を現代かなづかいに直して、ひらがなで答えなさい。

問二　〰〰線(1)「ねむごろにもせで」、(2)「おもしろし」の意味として最もふさわしいものをそれぞれ選び、記号で答えなさい。

(1)　ねむごろにもせで
ア　熱心にしないで　イ　眠そうにしないで
ウ　親しげにしないで　エ　眠るころにしないで

(2)　おもしろし
ア　楽しい　イ　珍しい
ウ　美しい　エ　風変りだ

問三　――線1「おはしましける」、4「よみたりける」の主語として最もふさわしいものをそれぞれ選び、記号で答えなさい。
ア　惟喬の親王　イ　右の馬の頭　ウ　その人　エ　作者

問四　――線2「その人の名」とは誰のことか、本文中から十字で抜き出して答えなさい。

で答えなさい。

ア　生物が進化するためには、生存競争に勝ち残ることが最優先であり、天敵に襲われないように目の前の現実だけを認識していたということ

イ　生物が進化するためには、想像をいくらしたところで現実味がなく、想像世界より現実世界のほうがはるかに優れているということ

ウ　生物の進化においては高度な想像ができる人間が頂点に立っており、他の生物たちは想像したとしてもとうてい人間には及ばないということ

エ　生物の進化においては想像することが最も高度なことであり、現実をしっかり優先して生きることでしか想像は生まれないということ

問七　――線５「言語による単純化」とあるが、それはどういうことか、説明として最もふさわしいものを次から選び、記号で答えなさい。

ア　人間関係を築きやすくするため、自分に都合よく言い表すこと

イ　周囲の人々が想像だけで、他の人の行動傾向を言い表すこと

ウ　場面ごとの状況を踏まえず、大まかに分類して言い表すこと

エ　その場の変わりうる状況に応じて、的確に言い表すこと

問八　□　A、Bに入れるのに最もふさわしい語をそれぞれ選び、記号で答えなさい。

A　ア　効用　イ　失速　ウ　弊害　エ　矛盾

B　ア　英知　イ　想像　ウ　現実　エ　言語

問九　次に示すのは、本文を読んだ後に、四人の生徒が話し合っている場面である。□　Ⅰ、Ⅱに入れるのに最もふさわしい語、内容をそれぞれ選び、後の記号で答えなさい。

生徒A　筆者は、人間が言語を使うことで文明を発展してきたと言っているね。言語が想像力を結びついた結果だと。

生徒B　じゃあ、動物たちは言語を持たないから想像しない。…ってことは、動物たちは不安になったりしないのかな？

生徒C　そうじゃないかな。言語ってたしかにものすごい力があるって聞いたことがある。

生徒A　それ、□Ⅰって言うんだよね？　口に出すと実現したり、そのものの力を得たり、言葉には不思議な力が宿っているっていうこと。ほんとにそれってよくあるよなあ。

生徒D　私はそんなのないと思う。それは筆者の言う「想像世界」の話で、言語があるから想像が可能になった。ただの偶然がそうなったように思ってしまうだけで錯覚なんだと思う。

生徒B　でも僕は小さい頃、「痛いの痛いの飛んでいけ」っておまじないのように言われて、たしかに安心できたし、痛みもおさまった気がしたよ。

生徒C　もし言葉そのものに力があるとすれば、他国の言語で言われて意味がわからなくてもその効果を感じることができるんだよね。そう考えると言葉自体に力があるというのは、私は少し疑問だな。

生徒D　だから筆者は、人間は言語を用い、想像力を働かせて文明を発展させてきた。でもその言語によって□Ⅱという一面を見逃してはいけないと言いたいんじゃないかな。

語による単純化がおきる。それによって、その人の複雑な内面や、状況によって変わりうる臨機応変の行動傾向が無視されがちになる。「暗い性格」と特定することで、大切な人間関係の機会を失っているかもしれない。これが言語による単純化の［ A ］である。

《中略》

人間は、想像力を身につけ［ B ］を発達させてきた。今ここで直面している現実とは異なる現実を言い表すことに成功し、未来の現実を改善する方法を見出せるようになった。文明社会の発展は、こうした人類の英知によってもたらされたのである。

その一方で、言語はウソやフェイクを容易にした。言葉を発するだけで、現実にはない偽りの想像を相手に抱かせることが簡単にできる。自分は正当な発言をしていると見せかけて、聞き手の誤解を利用しただましも横行している。いわば、言語がウソの進化を加速したのである。

（石川幹人『だからフェイクにだまされる』）

問一　～～～線(1)「言わずもがな」、(2)「雄弁」の語句の本文中の意味として、最もふさわしいものをそれぞれ選び、記号で答えなさい。

(1)　言わずもがな
ア　言うまでもない　　イ　言ったとおり
ウ　言ってはいけない　　エ　言わないほうがよい

(2)　雄弁
ア　自分が優位に立つために、偉そうにしゃべること
イ　人をあざむくように、言葉巧みにしゃべること
ウ　心の内を見透かされないように、嘘をつくこと
エ　人の心を動かすように、力強くしゃべること

問二　（　）1～3に入れるのに最もふさわしい語をそれぞれ選び、記号で答えなさい。
ア　たとえば　　イ　しかし　　ウ　むしろ
エ　しかも　　オ　したがって　　カ　なぜなら

問三　――線1「三〇〇年前に起きた火山の大噴火の様子を人から伝え聞けば」とあるが、

(1)　その結果、人々の心はどうなるのか。本文中から二字で抜き出して答えなさい。

(2)　(1)のようになった人々の心に「宗教」が与えてきたものは何か。本文中から二字で抜き出して答えなさい。

問四　――線2「物語によって築かれた〝虚構（フェイク）世界〟」とあるが、これを言い換えている部分を傍線部より前の本文中から六字で抜き出して答えなさい。

問五　――線3「功罪の両面」とあるが、それはどのような内容か。最もふさわしいものを次から選び、記号で答えなさい。
ア　言語が持っている「意味が広がる性質」と「意味を区別する性質」
イ　意味が広がることによる「便利になる面」と「だまされやすくなる面」
ウ　意味を区別する性質が「物事の理解を進めること」と「誤解を深める作用をもつこと」
エ　意味を区別することで「言語の切れ味が鋭くなること」と「想像世界が高度に進化すること」

問六　――線4「生物進化の歴史上の順番」とあるが、それはどういうことか。説明として最もふさわしいものを次のページから選び、記号

たんに過去に見たことがある椅子の集まりではない。私たちは、過去に見たこともない斬新なデザインの椅子も「イス」と思えるし、山歩きで疲れた時に休憩する切り株も「イス」と言えるし、人形遊びに使うミニチュアの椅子も「イス」に見えるのである。「イス」が抽象的な概念になっているので、「イス」という言葉がいろいろな椅子を指し示せるのだ。

その反面、意味が広がることでだまされやすくなる。パーティで「今日の主役はそのイスに腰かけて」と促され、座ってみると、ひっくり返って皆に笑われる〝パーティ向けのジョーク仕掛け〟だったなんてこともある。

一方、言語には、「意味が広がる性質」のほかに、「意味を区別する性質」もある。これが、言語の〝切れ味の鋭さ〟につながるのだが、こちらにも、[3]功罪の両面がある。物事の理解を進めると同時に、誤解を深める作用をもつのである。

たとえば本章では、「現実世界」と「想像世界」があることを論じてきた。哲学では観念論といって、「現実もまた想像に過ぎない」という両者を同一視する思想が伝統的にある中で、生物学の視点からは両者を区別する必要があると、あえて強く述べたのである。

その理由は、[4]生物進化の歴史上の順番である。生物は現実の中で生きており、現実世界を優先して考える必要性が生じていた。あれこれ想像をめぐらす生物がいたら、いち早く食べられてしまっただろう。そのため、現実認識が先に強く進化し、未来予測をする余裕を確立した人間において、はじめて想像が高度に進化したのである。

このように「現実世界」と「想像世界」は異なる由来をもっか別の特性であるから、「〝山を守る神様〟は想像世界の存在であり、現実世界には存在しない」などと、両者を区別することに意義が生じる。この区別は、「現実世界」と「想像世界」という別の言葉を使うことで、両者は〝別物〟と的確に表現できる。

ところが、この「言語の切れ味の鋭さ」は過剰に働いてしまいがちである。「想像世界」の始まりは、過去や未来の「現実世界」の想像であった。すると、「現実世界」とも「想像世界」とも言える中間段階があることになる。「言語の切れ味の鋭さ」によって、この中間段階が見失われがちになるのだ。

よりわかりやすい例をあげよう。心理学では性格論争というのがある。「明るい性格」や「暗い性格」が本当にあるのか、という論争である。とかく私たちは、「あの人は明るい」とか「この人は暗い」などと、レッテル貼りをしがちであるが、そうした見方の有効性に疑問が呈されているのだ。（　3　）、ふだん口数が少ない「暗い性格の人」が自分の趣味の話になると、(2)雄弁に語り出して「明るい性格の人」になることもよくあるからである。

結局のところ、この性格の診断は質問紙で行われている。診断を受ける人は、「こんな場合はどうしますか？」と聞かれ、日常的な普通の場面を〝想像して〟答えているだけである。この日常的場面での行動傾向に限って、「明るい・暗い」が判定されており、確かにその範囲では「明るい性格寄りの人」や「暗い性格寄りの人」が特定できる。だが、これを「明るい性格」、「暗い性格」と特定することの意義はほとんどない。明るいと暗いの境界付近の人々も多いし、いずれにしても、つきあっている間にその人との関わり方がわかってくるからである。

ところが、「明るい・暗い」と区別して言い表す習慣が生じると、[5]言

【国　語】（五〇分）〈満点：一〇〇点〉

一 次の文章を読んで、後の問いに答えなさい。ただし、問題の都合で本文を一部変更している箇所がある。

私たちは、発話文を聞くことによって、今現在は直接体験していない、現在・過去・未来の様子を、直接体験に準じるかたちで想像できる。だからこそ、自分自身は体験していない他者の多くの体験が、他者と共有でき、それらの過去の体験をパターン化して記憶し、未来に起きる事象を高い確率で予想できるのだ。これが、協力集団の作業効率を大幅に高めた。

人類が類縁のチンパンジーと大きく異なって、文明社会を築く道に進むことができたのは、協力性と、想像力をヒトが身につけたことが大きな基本要因になっている。両者が揃《そろ》ったところで、言語の発展が急速に起きて、社会に知識の蓄積が起き、文明構築につながったのだ。

（　1　）、この想像力が高まったことによる弊害もある。もともと想像力は、情報が少なく不確実な現実を補うものであった。たとえば、「昨日は丘の東側にマンモスがいたが、今日は西側にマンモスがいる。夜のうちに移動したのだ。ならば、移動の経路あたりにワナを仕掛けたらマンモスがとれるだろう」などと働くのである。ところが、東側のマンモスと西側のマンモスは別なマンモスならば、「移動した」という想像は誤りであり、ワナ仕掛けは失敗である。

想像内容はあくまで現実に準じるものであり、確実な現実と思わないほうがよい。想像力が高すぎると、想像世界を現実のように思う弊害が生じる。

（　2　）、[1]三〇〇年前に起きた火山の大噴火の様子を人から伝え聞けば、身近なことのように感じ、経験の共有化ができる。これこそ、想像力のなせるワザである。ところが、大噴火が一〇〇〇年に一度程度の災害であれば、自分が生きるうえでは問題にならない。それにもかかわらず、大噴火を過度に心配してしまうことになる。これが高い想像力の弊害である。理想を言えば、現実から遠いありそうもない経験ほど、想像内容がぼんやりと薄らいでいけば便利そうだが、人間の想像はそうはなっていない。

火山の大噴火の様子を伝承することには利点があるものの、「それが起きると死んじゃうんだ」と想像すれば不安が高じる。そこで人間は、ファンタジーによる対処を発達させてきた。たとえば、「山を守る神様」を想像世界に登場させ、「その神様が頑張っている限りは大噴火しない」などという物語を作成し、それを想像した未来と重ね合わせて安心するのだ。[2]物語によって築かれた〝虚構（フェイク）世界〟の存在を、現実と同様に信じることによって未来への不安が軽減し、適度に現実と対峙《たいじ》できるのである。この役割を伝統的に宗教が果たしてきたことは、(1)言わずもがなだろう。

《　中　略　》

ここまで、ひとつの言葉がいろいろな意味をもつことを示してきた。たとえば、「世界」という言葉で、「現実世界」や「想像世界」を言い表してきた。「世界」は他に、窓から見える「外の世界」や、地球上の国々が集まった「世界」なども意味できる。

このように言語のもつ「意味が広がる性質」には便利な面がある。「イス」という言葉で考えてみよう。「イス」という言葉が指し示すのは、

MEMO

大切なことはメモしておこうネ！

特進

2023年度

解 答 と 解 説

《2023年度の配点は解答欄に掲載してあります。》

＜数学解答＞

1 (1) -8 (2) $-\frac{1}{5}$ (3) $8+5\sqrt{3}$ (4) $\frac{x+8}{6}$ (5) $-2x^2+5xy+y^2$

2 (1) $x=5$ (2) $x=0,\ 3$ (3) $a(x-1)^2$ (4) $x=4,\ y=-2$ (5) 十一角形

3 (1) 160° (2) $y=\frac{10}{x}$ (3) $a=105$ (4) $a=901$ (5) 8

4 $\frac{3}{5}$ 5 (1) C(2, 2) (2) DE=3 (3) $y=\frac{1}{2}x+1$

6 (1) $\angle x=68°$ (2) $\angle x=55°$ 7 右図

8 (1) C(−1, 1) (2) $y=x+2$ (3) Dのy座標は2

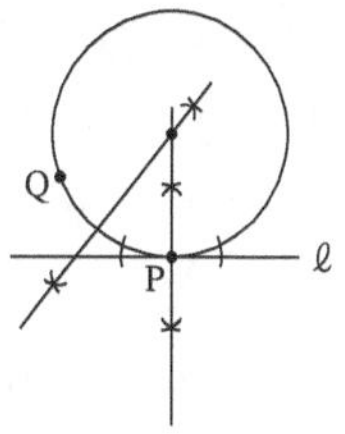

○配点○

各4点×25 計100点

＜数学解説＞

基本 1 (正負の数,平方根,式の計算)

(1) $(-4^2)\div2=-16\div2=-8$

(2) $\frac{3}{5}-5\times\left(-\frac{2}{5}\right)^2=\frac{3}{5}-5\times\frac{4}{25}=\frac{3}{5}-\frac{4}{5}=-\frac{1}{5}$

(3) $(2\sqrt{3}+1)(\sqrt{3}+2)=6+4\sqrt{3}+\sqrt{3}+2=8+5\sqrt{3}$

(4) $\frac{2x+1}{3}-\frac{x-2}{2}=\frac{2(2x+1)-3(x-2)}{6}=\frac{4x+2-3x+6}{6}=\frac{x+8}{6}$

(5) $(x+y)^2-3x(x-y)=x^2+2xy+y^2-3x^2+3xy=-2x^2+5xy+y^2$

基本 2 (1次方程式,2次方程式,因数分解,連立方程式,平面図形)

(1) $2(x-1)+\frac{x-2}{3}=9$ $6(x-1)+x-2=27$ $6x-6+x-2=27$ $7x=35$ $x=5$

(2) $(x+2)(x-4)=x-8$ $x^2-2x-8=x-8$ $x^2-3x=0$ $x(x-3)=0$ $x=0,\ 3$

(3) $ax^2-2ax+a=a(x^2-2x+1)=a(x-1)^2$

(4) $2x-y=10$…① $3x+2y=8$…② ①×2+②より,$7x=28$ $x=4$ これを①に代入して,$8-y=10$ $y=-2$

(5) n角形の内角の和は$180°\times(n-2)$で求められるから,$180°\times(n-2)=1620°$ $n-2=9$ $n=11$ よって,十一角形。

3 (平面図形,反比例,数の性質,方程式の利用,式の値)

基本 (1) 中心角の大きさを$x°$とすると,$2\pi\times9\times\frac{x}{360}=8\pi$ $x=360\times\frac{8}{18}=160(°)$

基本 (2) $y=\frac{a}{x}$とすると,$\frac{a}{2}=\frac{a}{5}+3$ $5a=2a+30$ $3a=30$ $a=10$ よって,$y=\frac{10}{x}$

(3) 題意より,$3.5\leqq\frac{a}{30}<4.5$ $105\leqq a<135$ よって,求めるaは105

(4)　$a=100x+y$とすると，$b=100y+x$　$a-b=792$より，$100x+y-(100y+x)=792$　$x-y=8$　x，yは1桁の自然数だから，$x=9$，$y=1$　よって，$a=901$

基本　(5)　$x^2y-xy^2=xy(x-y)=(\sqrt{5}+1)(\sqrt{5}-1)\{(\sqrt{5}+1)-(\sqrt{5}-1)\}=(5-1)\times 2=8$

重要　4　（図形と確率）

6つの点から4つの点の選び方は，2つの点の選び方に等しいから，$6\times 5\div 2=15$（通り）　このうち，長方形になる4点は，(A，B，D，E)，(A，C，D，F)，(B，C，E，F)の3通り，台形になる4点は，(A，B，C，D)，(A，B，C，F)，(A，B，E，F)，(A，D，E，F)，(B，C，D，E)，(C，D，E，F)の6通りだから，求める確率は，$\dfrac{3+6}{15}=\dfrac{3}{5}$

基本　5　（図形と関数・グラフの融合問題）

(1)　$y=2x-2$と$y=-x+4$の連立方程式を解いて，$x=2$，$y=2$　よって，C(2，2)

(2)　$y=2x-2$に$y=0$を代入して，$0=2x-2$　$x=1$　$y=-x+4$に$y=0$を代入して，$0=-x+4$　$x=4$　よって，$\mathrm{DE}=4-1=3$

(3)　A(0，-2)，B(0，4)より，線分ABの中点Mは(0，1)　求める直線を$y=ax+1$とすると，点Cを通るから，$2=2a+1$　$a=\dfrac{1}{2}$　よって，$y=\dfrac{1}{2}x+1$

基本　6　（角度）

(1)　正五角形の1つの内角の大きさは，$180^\circ\times(5-2)\div 5=108^\circ$　直線ℓと直線CBとの交点をFとすると，平行線の錯角は等しいから，$\angle\mathrm{AFB}=\angle x$　$\angle\mathrm{BAE}=\angle\mathrm{CBA}=108^\circ$　$\angle\mathrm{BAF}=180^\circ-108^\circ-32^\circ=40^\circ$　三角形の内角と外角の関係より，$\angle x=\angle\mathrm{CBA}-\angle\mathrm{BAF}=108^\circ-40^\circ=68^\circ$

(2)　平行四辺形の対角だから，$\angle\mathrm{BCD}=\angle\mathrm{BAD}=125^\circ$　$\angle\mathrm{BDC}=180^\circ-125^\circ-40^\circ=15^\circ$　BD＝BEより，$\angle\mathrm{BDE}=(180^\circ-40^\circ)\div 2=70^\circ$　よって，$\angle x=70^\circ-15^\circ=55^\circ$

基本　7　（作図）

点Pを通る直線ℓの垂線と線分PQの垂直二等分線の交点をOとし，Oを中心とし，半径OPの円を書く。

基本　8　（図形と関数・グラフの融合問題）

(1)　$y=x^2$に$x=1$を代入して，$y=1^2=1$　よって，A(1，1)より，C(-1，1)

(2)　$y=x^2$に$x=2$を代入して，$y=2^2=4$　よって，B(2，4)　直線BCの式を$y=ax+b$とすると，2点B，Cを通るから，$4=2a+b$，$1=-a+b$　この連立方程式を解いて，$a=1$，$b=2$　よって，$y=x+2$

(3)　直線BCとy軸の交点をDとすると，D(0，2)　このとき，AD＋BD＝CD＋BD＝BCだから，AD＋BDの値は最小となる。よって，Dのy座標は2

★ワンポイントアドバイス★

出題形式や難易度は例年とほぼ変わらず，今年度は証明問題のかわりに作図が出題された。各分野の基礎をしっかりと固めておこう。

<英語解答>

1 問1 ① who ② made him 問2 A イ B ア C エ 問3 1 カ 2 オ 問4 クラスメートがはしの使い方をほめること 問5 イ 問6 surprised 問7 ウ 問8 (例) Yes. I want to live in Taiwan. I went there last year and I had a great time. People were friendly so I want to live there.(27語)

2 問1 A イ B オ C ウ D エ 問2 looking forward 問3 called 問4 ③ My family ④ J-Plaza 問5 are not as expensive as souvenir shops 問6 ウ 問7 (例) I like talking with my friends. It is really fun to talk about everything with them at school.(18語)

3 1 ウ 2 イ 3 ア 4 イ 5 イ 6 ウ 7 ア 8 ア 9 ウ 10 イ

4 1 ウ 2 ア 3 エ 4 ウ 5 イ

5 ア，ウ，キ

6 リスニング問題解答省略

○配点○

1問3，問4，問7，2問5 各4点×4(1問3完答) 1問8，2問7 各8点×2 他 各2点×34 計100点 6 各2点×10 計120点(ユニバーサル科)

<英語解説>

1 (長文読解問題・説明文：語句補充，語句整序，要旨把握，内容吟味，自由英作文)

(全訳) はし

①マークは日本の高校に通う17歳の少年だ。2年前に家族と共に日本にやってきて，それが初めての外国での生活だった。

日本に来るA前に，日本語の授業を受けて少し話せるようになったが，初めて日本に来たとき，初めはクラスメートや先生が何を言っているのか理解できず，彼らとコミュニケーションを取るのが難しかった。

②それは彼を悲しくさせた。友達を作るために，一生懸命勉強してできるだけ話しかけた。日本語が徐々に上達し，学校生活を楽しむようになった。

日本語の上達と共に，マークはいくつかの奇妙なことに気付いた。彼は学校でお昼を食べる際にいつもはしを使う。③はしを使うことを難しいと感じたことは一度もない。アメリカにはたくさんの日本料理店があり，彼と家族はそこでよく食事をし，普段ははしを使っていた。しかし，学校ではしを使っていると，クラスメートたちはいつも「おお，君ははしを上手に使えるね！」や「上手だね！」と言ってきた。彼はなぜ④そんなことを言われるのか理解できなかった。なぜなら，小さな子供でもみんなはしを使えるはずだからだ。⑤彼はからかわれているような気がした。

マークは先生に相談し，なぜそうなっているのか尋ねた。先生はマークの話を聞いて「日本人の中には外国に日本料理店がたくさんあることを知らない人もいます。Bだから君が上手にはしを使えることを期待していないのです。もう1つの理由は，私たちの中にははしを適切に使うことが難しいと信じている人もいるからです。君の友達はただ君が上手に使えるのを見て⑥驚いているだけです」と言った。これでマークは理由を理解した。

外国で生活することはマークにとって刺激的な経験だ。日本の文化とコミュニケーションスタイルはアメリカとは非常に異なる。それらは彼を時に驚かせ，混乱させるCが，彼は今ではその違いにはいつも理由があることを知っている。今では，文化の違いについて友達と経験を共有し，彼らに文化の違いを教えたいと考えている。

問1　1　先行詞が人なので，主格の関係代名詞 who が適切である。

2　〈make ＋A＋B〉「AをBにする」

問2　A　日本語を少し話せるようになったのは，日本に来る「前」である。　B　「外国に日本料理店がたくさんあることを知らない」は，空欄の後の内容の理由になっているので「だから」が適切。　C　日本とアメリカの違いは彼を驚かせ，混乱させる。「しかし」その違いには理由があることを知っているのである。

やや難　問3　(He) has never felt it is difficult to (use chopsticks.)　it は形式目的語であり，to 以下を指している。

問4　クラスメートから言われる「君ははしを上手に使えるね！」や「上手だね！」を指している。

問5　make fun of「からかう」

問6　be surprised to ～「～しておどろく」

問7　ア　「マークは今まで箸を使ったことがない」　第4段落第5文参照。マークはアメリカの日本料理店ではしを使っているので不適切。　イ　「すべての日本人は箸を上手に使うことができる」第5段落第3文参照。はしを適切に使うことが難しいと信じている日本人もいるので不適切。

ウ　「日本に住んで日本とアメリカの文化の違いを学ぶことは，マークにとって良い経験だ」第6段落第1文参照。マークにとって外国で生活することは刺激的な経験になっているので適切。

エ　「マークは日本に初めて来たとき，クラスメートと上手にコミュニケーションを取ることができた」　第2段落第2文参照。クラスメートが何を言っているかわからず，コミュニケーションを取るのが難しかったので不適切。

やや難　問8　「あなたは外国で生活したいか」

・Do you ～? という疑問文なので Yes (, I do). もしくは No (, I don't). で答える。

・Yes の場合は，具体的にどこで生活したいかを書くとよい。

・最後に，「外国で生活したい」もしくは「外国で生活したくない」理由を書く。その際に，20語程度の英語にするように「I have two reasons. First, ～. Second, …」を使用することもできる。

2　**(会話文：語句補充，要旨把握，指示語，内容吟味，自由英作文)**

(全訳)　Ai　：スーツケースの準備に忙しそうですね。$_{A}$どこにいくつもりですか。

Steve：冬休みに，友達と家族に会うためにオーストラリアに帰るつもりなんだ。

Ai　：あなたは今年の8月にも行ったと思っていたよ。

Steve：行きたかったのですが，航空券が高すぎて買えず，日本にいたんだ。$_{B}$どうしてこんなことが起こるか知っている？

Ai　：それは皆が夏休みにどこかに行きたがるからだね。ところで，$_{C}$友達や家族に会うのにワクワクしている？

Steve：もちろん！1年以上会っていないから，$_{①}$彼らと時間を過ごすのをとても楽しみにしています。ところで，日本からお土産を持っていこうと思うんだけれど，おすすめはある？

Ai　：えぇっと，札幌駅近くの J-Plaza と$_{②}$呼ばれるお店を知っている？

Steve：はい。実際，ずっと行きたかったんだ。

Ai　：そこに行ってみるべきだよ。J-Plaza は札幌で最高のお土産屋さんの一つで，家族に気に入ってもらえる素敵なものを見つけることができるよ。

Steve：それなら行ってみるね。日本のお菓子も置いてあるか知っている？家族はまだ日本のお菓子を食べたことがないので，ぜひ③彼らに試してもらいたいんだ。

Ai　：④そこには食品売り場はないと思うけれども，どのコンビニでもお菓子を買うことができるよ。常に若者に人気のあるさまざまなお菓子やスナックがあるんだ。それに，⑤それらはお土産屋さんほど高くないよ。

Steve：それはいい考えだ！出発する前の週末に買うよ。D僕がお菓子を買うのを手伝いに来てくれる？

Ai　：わかりました。土曜日は忙しいけれど，日曜日は空いているよ。それで大丈夫？

Steve：それはとても助かるな，ありがとう。

問1　A　この後で「オーストラリアに行く」と答えていることから判断する。

B　この後で it's because を用いて理由を述べていることから判断する。

C　この後で「彼らと1年以上会っていない」とあることから them が指す your family and friends が含まれる選択肢が適切。

D　直後の Ai の発言から，「一緒に来てくれないか」と依頼していると判断できる。

問2　looking forward to ~ing「～するのを楽しみに待つ」

問3　called J-Plaza near Sapporo Station は前の名詞を修飾する過去分詞の形容詞適用法である。

問4　③〈want them to ~〉「彼らに～してほしい」となるので「彼ら(them)＝私の家族(My family)」となる。　④　there は場所を表す言葉である。ここでは J-Plaza の話をしている。

問5　not as ~ as …「…ほど～ない」

問6　スティーブは友達や家族に1年以上会っていないと言っていることから判断する。

やや難　問7「友達と何をするのが好きですか」 What do you like to do ~? と尋ねられているので，I like to ~ (~ing). を用いて答える。理由を含めて英文を書く場合，I like to ~ because …. という英文を使って書くこともできる。

重要　3　(語句選択問題：比較，接続詞，動名詞，助動詞，現在完了，熟語，関係代名詞)

1　日付を尋ねる疑問文である。

2　Whose「誰のもの」と尋ねられているので，所有代名詞を用いたものが適切である。

3　try ~ on「～を試着する」

4　than を用いているので比較級が適切である。

5　when ~「～したとき」

6　Thank you for ~ing.「～してくれてありがとう」

7　主語が You であるため must が適切である。

8　〈have already ＋過去分詞〉「もう～してしまった」

9　be proud of ~「～を誇りに思う」

10　she said は先行詞 anything を修飾する目的格の関係代名詞 that が省略された英文である。

基本　4　(発音問題)

1　左側の語とウは[ei]と発音する。

2　左側の語とアは[ou]と発音する。

3　左側の語とエは[u:]と発音する。

4　左側の語とウは[au]と発音する。

5　左側の語とイは[i]と発音する。

基本　5　(アクセント)

エは第3音節にアクセントがある。イ，オ，カ，ク，ケは第2音節にアクセントがある。

6 リスニング問題解説省略。

★ワンポイントアドバイス★

長文読解問題の英文自体は比較的読みやすい問題だが，記述問題や英作文問題があるのでさまざまな力が問われる問題である。過去問や問題集で同じような問題になれるようにしたい。

＜理科解答＞

1 (1) $2Cu+O_2 \rightarrow 2CuO$ (2) (ア)・(エ)・(カ) (3) 還元 (4) 5.2g
(5) 番号 4 20%

2 (1) (ア) (2) (イ)・(ウ)・(エ)・(オ) (3) 食物連鎖 (4) (ウ)
(5) 消費者 (6) (C)

3 (1) ① オームの法則 ② 40Ω ③ 4倍 (2) 0.3W (3) ① 熱
② 7.8kWh

4 (1) (ア) (2) 46 (3) ① (ア) ② (イ) ③ (ア) ④ (イ)
(4) (ウ) (5) (ア)

5 (1) 18cm/s (2) 108cm/s (3) ⑥・⑦・⑧ (4) (エ)・(オ)
(5) Ⓐ (オ) Ⓑ (ウ)

6 (1) (イ) (2) 呼吸 (3) (a) 葉緑体 (b) デンプン (4) (エ)
(5) 日光のあたる量を少なくする。

7 (1) 露頭 (2) ① (a) 砂岩 (b) 泥岩 ② 上 (3) (ウ)
(4) ① 安山岩 ② 斑状組織

8 (1) $CuCl_2 \rightarrow Cu^{2+}+2Cl^-$ (2) 電気分解 (3) 陽極
(4) (陽極) Cl_2 (陰極) Cu (5) (オ)

○配点○

1 (1) 4点 他 各2点×4((2)・(5)各完答) 2 各2点×6((2)完答) 3 各2点×6
4 各2点×5((3)完答) 5 各2点×6((3)・(4)各完答) 6 (5) 4点 他 各2点×5
7 各2点×7 8 (1) 4点 他 各2点×5 計100点

＜理科解説＞

重要 **1** (化学変化と質量)

(1) 銅の酸化の化学反応式は，$2Cu+O_2 \rightarrow 2CuO$である。

(2) 酸化銅は黒色で，電気をほとんど通さない。また，水に溶けにくい。

(3) 酸化の逆の反応を還元という。

基本 (4) グループ1，2，3，5は銅の質量：酸化銅の質量＝4：5なので，グループ6の銅の質量は4：5＝x(g)：6.5(g)より，5.2gである。

やや難 (5) (4)より，グループ4が十分に加熱できていない。グループ4では，3.6(g)－3.0(g)＝0.6(g)の酸素が銅と結びついたことがわかる。グループ1より，1.6gの銅は0.4gの酸素と結びつくので，0.6gの酸素と結びつく銅は1.6(g)：0.4(g)＝x(g)：0.6(g)より，2.4gである。よって，酸化しないで残った銅の重さは，3.0(g)－2.4(g)＝0.6(g)となり，その割合は$\frac{0.6(\mathrm{g})}{3.0(\mathrm{g})}\times100=20(\%)$である。

重要 ② (生物どうしのつながり)

(1) 図で光合成をあらわしているのは，生産者が大気から二酸化炭素を受け取る(ア)である。

基本 (2) すべての生物は呼吸しているので，(イ)・(ウ)・(エ)・(オ)である。

(3) 食う—食われる関係を食物連鎖という。

(4) 分解者は(ウ)のミズカビである。

基本 (5) 分解者は消費者に分類される。

基本 (6) (ア)～(オ)の物質は二酸化炭素の流れを表している。二酸化炭素は石灰石をうすい塩酸に入れると発生する。

重要 ③ (電流と電圧)

(1) ① 電熱線を流れる電流はそれに加える電圧に比例するという法則をオームの法則という。

基本 ② 8(V)＝x(Ω)×0.2(A)より，40Ωである。 ③ 4(V)×0.1(A)＝0.4(W)，8(V)×0.2(A)＝1.6(W)より，電圧を2倍にすると消費電力は4倍になる。

基本 (2) 電熱線Aの消費電力は2.0(V)×0.05(A)＝0.1(W)，電熱線Bの消費電力は2.0(V)×0.1(A)＝0.2(W)なので，消費電力の合計は0.3Wである。

やや難 (3) ① 白熱電流では電気エネルギーの一部が光エネルギーになるが，残りのほとんどが熱エネルギーになってしまう。 ② 白熱電球の30日間の消費電力は，60(W)×5(h/日)×30(日)＝9000(Wh)＝9(kWh)となる。LED電球の30日間の消費電力は8(W)×5(h/日)×30(日)＝1200(Wh)＝1.2(kWh)なので，30日間で消費する電力量を9(kWh)－1.2(kWh)＝7.8(kWh)減らすことができる。

④ (天気の変化)

重要 (3) 暖かい海側では空気が膨張し密度が小さくなって上昇する。寒い大陸側では空気が収縮し，密度が大きくなって下降する。その結果密度の大きい大陸から密度の小さい海に向かって大気が流れる。

⑤ (運動とエネルギー)

重要 (1) 1.8(cm)÷0.1(s)＝18(cm/s)

基本 (2) ②～⑤までの区間の平均の速さはそれぞれ，5.4(cm)÷0.1(s)＝54(cm/s)，9.0(cm)÷0.1(s)＝90(cm/s)，12.6(cm)÷0.1(s)＝126(cm/s)，16.2(cm)÷0.1(s)＝162(cm/s)となる。よって，②～⑤までの区間の平均の速さは，(54＋90＋126＋162)÷4＝108(cm/s)である。

重要 (3) ⑥，⑦，⑧は平均の速さが18.0(cm)÷0.1(s)＝180(cm/s)で，同じである。

基本 (4) 台車が水平な面上を移動しているとき，台車にはたらく力は(エ)と(オ)である。

基本 (5) Ⓐ 動き始めてからの時間と物体の瞬間の速さの関係を表すグラフは(オ)である。

Ⓑ 動き始めてからの時間と物体が進んだ距離の関係を表すグラフは(ウ)である。

重要 ⑥ (植物の体のしくみ)

(1) 酸素の検知管を使うときは，使用後の検知管が熱くなるので，直接手で触れないようにする。

(2) 実験2は植物を暗箱でおおったので，植物は呼吸しかできない。

(3) (a) 植物細胞内の緑色の小さな粒は葉緑体である。

(b) ヨウ素液に浸して，青紫色になったことからデンプンができたことがわかる。

(4) 日なたに植物の葉を置くと，呼吸も光合成も行うが，光合成の方がさかんに行うため，フラスコ内の酸素濃度は増加し，二酸化炭素濃度は減少する。

基本 (5) 模範解答の他に，「日光の当たる時間を短くする。」「開始時間を遅くする。」なども考えられる。

7 (地層と岩石)

重要 (2) ① (a) 1~2mm程度の粒々でできた岩石を砂岩という。 (b) 粒子のほとんど見えないなめらかな感じのする岩石を泥岩という。

② 特別な地殻変動がない場合，新しい時代にできた地層は上にある。

重要 (4) ①② 白っぽい鉱物の粒々が斑点状に見える構造を斑状組織といい，火山岩にみられる。火山岩のうち灰色に見える岩石は，安山岩である。

重要 8 (電気分解とイオン)

(1) 塩化銅が水溶液中で電離している様子をイオン式を使って書くと，$CuCl_2 \rightarrow Cu^{2+} + 2Cl^-$となる。

(2) 電解質水溶液に電流を流すことによって物質が分解されることを電気分解という。

(3) 気体(塩素)が発生するのは陽極である。

(4) 陽極ではCl_2が，陰極ではCuが発生する。

(5) 塩素は黄緑色で刺激臭をもち，水道水の消毒剤や漂白剤として利用される。

★ワンポイントアドバイス★

問題文のどこに必要な情報がかかれているのか見つけ出す練習をしよう。

＜社会解答＞

1 問1 a 領空 b 干潮 c 排他的経済水域 d 沖縄(県)
問2 あ 12 い 200 問3 (1) e イ f エ
g ウ (2) エ→ウ→ア→イ

2 問1 バイオマス 問2 オ 問3 イ 問4 日本では，原料となる原油や石油をタンカーを使っての輸入に頼っているから。 問5 ウラン 問6 右図 問7 あ 原油 い 鉄鉱石 う 石炭 問8 発電時に温室効果ガスを排出せず，持続可能なエネルギーとして将来にわたって利用することができるため。

3 問1 a 倭寇 b 清 問2 ウ 問3 ウ→ア→イ 問4 エ 問5 ウ
問6 イ 問7 飛鳥文化 問8 ア 問9 エ 問10 徳川綱吉

4 問1 a 伊藤博文 b 大正デモクラシー c 全国水平社 問2 イ 問3 2 イ 3 ウ 4 エ 5 ア 問4 ウ 問5 イ 問6 エ 問7 図1 イ 図2 ア 問8 作品1 エ 作品2 ウ

5 問1 a 法の下の平等 b 公共の福祉 問2 ア 問3 カ 問4 あ 健康 い 文化 問5 A党 3議席 B党 1議席 C党 0議席 問6 日本国憲法の改正手続きは，一般の法律改正手続きよりも成立条件が厳しいため。

6 問1 a 財 b サービス 問2 リデュース・リユース・リサイクル
問3 国内総生産[GDP] 問4 エ 問5 ワーク・ライフ・バランス
問6 ア・ウ・カ 問7 ウ

○配点○
1 問1・問3(2) 各2点×5 他 各1点×5 2 問1・問2・問4・問6・問8 各2点×5
他 各1点×5 3 問8・問9 各1点×2 他 各2点×9 4 問1・問2・問4 各2点×5
他 各1点×10 5 問4 各1点×2 他 各2点×6(問5完答)
6 問1・問2・問6 各1点×8 他 各2点×4 計100点

<社会解説>

1 (総合—領域・国境の変遷など)

重要 問1 a 領土・領海の上の空域。 b 海水面が最も低い状態。 c EEZと呼ばれ日本は世界屈指の面積を誇る。 d 非核三原則の下，核抜き本土並みで本土復帰が実現。

問2 あ かつては3カイリが中心であったが現在は最大12カイリに統一。 い 基線から約370kmまでの水域。これにより日本の水産業は大きく制限されることにもなった。

問3 (1) e 択捉島とウルップ島の間を国境，樺太は雑居とした。 f アメリカの仲介で成立。 g 鳩山一郎首相が訪ソして調印。 (2) 北方領土は日本固有の領土というのが日本の見解。

2 (地理—資源・エネルギー・環境問題など)

問1 動植物などから生まれた資源で，カーボンニュートラルの点が評価されている。

問2 人口が世界の60%以上を占めるアジアは経済も急成長している。

問3 フランスは独自の核政策で原子力発電を推進。アは火力，イは水力。

問4 燃料となる天然ガスや石炭，原油はほぼ100%を輸入に頼っている。

問5 ウラン235は中性子を衝突させると核分裂を起こし莫大なエネルギーを放出する。

基本 問6 東北最南部の県で岩手に次ぐ面積を誇る。浜通り・中通り・会津の3地方に分かれる。

問7 原油の輸入は中東諸国に依存する割合が高く安全保障の上からも懸念されている。

重要 問8 クリーンなエネルギーだが大規模供給が困難で経済性にも課題があるといわれる。

3 (日本と世界の歴史—古代～近世の政治・社会史など)

問1 a 朝鮮半島や中国沿岸を荒らした海賊集団。 b 中国最後の王朝。

問2 人権宣言は1789年のフランス革命の際に出された文章。

問3 猿人(ウ)→原人(ア)→新人(イ)の順。

問4 氷河期が終わった縄文時代は温暖化，海面が上昇し各地に貝塚が作られた。

問5 日本書紀には552年に百済の聖明王が仏像や経典，僧侶などを献じたとある。

重要 問6 17条の憲法。資料1は聖武天皇による大仏建立。

問7 中国南北朝や朝鮮半島の影響を強く受け飛鳥地方を中心に発達した文化。

問8 平清盛は瀬戸内海航路を整備し大輪田泊を修築して宋との貿易を拡大した。

問9 徳川家康は対馬藩の宗氏を通じて朝鮮と講和，宗氏は朝鮮との貿易を独占した。

問10 戦国の風潮が薄れた綱吉の時代は，儒教を中心に人々を教化，秩序の安定を図った。

4 (日本の歴史—近代の政治・社会・文化史など)

重要 問1 a 大久保利通が暗殺されたのち，明治政府の中心となった政治家。 b 民主主義的な改革を要求する全国的な風潮。 c 創立宣言にある「人の世に熱れ，人間に光あれ」で知られる。

問2 大久保利通は薩摩藩出身。薩長同盟の仲立ちをしたのは土佐藩出身の坂本龍馬。

問3 2 右大臣・岩倉具視が特命全権大使に就任。 3 極端な欧化政策を実施。 4 下関条約の全権も務める。 5 日露戦争による国際的地位向上を背景にアメリカと締結。

問4 多大な戦費と多くの死傷者にもかかわらず賠償金が取れなかったことに国民が反発。

重要 問5　直接国税15円以上で始まった選挙は10円，3円と引き下げられようやく撤廃された。
問6　天皇主権の下，デモクラシーを国民本位という意味で民本主義と翻訳。
問7　図1　慶應義塾の創設者。　図2　日本資本主義の父といわれる実業家。
問8　作品1　日本近代洋画を確立した人物。　作品2　仏師の門下で高村光太郎の父。

5 (公民―憲法・政治のしくみなど)

重要 問1　a　形式的平等だけでなく実質的平等も求められる。　b　人権相互の矛盾や衝突を調整。
問2　アイヌを先住民族としたのは2019年の新法，雇用における女性差別の禁止は男女雇用機会均等法，障がいのある人にはあらゆる分野の活動に参加する機会を提供することが必要となる。
問3　現行犯として逮捕される場合以外は裁判官が発した令状が必要となる。
問4　人間らしく生きる権利だが，具体的には生活保護法や社会保障で対応している。
問5　政党の得票数を1から順に整数で割り，商の大きい順に議席を各政党に割り振っていく。
問6　明文の規定はないが，社会状況の変化に応じ新たに人権として主張されるようになったもの。

6 (公民―社会生活・経済生活・消費者問題など)

問1　a　人の生活に必要な有形なもの。　b　医療や教育など具体的な形を持たないもの。
問2　発生の抑制(リデュース)，再利用(リユース)，再生利用(リサイクル)。
問3　1年間に新たに生産された財やサービスの合計。日本企業の海外での生産活動は含まれない。
問4　34.7%の従業員が52.5%の出荷額を生み出している。
問5　仕事とプライベートの充実をめざす政策。人材の定着や生産性・能力の向上も図られる。
重要 問6　不景気の時は市中に流通する通貨の量を増やす政策がとられる。
問7　商品に関する情報量や知識は生産者の方が圧倒的に多い。

★ワンポイントアドバイス★
環境問題など社会の課題となっている分野の出題は確実に増えている。常に問題意識を持つと同時に，わからない言葉などは必ず調べる習慣をつけよう。

＜国語解答＞

一　問一　(1)　ア　(2)　エ　問二　1　イ　2　ア　3　カ　問三　ファンタジー
問四　ウ　問五　生物が進化するためには，天敵に襲われないように目の前の現実世界だけを常に認識して生存競争に勝ち残ることが最優先であり，想像世界のことなど考える余裕などなかったから。　問六　ウ　問七　A　ウ　B　エ　問八　Ⅰ　エ　Ⅱ　ア

二　問一　(1)　イ　(2)　ウ　問二　1　ウ　2　オ　問三　Ⅰ　祖母の大切な形見
Ⅱ　ガスメーターが入った狭いスペースの中　問四　エ　問五　イ・ウ
問六　言葉遣いが～人だった。　問七　ウ　問八　(1)　声を喪失したということ
(2)　エ　問九　誰とも話さずに済むことになり，自分だけに聞こえる心の声に耳を澄ませることができるようになったため。

三　問一　①　おかん　②　のたまう[のたもう]　問二　(1)　ア　(2)　エ
問三　係り結び　問四　2　イ　4　ア　問五　イ　問六　仲太　問七　ウ

四　①　オ　②　カ　③　エ　④　ア

五　①　返却　②　変更　③　趣味　④　なっとく　⑤　くし　⑦　ゆる

○配点○

一　問五　6点　　他　各2点×12　　二　問九　4点　　他　各2点×13　　三　各2点×10

四　各2点×4　　五　各2点×6　　計100点

＜国語解説＞

一　(論説文－語句の意味，接続語の問題，文脈把握，脱文・脱語補充)

問一　(1)「言わずもがな」とは，「言うまでもなく」。あるいは「言わない方がいいこと」。

(2)「雄弁」とは，「説得力をもって力強く話すこと」。

問二　1　空欄直前では，「協力性と，想像力」について「両者が揃ったことで，……文明構築につながったのだ」と良い面を述べ，空欄直後では「この想像力が……弊害もある」と悪い面について述べている。正反対のことについて述べているため，逆接「しかし」が適当。「弊害」とは，「他に悪い影響を与える物事」。　2　空欄直前の「想像力が高すぎると，……弊害が生じる」ということの具体的な例が，空欄直後の「三〇〇年前に……共有化ができる。……ところが，大噴火が……心配してしまうことになる」であり，再び「これこそ，想像力のなせるワザである」「これが高い想像力の弊害である」と空欄直前と同内容を繰り返している。したがって，具体例を始める際の「たとえば」が適当。　3　空欄を含む一文の文末が「からである」と理由を示す言葉になっていることから，呼応する「なぜなら」が適当。空欄直前の「そうした見方の有効性に疑問が呈されている」理由が「ふだん口数が……よくあるから」ということである。

問三　「虚構」とは「事実ではないことを事実らしくつくり上げること」。したがって，事実ではないことを指す言葉を探せばよい。すると，「ファンタジー」の例として第六段落で挙げられている「神」は，(科学的に実証されていないという意味で)実際には存在しないものであるから，「ファンタジー」が適当。「ファンタジー」は和語では「幻想」であり，「現実にはないことをあるかのように心に思い描くこと」。

問四　傍線部直前の「こちら」が指しているのは，言語の「意味を区別する性質」である。〈Aの他にBがある。こちらは……〉という形の説明になっているとき，「こちら」が指しているのはBである。「功罪の両面」については，傍線部直後に「物事の理解を……作用をもつものである」と説明がなされているので，この内容と合致するウを選べばよい。「功罪」とは，「よい点と悪い点」。

重要　問五　傍線部後に「その理由は，生物進化の歴史上の順番である」と明記されているので，「生物進化の歴史上の順番」が，なぜ・どのように傍線部3と関連するのかを述べればよい。すると，「あれこれ想像を……食べられてしまっただろう」から，生き残る上で現実認識は想像よりも優先されること，「現実認識が先に……進化したのである」から，人間は生き残る上での安全は確保できた＝現実認識はもう十分になったので，未来予測などの想像が高度に進化できたという順序をおさえられるとよい。〈現実が先，想像は後〉が「歴史上の順番」，つまり時系列に沿った順番である。食べる／食べられるという中で生き残るために争ったり，工夫したりことを「生存競争」という。したがって，〈生存競争に勝ち残ることが最優先で，そのためには現実世界を認識する必要がある〉ということ，想像というのは生存競争に勝ち残って余裕を持っている人間だからこそできることであり，〈生存競争に勝ち残るには想像世界のことを考える余裕などない〉から現実世界と想像世界は区別されるべきだ，というのが筆者の主張である。この内容を反映させて記述できれば，書き方は多様に認められるだろう。ただし「なぜ」という問いなので文末は「～から。／～ので。／～ため。」のいずれかのみ許容。

問六　傍線部直後に「それによって，その人の……無視されがちになる」とあるので，この内容に合致するウを選べばよい。　ア 「自分に都合よく」が誤り。第十七段落では「日常場面での行動傾向に限って」とあるので，自分の都合に合わせて判断しているわけではなく，単なる傾向によって雑に分類しているということである。　イ 「想像して」が誤り。「日常場面での行動傾向に限って」とあるので，想像ではなく実際に確認できる行動傾向に従っている。　エ 「その場の変わりうる状況に応じて」が誤り。「それによって，その人の……無視されがちになる」と矛盾する。

問七　A　空欄前の「大切な人間関係の機会を失っている」に注目する。これは，一般的には〈悪いこと〉と捉えるのが妥当である。したがって，一般に〈よいこと〉を意味するアは除外できる。　イ 「失速」とは，「急に勢いや活気をなくすこと」であるが，そもそも筆者は言語に勢いや活気を見出しているとは述べていないので不適当。　エ 「矛盾」とは「二つの物事がくいちがっていて，つじつまが合わないこと」であるが，「言語による単純化」とは，たとえば性格診断においては「臨機応変の行動傾向が無視されがちに」なって明るい・暗いの二者択一的になってしまうということであり，「つじつまが合わない」わけではないので不適当。明るい・暗いどちらの要素もあるのに，一方を無視してしまうということである。　ウ 「弊害」とは，「他に悪い影響を与える物事」であるから，単純化によって無視されるものがあるというのは「悪い影響」と言える。　B　空欄直後の「今ここで……見出せるようになった」に注目する。Bを発達させることで「言い表すことに成功」しているのだから，エが適当。アと迷うが，「こうした人類の英知」の「こうした」が指す内容は，Bを発達させることで「現実を言い表すこと」で「未来の現実を改善させる方法を見出」すことだと言えるので，アをあてはめてしまうと〈文明社会の発展は，英知の発達という英知によってもたらされた〉というような重複した意味になってしまうため不適当。

問八　I　本文の内容とは関係なく解答できる。「口に出すと実現したり，……宿っているっていうこと」を表す言葉は「言霊」。読みは「ことだま」。　ア 「格言」とは，「人生の真実や機微を述べ，万人への戒め・教訓となるような簡潔にした言葉」。　イ 「神業」とは，一般には「神のしわざのような，超人間的な技術や行為」。　ウ 「因縁」とは，一般には「以前からの関係，運命・宿命，言いがかり」。　II　最終段落の内容をふまえると，アが適当。　イ 「文明の発展を止めてしまう」が誤り。第十九段落では言語の発達が文明社会を発展させてきたという言及があるが，文明の発展が止まるという話題は本文中に登場しない。　ウ　全体誤り。「過去の型にはめて」しまうという話題は本文中に登場しない。　エ　全体誤り。言語があれば現実認識をおろそかにするわけではない。むしろ，第十三・第十四段落にある通り人間は「未来予測をする余裕を確立した」ことで言語が発達したのだから，未来予測をどんどんできるならばより生き残る上で安全な行動を選択できるはずであり，言語によって現実認識がおろそかになるということは考えにくい。現実認識がおろそかになると他の生物に食べられるなどして死んでしまう可能性が高くなる。

二　**(小説─語句の意味，脱文・脱語補充，文脈把握，情景・心情，表現技法)**

問一　(1) 「寄る辺」とは，「頼みとして身を寄せるところや人」。語義としてはウも正解になるのだが，ここでは「このぬか床しか」と人ではなくてぬか床の話なのでイが適当。　(2) 「もぬけの殻」とは，一般には「人のいなくなったあとの寝床や住居」。「もぬけの空」は誤字。

問二　ア 「やんわりと」とは，「おだやかに」。　イ 「じっくりと」とは，「時間をかけ，念を入れて行うさま」。　ウ「ひっそりと」とは，「物音がなく，しんとして静かな状態」。　エ 「かっちりと」とは，「物の組み合わせなどに少しの狂いもなく，きちんと合うさま」あるいは「ゆるみがなく確実であるさま」。　オ 「はっきりと」とは，「他との区別が容易につき，目に見えて明らかに判別できるさま」。　1　闇の中であること，「待っていた」という記述から，静かな空間の中だと思われるのでウが適当。　2 「読みやすい」ということから，その字がその字であるという判別がつきやすい状態と考えられるので，オが適当。エと迷うが，字についてエを使う場合は，丸みがなくやや角ばった字という印象を与える。そのような根拠はなく，「読みやすい」のみでの判断なのでオが適当。

問三　傍線部1以降「無事でよかった」までの記述からは，「私」である倫子がぬか床を大切にしていることがうかがえる。大切である理由としては，「ぬか床は，祖母の大切な形見なのだ」からも分かる通り祖母の形見であることが挙げられる。よってⅠには「祖母の大切な形見」があてはまる。「その味は出ない」と迷う受験生もいるだろうが，ぬか床が大事なのは味がよく出るからという理由ではなく，祖母の形見だからだと考えられる。逆に言えば，味さえよく出れば祖母の形見でなくてもいいということにはならないだろう。また，ぬか床を保管していたのは「温度と湿度がちょうどいいので，……しまっていた」から，「玄関のドアの脇にある，ガスメーターが入った狭いスペースの中」である。「玄関までひた走」った理由は，そこにあるぬか床が持ち去られていないかどうかを確認するためである。よってⅡは「ガスメーターが入った狭いスペースの中」が字数的に適当。

問四 「怪獣」というのが一般には恐怖の対象であり，親しみのないものであるという点を確認しておく。つまり，ネガティブなイメージを持っていることの表れとして「怪獣」という語を用いているのである。したがって，ポジティブなイメージになってしまっているア・イは不適当。ウは「恋人がいなくなってしまった」ことだけに注目しているので不適当。リード文にもあるように倫子は恋人にすべてを持ち去られているのであり，傍線部前の「まるで永遠に閉じられたかと思われる……扉が閉まる」というのは，部屋には自分のものがもう何もなく，部屋ももう自分を受け入れないという感覚の表れである。恋人がいなくなったことではなく，自分のいてよい場所ではなくなったということが「怪獣」にたとえられる恐怖や親しみのなさの原因である。また「後悔」も，倫子が何かを後悔しているような描写はないので誤り。

問五　ここでは「都会の明かりが，窓の向こうを流れていく」ことに対して「さようなら」と別れを告げ，ふるさとに向かっているのでふるさとに関連するア・エ・オは不適当。カは，「私とぬか床とバスケットを乗せて」からもわかる通りぬか床をふるさとまで大事に持ち帰ろうとしていることから，「ぬか床への愛情」に別れを告げているというのは考えにくいので不適当。

やや難　問六 「おかん」の人物像は明記されていないが，まず倫子は，リード文にもあるように「おかん」とは疎遠になっており，年賀状でしか交流していないこと，一度もふるさとに帰っていなかったことを考えると「おかん」を避けていたことがうかがえる。それに対して祖母については「大好きだった」とあることから，おそらく祖母は「おかん」とは異なるタイプの人間であったと推測できる。したがって，祖母についての「言葉遣いが……似合う人だった」という人物像が，そのまま「おかん」とは対照的なものだと考えられる。

問七　ウは「全く知らない場所に来た」が誤り。全く知らない場所なのであれば，傍線部直前の「家を出たのが……変わっていない」という印象にはならないはずである。風景は家を出たときと同じで，知っているものであるのだが，印象が少々違うということである。

問八 (1) 傍線部直後に「精神的なショックからくる一種のヒステリー症状」とあること，その後に「私は声を喪失した」と具体的な状態に言及があることから，これは「声を喪失した」ことを比喩的に言っているものと考えられる。　(2) 比喩の中でも，「ように／ような」を用いないものを隠喩という。　ア 「擬態語」とは，通常音を伴わない物事の状態・身ぶりを，それらしく表した語。「きらきら光る星」など。　イ 「倒置法」とは，文などにおいてその成分をなす語や文節を，普通の順序とは逆にする表現技法。「僕の友達だ，君は。」など。　ウ 「直喩」とは，比喩の中でも「ように／ような」を用いるもの。「バケツをひっくり返したような雨」など。

オ 「擬人法」とは，比喩の中でも人間でないものを人間にたとえるもの。「太陽が微笑みかけている」など。

重要 問九 傍線部後「ただ，……軽くなった気がした」理由としては，その直後の「もう誰とも話したくない，と思っていた」ということである。まずはこの「もう誰とも話したくない」要素が重要。これが書けていればよいので，「体が軽くなった気がした」は不要。字数的にも厳しくなる。次に，「私はじっと，……そうすべきなのだ」から，「心の声に耳を澄まして」という要素が重要。加えてこれは，誰とも話さないことで可能になることであるから，解答としては「誰とも話さずに済むことで，自分だけに聞こえる心の声に耳を澄ませることができるようになったから。」などが妥当。内容が合っていれば，書き方は多様に認められるだろう。ただし「なぜ」という問いなので文末は「～から。／～ので。／～ため。」のいずれかのみ許容。

三 (古文―仮名遣い，語句の意味，表現技法，口語訳，情景・心情，文脈把握，内容吟味)

〈口語訳〉 昔，播磨の国の書写という山寺に，性空上人という人がいらっしゃいました。(出家前の少年時代は)本院の左府である時平の孫，時朝の大納言のお付きの者で，仲太の小三郎という下男でいらっしゃいました。その大納言のところに，昔からすばらしい硯がありました。(大納言はそれを)錦の袋に入れて置いていらっしゃいました。役職をいただくたびに，この硯を見ていましたので，普通のことでは取り出さないものでした。そうであるのに，この殿(＝大納言)は，大納言に昇進なさって，この硯をご覧になって厨子に(そのまま)置きなさってしまいました。仲太は，この硯を見たく思われて，(大納言の)お子様の若君で，十歳におなりになった方を，機嫌を取ってだまして，忍び込んで硯を開けて見るうちに，足音が荒々しく聞こえてきたので，動揺してなんとかしようとしるうちに，(硯を)手からすべり落としてむなしく二つに割ってしまいました。仲太はどうしようかとあわてていると，この若君がおっしゃったことには，「そんなに嘆かないでおくれ。私が割ったと言おう。私がしたと(父である大納言が)お聞きになったなら，自然とお許しになるということもきっとあるでしょう」とおっしゃるので，仲太は手をすり合わせて，「お頼み申し上げます」と言って退出しました。そうしているうちに，大納言が，この硯を片付けようとしてご覧になると，二つに割れているのです。驚きあきれるという言葉では言い表せないほどにけしからんことだとお思いになって，「誰が割ったのか」と，本当に腹を立てなさいました。この若君が涙ぐんで父(である大納言)のおそばに寄り，「私が割りました」と申し上げなさると，大納言は，大変お怒りになって，(若君の)首をお切りになりました。その時，仲太は驚いて悲しく思われて，一方では若君のご冥福をお祈りしよう，他方では罪を犯した自分も救おうと思って，すぐに出家し，(僧名を)性空と申したのでした。

問一 ① 古文では，語頭を除く「む」は「ん」と読む。 ② 古文では，語頭を除く「はひふへほ」は「わいうえお」と読む。したがって「のたまう」でも現代語で「のたまう」という語があるため構わないのだが，auの音はo-と読むという法則もあるので，「のたもう」と解答できると理想的。

問二 (1) 「めでたし」とは「素晴らしい，立派だ」という意味が主。現代語の「喜ばしい，祝うべきだ」という意味もあるが，ここでは硯のことを言っているので「素晴らしい，立派だ」が妥当。古文の設問として出されたときは多くが「素晴らしい，立派だ」の意。 (2) 「あさまし」とは，「驚きあきれる」という意味。文脈によって，「驚く」のみ，あるいは「あきれる」のみの意で解釈することもある。若君が首を切られたあとの「仲太あさましく悲しくおぼえて」の「あさましく」は「驚く」のみの意でとらえてよいだろう。

基本 問三 「ける」は過去の助動詞「けり」の連体形である。通常，文末は終止形になるが，ここでは

「なん」という係助詞を受けて文末でも連体形を用いている。このように，文中の助詞で文末の形を終止形から変える法則を「係り結び(の法則)」という。係助詞「ぞ・なむ・や・か」が文中にある場合の文末は連体形，「こそ」がある場合の文末は已然形。ちなみに，係助詞がなくても疑問詞があって疑問文になっているときも文末は連体形になる。

やや難 問四　2「おぼろけに」とは「普通だ」という意味の形容動詞「おぼろけなり」の連用形。「おぼろけなり」の意味を知らなくとも，「司を給はるたびに」見ていたということなので，役職を与えられたとき以外は見ないものだと推測し，イを選べるとよい。　4「科」は「罪」という意味。これは必修語として知っておきたい。「助く」は現代語同様「救う」という意味がある。ここでは，本当は自分が硯を割ったのに若君に罪をかぶってもらった結果，若君の命を落とさせる結果となってしまったことを罪だと認識している。

問五「頼む」とは，若君の提案した「我割りたると言はむ」である。硯を割ったのは仲太であるが，若君が割ったと嘘をつこうということである。その理由として，若君は「我したりと……侍りなむ」と，父である大納言が許してくれるだろうと思っていたのである。この内容に合致するイが適当。

問六　性空というのは「飾り下ろし」つまり出家後の名前として名乗ったものである。出家のきっかけとしては「仲太あさましく……助からむと思ひて」と，仲太が若君の鎮魂と自身の罪の救済のために出家したことがわかるので，仲太＝性空が成立する。

重要 問七　ア「御子の若君の十になり給へるを,」と合致する。「若君の」の「の」は同格という用法で,「で」と訳す。　イ「仲太あさましく」以降の内容と合致する。　エ「大納言，大きに……切られけり」から，硯を割られたことを許せず若君を殺してしまったと考えられる。　ウ「若君うち涙ぐみて」と若君が涙を流したことは間違っていないが，仲太が感動したというのは誤り。若君が涙を流す場面では仲太の感情は描写されず，若君が首を切られたあとの「仲太あさましく悲しくおぼえて」でやっと仲太の感情が描写されるが，そのときは悲しく思っているのである。

四 (熟語，慣用句)

ア「魅了」とは,「すっかり相手の心を引きつけて夢中にさせてしまうこと」。　イ「多忙」とは,「非常にいそがしいこと」。　ウ「疲労」とは,「肉体または精神をひどく使ったため，つかれること」。　エ「参加」とは,「ある物事を行う一員として加わること」。　オ「失言」とは,「言うべきではないことを，うっかり言ってしまうこと」。　カ「自慢」とは,「自分のこと，自分に関係の深いものを，自分でほめ人に誇ること」。　①「口がすべる」とは,「言ってはならないことや，言う必要のないことなどを思わず言ってしまうこと」。これと関連する熟語はオ。　②「鼻が高い」とは,「誇らしい気持ちであるさま」。これと関連する熟語はカ。　③「顔を出す」とは,「訪問したり，出席したりすること。また，姿を現すこと」。これと関連する熟語はエ。　④「目を奪われる」とは,「あまりの美しさなどに見とれて夢中になること」。これと関連する熟語はア。

五 (漢字の読み書き)

①「返却」とは,「借りた物，預かった物を持ち主に返すこと」。　②「変更」は,「更」の字のはらいが突き出るように書く。　③「趣味」はしんにょうと混同しないように注意。　④「納得」とは,「他人の考え・行為を理解し，もっともだと認めること」。　⑤「駆使」とは,「機能・能力などを思いのままに自由自在に使うこと」。　⑥「緩やか」は「暖」と混同しないように注意。糸へんは「ゆるい」，日へんは「あたたかい」と覚えよう。

★ワンポイントアドバイス★

現代文の記述問題，特に理由を問う問題では，直接の理由となっていることが何かを考え，それを文末付近に置いたうえでその背景から書き出すとうまくいきやすい。古文は，単語や文法の知識を多く身につけ，ある程度自力で口語訳できれば，あとは現代文の読解問題と同じく文脈や心情を細かく把握することが重要となる。

総合

2023年度

解　答　と　解　説

《2023年度の配点は解答欄に掲載してあります。》

＜数学解答＞

1　(1)　-1　(2)　-18　(3)　$8\sqrt{2}$　(4)　$\dfrac{-x+7}{12}$　(5)　$4a^2b-2a$

2　(1)　$x=5$　(2)　$x=-7,\ 4$　(3)　$(x+5)(x-5)$　(4)　$x=-4,\ y=1$

(5)　$y=-\dfrac{6}{x}$

3　(1)　$27\pi\,\mathrm{cm}^2$　(2)　$\dfrac{1}{4}$　(3)　$a=105$　(4)　yの値は6だけ増加する

(5)　㋐，㋓

4　9通り　**5**　(1)　A(2，2)　(2)　BC＝3

6　(1)　$\angle x=122°$　(2)　$\angle x=91°$　**7**　(1)　㋐　(2)　㋓

8　(1)　$y=3x^2$　(2)　$y=9x$　(3)　6cm

○配点○

各4点×25(**3**(5)完答)　計100点

＜数学解説＞

基本　**1**　(正負の数，平方根，式の計算)

(1)　$(-3)-(-8)\div 4=-3-(-2)=-3+2=-1$

(2)　$15\div\left(-\dfrac{5}{6}\right)=15\times\left(-\dfrac{6}{5}\right)=-18$

(3)　$\sqrt{18}+\sqrt{50}=3\sqrt{2}+5\sqrt{2}=8\sqrt{2}$

(4)　$\dfrac{2x+1}{3}+\dfrac{-3x+1}{4}=\dfrac{4(2x+1)+3(-3x+1)}{12}=\dfrac{8x+4-9x+3}{12}=\dfrac{-x+7}{12}$

(5)　$(12a^3b^2-6a^2b)\div 3ab=\dfrac{12a^3b^2}{3ab}-\dfrac{6a^2b}{3ab}=4a^2b-2a$

基本　**2**　(1次方程式，2次方程式，因数分解，連立方程式，反比例)

(1)　$3x-8=-x+12$　$3x+x=12+8$　$4x=20$　$x=5$

(2)　$x^2+3x-28=0$　$(x+7)(x-4)=0$　$x=-7,\ 4$

(3)　$x^2-25=x^2-5^2=(x+5)(x-5)$

(4)　$x-3y=-7$…①　$-x+4y=8$…②　①＋②より，$y=1$　これを①に代入して，$x-3=-7$　$x=-4$

(5)　$y=\dfrac{a}{x}$に$x=2$，$y=-3$を代入して，$-3=\dfrac{a}{2}$　$a=-6$　よって，$y=-\dfrac{6}{x}$

3　(平面図形，確率，数の性質，1次関数，データの整理)

基本　(1)　求める面積は，$\pi\times 9^2\times\dfrac{120}{360}=27\pi\ (\mathrm{cm}^2)$

基本　(2)　求める確率は，$\dfrac{13}{52}=\dfrac{1}{4}$

(3)　題意より，$3.5 \leqq \frac{a}{30} < 4.5$　　$105 \leqq a < 135$　　よって，求めるaは105

基本　(4)　$(変化の割合) = \frac{(yの増加量)}{(xの増加量)}$より，$y$の増加量は，$3 \times 2 = 6$　よって，yの値は6だけ増加する。

基本　(5)　平均値は，$(4 \times 4 + 5 + 6 \times 2 + 8 + 9 + 10) \div 10 = \frac{60}{10} = 6$(点)　　中央値は，$\frac{5+6}{2} = 5.5$(点)
最頻値は4点　　範囲は$10 - 4 = 6$(点)　　よって，正しいものは，㋐と㋓。

重要　**4**　(場合の数)

長方形になる4点は，(A，B，D，E)，(A，C，D，F)，(B，C，E，F)の3通り，台形になる4点は，(A，B，C，D)，(A，B，C，F)，(A，B，E，F)，(A，D，E，F)，(B，C，D，E)，(C，D，E，F)の6通りだから，全部で，$3 + 6 = 9$(通り)

基本　**5**　(図形と関数・グラフの融合問題)

(1)　$y = 2x - 2$と$y = -x + 4$の連立方程式を解いて，$x = 2$，$y = 2$　　よって，A(2，2)

(2)　$y = 2x - 2$に$y = 0$を代入して，$0 = 2x - 2$　　$x = 1$　　$y = -x + 4$に$y = 0$を代入して，$0 = -x + 4$　$x = 4$　　よって，$BC = 4 - 1 = 3$

基本　**6**　(角度)

(1)　三角形の内角と外角の関係より，$\angle x = 58^\circ + 64^\circ = 122^\circ$

(2)　$\angle x$の頂点を通り，直線ℓに平行な直線をひくと，平行線の錯角は等しいから，$\angle x = 37^\circ + 54^\circ = 91^\circ$

基本　**7**　(平面図形－証明)

①，②，③より，3組の辺がそれぞれ等しいから，$\triangle ABC \equiv \triangle CDA$である。

基本　**8**　(点の移動と面積)

(1)　$AP = 2x$，$AQ = 3x$だから，$\triangle APQ = \frac{1}{2} \times AP \times AQ = \frac{1}{2} \times 2x \times 3x = 3x^2$　　よって，$y = 3x^2$

(2)　$\triangle APQ = \frac{1}{2} \times AP \times AD = \frac{1}{2} \times 2x \times 9 = 9x$　　よって，$y = 9x$

(3)　点PがBに到着するのは$10 \div 2 = 5$(秒後)　　このとき，点Qは$3 \times 5 = 15$(cm)進むから，$CD = 15 - 9 = 6$(cm)

★ワンポイントアドバイス★

出題構成は特進コースとほぼ変わらず，作図のかわりに証明の穴埋めが出題された。
難易度は少しやさしい。各分野の基礎をしっかりと固めておこう。

<英語解答>

[1] 問1 A イ B ウ C ア 問2 him 問3 はしの使い方を褒められること
問4 1 オ 2 ウ 問5 ア F イ T ウ T
問6 (例) I want to live in Italy because it is a beautiful country and I love Italian food.

[2] 問1 A イ B ア 問2 ① more than ② could you
問3 (札幌駅の近くにある)Jプラザと呼ばれているお店を知っていますか(?)
問4 J-Plaza 問5 as 問6 イ, ウ
問7 (例) Yes. Convenience stores have a lot of things. I go there every day.

[3] 1 ア 2 ウ 3 ア 4 イ 5 ア 6 ウ 7 ウ 8 イ 9 イ 10 ウ

[4] 1 イ 2 ア 3 ウ 4 ウ 5 イ

[5] ウ, エ, ク

○配点○
[1]問2～問4, [2]問3～問5 各4点×6([1]問4完答) [1]問6, [2]問7 各8点×2 他 各2点×30
計100点

<英語解説>

[1] (長文読解問題・説明文:語句補充, 語句整序, 要旨把握, 内容吟味, 自由英作文)

(全訳) はし

マークは日本の高校に通う17歳の少年だ。2年前に家族と共に日本にやってきて, それが初めての外国での生活だった。日本に来る前に, 日本語の授業を受けて少し話せるようになったが, 初めて日本に来た$_{A}$とき, 初めはクラスメートや先生が何を言っているのか理解できず, 彼らとコミュニケーションを取るのが難しかった。それは$_{①}$彼を悲しくさせたが, 彼はあきらめなかった。一生懸命勉強してできるだけ話しかけた。日本語が徐々に上達し, 学校生活を楽しむようになった。

日本語の上達と共に, マークはいくつかの奇妙なことに気付いた。彼は学校でお昼を食べる際にいつもはしを使う。はしを使うことを難しいと感じたことは一度もない。アメリカにはたくさんの日本料理店がある。マークと家族はそこでよく食事をし, 普段ははしを使っていた。しかし, 学校ではしを使っていると, クラスメートたちはいつも「おお, 君ははしを上手に使えるね!」や「使うのが上手だね!」と言ってきた。彼はなぜ$_{②}$そんなことを言われるのか理解できなかった。なぜなら, 小さな子供でもみんなはしを使えるはずだからだ。彼はからかわれているような気がした。

マークは先生に相談し, $_{B}$なぜそうなっているのか尋ねた。先生はマークの話を聞いて「日本人の中には外国に日本料理店がたくさんあることを知らない人もいます。だから君が上手にはしを使えることを期待していないのです。もう1つの理由は, 私たちの中にははしを適切に使うことが難しいと信じている人もいるからです。$_{③}$君の友達はただ君が上手に使えるのを見て驚いているだけです」と言った。これでマークは理由を理解した。

外国で生活することはマークにとって刺激的な経験だ。日本の文化とコミュニケーションスタイルはアメリカ$_{C}$とは非常に異なる。それらは彼を時に驚かせ, 混乱させるが, 彼は今ではその違いにはいつも理由があることを知っている。今では, 文化の違いについて友達と経験を共有し, 彼らに文化の違いを教えたいと考えている。

問1 A 初めて日本に来た「とき」, クラスメートや先生が何を言っているか理解できなかった。

B　マークはそんなことをなぜ言われるのか理解できなかったので，「なぜ」なのか先生に尋ねたのである。

C　be different from ～「～と異なる」

基本　問2　〈make ＋A＋B〉「AをBにする」 Aは目的格があてはまる。

問3　クラスメートから言われる「君ははしを上手に使えるね！」や「上手だね！」を指している。

重要　問4　(Your friends) are just surprised to find that (you can use them well.)　be surprised to ～「～しておどろく」

問5　ア　「マークはアメリカにいたとき日本語を話すことができなかった」 第1段落第3文参照。日本に来る前に日本語の授業を受けて，少し日本語を話せるようになったので不適切。

イ　「マークは2年間日本に住んでいる」第1段落第2文参照。2年前に日本に来たので適切。

ウ　「上手にはしを使うことは一部の日本人にとって難しい」 第3段落第3文参照。はしを適切に使うことが難しいと信じている日本人もいるので適切。

やや難　問6　「あなたはどの国で生活したいか」

・疑問文と同じ主語・動詞を用いればよいので，I want to live in ～. で答えればよい。

・次に，自分であげた国に住みたい理由を書くとよい。その場合には，I want to live in ～ because …. という英文にしよう。

2　(会話文：語句補充，英文和訳，要旨把握，指示語，内容吟味，自由英作文)

(全訳)　Ai　：スーツケースの準備に忙しそうですね。Aどこにいくつもりですか。

Steve：冬休みに，友達と家族に会うためにオーストラリアに帰るつもりなんだ。

Ai　：あなたは今年の8月にも行ったと思っていたよ。

Steve：行きたかったのですが，航空券が高すぎて買えず，日本にいたんだ。また，今はオーストラリアは夏で，オーストラリアの人にとってクリスマスは1年の重要なときなんだ。

Ai　：わかりました。皆が夏休みにどこかに行きたがるから夏の間いつも航空券が高いんですね。友達や家族に会うのにワクワクしている？

Steve：もちろん！①1年以上会っていないから，彼らと時間を過ごすのをとても楽しみにしています。ところで，日本からお土産を持っていこうと思うんだけれど，おすすめはある？

Ai　：えぇっと，②札幌駅近くのJ-Plazaと呼ばれるお店を知っている？

Steve：はい。ホストマザーが以前一度つれていってくれました。実際このスーツケースもそこで買ってくれたんだ。

Ai　：それは彼女は親切だね。J-Plazaは札幌で最高のお土産屋さんの一つで，家族に気に入ってもらえる素敵なものを見つけることができるよ。

Steve：それなら行ってみるね。日本のお菓子も置いてあるか知っている？家族はまだ日本のお菓子を食べたことがないので，ぜひ彼らに試してもらいたいんだ。

Ai　：③そこには食品売り場はないと思うけれども，どのコンビニでもお菓子を買うことができるよ。常に若者に人気のあるさまざまなお菓子やスナックがあるんだ。それに，④それらはお土産屋さんほど高くないよ。

Steve：それはいい考えだ！出発する前の週末に買うよ。⑤僕がお菓子を買うのを手伝いに来てくれる？

Ai　：わかりました。土曜日は忙しいけれど，日曜日は空いているよ。それで大丈夫？

Steve：それはとても助かるな，ありがとう。

問1　A　この後で「オーストラリアに行く」と答えていることから判断する。

B　この後が前の部分の理由になっているのでbecauseが適切である。

基本 問2 ① more than ~「~以上」 ⑤ Could you ~?「~してくれませんか」

問3 called J-Plaza near Sapporo Station は前の名詞を修飾する過去分詞の形容詞適用法で後置修飾なので，日本語に直すときには後ろから前に訳せばよい。

問4 there は場所を表す言葉である。ここでは J-Plaza の話をしている。

問5 not as ~ as …「…ほど~ない」

問6 イ スティーブはアイと彼の家族のためにコンビニへお菓子を買いに行くので適切。

やや難 問7「あなたはコンビニエンスストアが好きですか」 Do you like ~? と尋ねられているので，Yes (, I do). または No (, I don't). で答える。理由を含めて書く必要がある場合，It is because ~.「それは~だからです」を用いて英文を作ることもできる。

重要 **3** (語句選択問題：関係代名詞，接続詞，不定詞，助動詞，動名詞，比較，受動態，現在完了，熟語)

1 who helped a lot of people は前の名詞を修飾する主格の関係代名詞である。

2 yesterday があるので動詞の過去形にする。

3 think that ~「~だと思う」

4 to do many things「多くのことをするために」という不定詞の副詞的用法である。

5 must ~「~しなければならない」

6 finish の後は動名詞のみを目的語にとる。finish ~ing「~し終える」

7 like ~ the best「~が最も好きだ」

8 〈be動詞＋過去分詞＋ by ~〉「~に…される」という受動態の文になる。

9 主語が she の現在完了の疑問文なので，文頭は has を用いる。

10 be proud of ~「~を誇りに思う」

基本 **4** (発音問題)

1 左側の語とイは[æ]と発音する。

2 左側の語とアは[i]と発音する。

3 左側の語とウは[ɔ]と発音する。

4 左側の語とウは[iː]と発音する。

5 左側の語とイは[θ]と発音する。

基本 **5** (アクセント)

ウ，エ，ク以外は第1音節にアクセントがある。

★ワンポイントアドバイス★

英作文の配点が高くなっている。教科書に載っている英単語や構文をきちんと身に付けたい。また，類似の英作文問題を数多く解いて慣れておこう。

<国語解答>

一 問一 (1) ア (2) エ 問二 1 イ 2 ア 3 カ
問三 (1) 不安[心配] (2) 安心 問四 ファンタジー 問五 ウ 問六 ア
問七 ウ 問八 A ウ B エ 問九 Ⅰ エ Ⅱ ア

二 問一 (1) イ (2) ウ 問二 1 ウ 2 オ 問三 Ⅰ 祖母の大切な形見
Ⅱ ガスメーターが入った狭いスペースの中 問四 エ 問五 イ・ウ
問六 言葉遣いが～人だった。 問七 ウ 問八 (1) 声を喪失したということ
(2) エ 問九 誰とも話さずに済むことになり，自分だけに聞こえる心の声に耳を澄ませることができるようになったため。

三 問一 ① おわしましけり ② いて 問二 (1) ア (2) ウ 問三 1 ア
4 イ 問四 右の馬の頭なりける人 問五 エ 問六 エ 問七 ア

四 ① 頭 ② 耳 ③ 歯 ④ 肩

五 ① 返却 ② 変更 ③ 趣味 ④ なっとく ⑤ くし ⑥ ゆる

○配点○
一 各2点×15 二 問九 4点 他 各2点×13 三 各2点×10 四 各2点×4
五 各2点×6 計100点

<国語解説>

一 (論説文ー語句の意味居，接続語の問題，文脈把握，脱文・脱語補充)

問一 (1) 「言わずもがな」とは，「言うまでもなく」。あるいは「言わない方がいいこと」。
(2) 「雄弁」とは，「説得力をもって力強く話すこと」。

問二 1 空欄直前では，「協力性と，想像力」について「両者が揃ったことで，……文明構築につながったのだ」と良い面を述べ，空欄直後では「この想像力が……弊害もある」と悪い面について述べている。正反対のことについて述べているため，逆接「しかし」が適当。「弊害」とは，「他に悪い影響を与える物事」。 2 空欄直前の「想像力が高すぎると，……弊害が生じる」ということの具体的な例が，空欄直後の「三〇〇年前に……共有化ができる。……ところが，大噴火が……心配してしまうことになる」であり，再び「これこそ，想像力のなせるワザである」「これが高い想像力の弊害である」と空欄直前と同内容を繰り返している。したがって，具体例を始める際の「たとえば」が適当。 3 空欄を含む一文の文末が「からである」と理由を示す言葉になっていることから，呼応する「なぜなら」が適当。空欄直前の「そうした見方の有効性に疑問が呈されている」理由が「ふだん口数が……よくあるから」ということである。

問三 この(1)と(2)は，対義語が入るということを察知できるとよい。第六段落の内容をまとめると，火山の大噴火を伝承された人間は死の不安を抱えるが，それに対処するために神というファンタジーを登場させて安心するということである。神というのは信仰の対象であり，宗教的なものである。したがって(1)には「不安」が，(2)には「安心」があてはまる。

問四 「虚構」とは「事実ではないことを事実らしくつくり上げること」。したがって，事実ではないことを指す言葉を探せばよい。すると，「ファンタジー」の例として第六段落で挙げられている「神」は，(科学的に実証されていないという意味で)実際には存在しないものであるから，「ファンタジー」が適当。「ファンタジー」は和語では「幻想」であり，「現実にはないことをあるかのように心に思い描くこと」。

基本 問五 傍線部直前の「こちら」が指しているのは，言語の「意味を区別する性質」である。〈Aの他

にBがある。こちらは……〉という形の説明になっているとき,「こちら」が指しているのはBである。「功罪の両面」については,傍線部直後に「物事の理解を……作用をもつものである」と説明がなされているので,この内容と合致するウを選べばよい。「功罪」とは,「よい点と悪い点」。

重要 問六　「あれこれ想像を……食べられてしまっただろう」から,生き残る上で現実認識は想像よりも優先されること,「現実認識が先に……進化したのである」から,人間は生き残る上での安全は確保できた＝現実認識はもう十分になったので,未来予測などの想像が高度に進化できたという順序をおさえられるとよい。〈現実が先,想像は後〉が「歴史上の順番」,つまり時系列に沿った順番である。　イ　「優れている」が誤り。優れているから現実認識を優先するのではなく,現実認識を優先しなければ死んでしまうのである。世界の優劣という論点ではなく,どちらの方がより生命にとって重要かという論点である。　ウ　全体誤り。「順番」という語の認識を誤っている。これでは「上下」という「序列」である。「順番」は「後先」のことを指す。　エ　後半が誤り。生物は皆現実を優先して生きているが,その中でも人間はたまたま生き残りやすかったから余裕があり,想像が進化しただけだということであり,現実を優先していれば想像が進化するわけではない。

問七　傍線部直後に「それによって,その人の……無視されがちになる」とあるので,この内容に合致するウを選べばよい。　ア　「自分に都合よく」が誤り。第十七段落では「日常場面での行動傾向に限って」とあるので,自分の都合に合わせて判断しているわけではなく,単なる傾向によって雑に分類しているということである。　イ　「想像だけで」が誤り。「日常場面での行動傾向に限って」とあるので,実際の行動傾向に従っている。　エ　「その場の変わりうる状況に応じて」が誤り。「それによって,その人の……無視されがちになる」と矛盾する。

問八　A　空欄前の「大切な人間関係の機会を失っている」に注目する。これは,一般的には〈悪いこと〉と捉えるのが妥当である。したがって,一般に〈よいこと〉を意味するアは除外できる。イ　「失速」とは,「急に勢いや活気をなくすこと」であるが,そもそも筆者は言語に勢いや活気を見出しているとは述べていないので不適当。　エ　「矛盾」とは「二つの物事がくいちがっていて,つじつまが合わないこと」であるが,「言語による単純化」とは,たとえば性格診断においては「臨機応変の行動傾向が無視されがちに」なって明るい・暗いの二者択一的になってしまうということであり,「つじつまが合わない」わけではないので不適当。明るい・暗いどちらの要素もあるのに,一方を無視してしまうということである。　ウ　「弊害」とは,「他に悪い影響を与える物事」であるから,単純化によって無視されるものがあるというのは「悪い影響」と言える。　B　空欄直後の「今ここで……見出せるようになった」に注目する。Bを発達させることで「言い表すことに成功」しているのだから,エが適当。アと迷うが,「こうした人類の英知」の「こうした」が指す内容は,Bを発達させることで「現実を言い表すこと」で「未来の現実を改善させる方法を見出」すことだと言えるので,アをあてはめてしまうと〈文明社会の発展は,英知の発達という英知によってもたらされた〉というような重複した意味になってしまうため不適当。

問九　Ⅰ　本文の内容とは関係なく解答できる。「口に出すと実現したり,……宿っているっていうこと」を表す言葉は「言霊」。読みは「ことだま」。　ア　「格言」とは,「人生の真実や機微を述べ,万人への戒め・教訓となるような簡潔にした言葉」。　イ　「神業」とは,一般には「神のしわざのような,超人間的な技術や行為」。　ウ　「因縁」とは,一般には「以前からの関係,運命・宿命,言いがかり」。　Ⅱ　最終段落の内容をふまえると,アが適当。　イ　「文明の発展を止めてしまう」が誤り。第十九段落では言語の発達が文明社会を発展させてきたという言及があるが,文明の発展が止まるという話題は本文中に登場しない。　ウ　全体誤り。「過去の型にはめて」しまうという話題は本文中に登場しない。　エ　全体誤り。言語があれば現実認識をおろそかにするわけではない。むしろ，第十三・第十四段落にある通り人間は「未来予測をする余裕を確立した」ことで言語が発達したのだから，未来予測をどんどんできるならばより生き残る上で安全な行動を選択できるはずであり，言語によって現実認識がおろそかになるということは考えにくい。現実認識がおろそかになると他の生物に食べられるなどして死んでしまう可能性が高くなる。

二　(小説—語句の意味，脱文・脱語補充，文脈把握，情景・心情，表現技法)

問一　(1)「寄る辺」とは，「頼みとして身を寄せるところや人」。語義としてはウも正解になるのだが，ここでは「このぬか床しか」と人ではなくてぬか床の話なのでイが適当。　(2)「もぬけの殻」とは，一般には「人のいなくなったあとの寝床や住居」。「もぬけの空」は誤字。

問二　ア「やんわりと」とは，「おだやかに」。　イ「じっくりと」とは，「時間をかけ，念を入れて行うさま」。　ウ「ひっそりと」とは，「物音がなく，しんとして静かな状態」。　エ「かっちりと」とは，「物の組み合わせなどに少しの狂いもなく，きちんと合うさま」あるいは「ゆるみがなく確実であるさま」。　オ「はっきりと」とは，「他との区別が容易につき，目に見えて明らかに判別できるさま」。　1　闇の中であること，「待っていた」という記述から，静かな空間の中だと思われるのでウが適当。　2「読みやすい」ということから，その字がその字であるという判別がつきやすい状態と考えられるので，オが適当。エと迷うが，字についてエを使う場合は，丸みがなくやや角ばった字という印象を与える。そのような根拠はなく，「読みやすい」のみでの判断なのでオが適当。

問三　傍線部1以降「無事でよかった」までの記述からは，「私」である倫子がぬか床を大切にしていることがうかがえる。大切である理由としては，「ぬか床は，祖母の大切な形見なのだ」からも分かる通り祖母の形見であることが挙げられる。よってⅠには「祖母の大切な形見」があてはまる。「その味は出ない」と迷う受験生もいるだろうが，ぬか床が大事なのは味がよく出るからという理由ではなく，祖母の形見だからだと考えられる。逆に言えば，味さえよく出れば祖母の形見でなくてもいいということにはならないだろう。また，ぬか床を保管していたのは「温度と湿度がちょうどいいので，……しまっていた」から，「玄関のドアの脇にある，ガスメーターが入った狭いスペースの中」である。「玄関までひた走」った理由は，そこにあるぬか床が持ち去られていないかどうかを確認するためである。よってⅡは「ガスメーターが入った狭いスペースの中」が字数的に適当。

問四　「怪獣」というのが一般には恐怖の対象であり，親しみのないものであるという点を確認しておく。つまり，ネガティブなイメージを持っていることの表れとして「怪獣」という語を用いているのである。したがって，ポジティブなイメージになってしまっているア・イは不適当。ウは「恋人がいなくなってしまった」ことだけに注目しているので不適当。リード文にもあるように倫子は恋人にすべてを持ち去られているのであり，傍線部前の「まるで永遠に閉じられたかと思われる……扉が閉まる」というのは，部屋には自分のものがもう何もなく，部屋ももう自分を受け入れないという感覚の表れである。恋人がいなくなったことではなく，自分のいてよい場所ではなくなったということが「怪獣」にたとえられる恐怖や親しみのなさの原因である。また「後悔」も，倫子が何かを後悔しているような描写はないので誤り。

問五　ここでは「都会の明かりが，窓の向こうを流れていく」ことに対して「さようなら」と別れを告げ，ふるさとに向かっているのでふるさとに関連するア・エ・オは不適当。カは，「私とぬか床とバスケットを乗せて」からもわかる通りぬか床をふるさとまで大事に持ち帰ろうとしていることから，「ぬか床への愛情」に別れを告げているというのは考えにくいので不適当。

やや難 問六　「おかん」の人物像は明記されていないが，まず倫子は，リード文にもあるように「おかん」とは疎遠になっており，年賀状でしか交流していないこと，一度もふるさとに帰っていなかったことを考えると「おかん」を避けていたことがうかがえる。それに対して祖母については「大好きだった」とあることから，おそらく祖母は「おかん」とは異なるタイプの人間であったと推測できる。したがって，祖母についての「言葉遣いが……似合う人だった」という人物像が，そのまま「おかん」とは対照的なものだと考えられる。

問七　ウは「全く知らない場所に来た」が誤り。全く知らない場所なのであれば，傍線部直前の「家を出たのが……変わっていない」という印象にはならないはずである。風景は家を出たときと同じで，知っているものであるのだが，印象が少々違うということである。

問八　(1)　傍線部直後に「精神的なショックからくる一種のヒステリー症状」とあること，その後に「私は声を喪失した」と具体的な状態に言及があることから，これは「声を喪失した」ことを比喩的に言っているものと考えられる。　(2)　比喩の中でも，「ように／ような」を用いないものを隠喩という。　ア　「擬態語」とは，通常音を伴わない物事の状態・身ぶりを，それらしく表した語。「きらきら光る星」など。　イ　「倒置法」とは，文などにおいてその成分をなす語や文節を，普通の順序とは逆にする表現技法。「僕の友達だ，君は。」など。　ウ　「直喩」とは，比喩の中でも「ように／ような」を用いるもの。「バケツをひっくり返したような雨」など。
オ　「擬人法」とは，比喩の中でも人間でないものを人間にたとえるもの。「太陽が微笑みかけている」など。

重要 問九　傍線部後「ただ，……軽くなった気がした」理由としては，その直後の「もう誰とも話したくない，と思っていた」ということである。まずはこの「もう誰とも話したくない」要素が重要。これが書けていればよいので，「体が軽くなった気がした」は不要。字数的にも厳しくなる。次に，「私はじっと，……そうすべきなのだ」から，「心の声に耳を澄まして」という要素が重要。加えてこれは，誰とも話さないことで可能になることであるから，解答としては「誰とも話さずに済むことで，自分だけに聞こえる心の声に耳を澄ませることができるようになったから。」などが妥当。内容が合っていれば，書き方は多様に認められるだろう。ただし「なぜ」という問いなので文末は「～から。／～ので。／～ため。」のいずれかのみ許容。

三　(古文─仮名遣い，語句の意味，文脈把握，和歌，口語訳)

〈口語訳〉　昔，惟喬親王と申す親王がいらっしゃった。山崎の向こう側で，水無瀬というという所に，離宮があった。毎年の桜の花盛りには，その離宮へとお出かけになった。その時に，右馬寮の長官であった人を，常に引き連れていらっしゃった。長い時が経ってしまったので，(筆者である私は)その人の名前は忘れてしまった。(惟喬親王は)狩りは熱心にもせずに，ひたすらお酒を飲みながら，和歌(を詠むこと)に夢中になっていた。今，狩りをする交野の渚の家では，その院の桜がとりわけ趣がある。その木の下に(馬から)下りて座り，枝を折って，髪飾りに挿して，身分が上の者も，中位の者も，下位の者も，みな歌を詠んだ。右馬寮の長官であった人の詠んだ(歌がこちらだ)。

もしも世の中に全く桜がなかったとしたら，春(を過ごす)人の心は(桜が散ってしまうのではないかという心配をすることもないので)のどかであることだろう。

と詠んだ。別の人の歌は，

散るからこそ，桜はいっそうすばらしいものだ。このつらい世の中において，何が永遠に存在するというのか。いや，永遠に存在するものなど何もありはしない。

と詠んで，(惟喬親王たちは)その木の下から離れて帰っているうちに，日暮れになった。

問一　①　古文では，語頭を除く「はひふへほ」は「わいうえお」と読む。　②　「ひきいて」としないように注意。「率る」は，読み仮名をあてると「ゐる」であるが，「ゐ」は「い」と読む。「ゐ」は古典的仮名遣いなので，現代仮名遣いにする際は「い」と表記する。

問二　(1)「ねむごろに」は「熱心だ，親しい，本気だ，丁寧だ」などの意味の形容動詞「ねむごろなり」の連用形，「せ」は「する」という意味のサ変動詞「す」の未然形，「で」は「～ないで，～なくて」という意味の打消接続の助詞。辞書的意味からはア・ウに絞られるが，狩りを「親しく」するというのは不自然なのでアが適当。　(2) 古語の「おもしろし」は「趣がある，楽しい，風変わりだ」といった意味。辞書的意味としては選択肢のいずれも除外しにくいが，桜についての評価であるという点から見た目についての言及であるウ・エまで絞る。イは「桜」自体の評価であることをふまえると「桜が珍しい」というのは不自然なので除外できる。桜を見た一行は和歌を詠むが，いずれも桜というもの全般についての歌と言える。風変りな桜なのであれば，その風変りなさまについて詠むはずだと考えられるので，ここは単に桜の美しさに感動して和歌を詠んでいる場面だと考えられる。よってウが適当。

問三　1「おはします」は「いらっしゃる，お出かけになる，お越しになる」という意味の尊敬語。自分自身に尊敬語を使うこと(自尊敬語)は帝と上皇を除いてありえないことなので，エは除外できる。ここまでの登場人物は惟喬親王のみなので，アが適当。「親王」は皇族のことなので，尊敬語が使われるのは自然である。　4　傍線部直前の「と」は引用を表す。したがって，この前の内容をふまえると「右馬寮の長官であった人が詠んだ。〈世の中に～〉と詠んだ。」という流れである。〈世の中に～〉が「馬の頭なりける人」が詠んだ和歌ということなので，イが適当。古文においては，「詠む」「言ふ」など口に言葉を出す際は，「A氏が詠む(言う)。～と詠んだ(言った)。」と，和歌や発言を挟んで語が重複することがよくある。「となむ」の「なむ」は係助詞なので訳さなくてよい。

問四　その人の名を「忘れにけり」つまり「忘れてしまった」とあるのだから，名前が明示されていない人物に限られる。また，「その」と指示語があるが，指示語の指示内容はたいてい指示語よりも前にある。すると，ここまで登場している人物は惟喬親王と「右の馬の頭なりける人」の二名のみである。「惟喬親王」というのは人物名で，「右の馬の頭」というのは役職名であるから，「右の馬の頭なりける人」が適当。

問五　これは古文常識の知識問題と解釈してよい。人について「上・中・下」と言うときは，基本的には身分のことである。

やや難　問六　「せば～まし」という形から，「もし～なら…なのに」という反実仮想の意味だと特定できるとよい。反実仮想というのは，事実に反することを仮定し，そのうえで結果を想像すること。「せば～まし」の他，「ば～まし」「ませば～まし」「ましかば～まし」の形がある。「世の中にたえて桜のなかりせば」から，仮定しているのは「世の中に桜が全くない」ということである。「たえて＋打消語」で「全く～ない」の意味。そのうえで，「春の心はのどけからまし」では，「心はのどかだろう」と想像している。これらは事実に反することなのだから，事実としては桜があるから心が落ち着かないということになる。これは一見ネガティブな内容に見えて，実は桜があるおかげで様々に心が動かされるという，春の美しさを詠んだものである。よってエが適当。ア～ウは反実仮想になっている部分の解釈に誤りがある。

重要　問七　下の句が「永遠のものなどない」といったような意味だと理解できれば，散るからこそ良いという逆説的な内容だと判断してアを選べた可能性もあるが，基本的には「いとど」が「ますます，一層」，「めでたし」が「すばらしい」だと知っていることが求められた問題。この二語は頻出なので，確実に意味を覚えておきたい。「いとど」は「いと」と混同しないように注意。ちなみに，「憂き世になにか久しかるべき」というのは諸行無常の発想と言える。古来から日本人は，永遠ではないもの，移り変わるもの，儚いものに美しさを見出していたと考えられている。このあたりのことも知っておくとよい。

四 (慣用句)

①「頭が下がる」とは，「尊敬の気持が起こること」。 ②「耳にはさむ」とは，「ちらっと聞くこと」または「ふと耳にはいること」。 ③「歯がたたない」とは，「相手の力が自分より上で，勝ち目がないこと」。 ④「肩を持つ」とは，「支持したり，かばったりすること」。

五 (漢字の読み書き)

①「返却」とは，「借りた物，預かった物を持ち主に返すこと」。 ②「変更」は，「更」の字のはらいが突き出るように書く。 ③「趣味」はしんにょうと混同しないように注意。 ④「納得」とは，「他人の考え・行為を理解し，もっともだと認めること」。 ⑤「駆使」とは，「機能・能力などを思いのままに自由自在に使うこと」。 ⑥「緩やか」は「暖」と混同しないように注意。糸へんは「ゆるい」，日へんは「あたたかい」と覚えよう。

★ワンポイントアドバイス★

論説文は，明記されていることだけを根拠とするのではなく，論理関係上成立することも根拠にしよう。小説は，比喩で使われている語の印象も人物の心情を表すことがあるということを覚えておこう。古文は，単語や文法の知識を多く身につけておこう。

MEMO

大切なことはメモしておこうネ！

2022年度

★★★★★★★★★★★★★★★★★★★★★★★★

入　試　問　題

2022年度

札幌静修高等学校入試問題
（普通科特進コース・ユニバーサル科）

【数　学】（50分）〈満点：100点〉

1　次の計算をしなさい。

(1)　$-2.4 \div 0.2$

(2)　$(-2)^3 \times (-3^2) \div \left(\dfrac{3}{4}\right)$

(3)　$2\sqrt{5} - \dfrac{20}{\sqrt{5}}$

(4)　$\dfrac{x+4y}{5} - \dfrac{x-y}{2}$

(5)　$(x+6y)(x+2y) - (x-3y)^2$

2　次の各問いに答えなさい。

(1)　1次方程式$\dfrac{3}{4}x + \dfrac{1}{3} = \dfrac{1}{2}x + \dfrac{5}{6}$を解きなさい。

(2)　2次方程式$3x^2 - 4x - 2 = 0$を解きなさい。

(3)　yはxに反比例し，$x=5$のとき，$y=6$であった。$x=-3$のとき，yの値を求めなさい。

(4)　$S = \dfrac{1}{2}(a+b)h$をaについて解きなさい。

(5)　$4x^2 - 121y^2$を因数分解しなさい。

(6)　△ABC∽△DEFで，AB＝6とDE＝9のとき，△ABCと△DEFの面積比を最も簡単な整数比で答えなさい。

3　次の各問いに答えなさい。

(1)　$\sqrt{54} \times \sqrt{a}$が自然数になるとき，2番目に小さい自然数$a$の値を求めなさい。

(2)　消費税が8%のとき，ある商品を買うと1296円だった。消費税が20%になったとき，この商品を買うといくらになるか答えなさい。

(3)　半径20 cmで，中心角が36°であるおうぎ形の弧の長さを求めなさい。

(4)　連立方程式 $\begin{cases} x+y=2 \\ y+z=-2 \\ z+x=10 \end{cases}$ を解きなさい。

(5)　56.7は四捨五入によって得られた近似値である。真の値をaとするとき，aの範囲を不等号を使って表しなさい。

4 連続するいくつかの自然数がある。これらの自然数のうち，最も大きいものをxとし，連続する自然数の個数をyとする。さらに，これらの自然数の積を$x☆y$で表すことにする。たとえば$7☆4$は，最も大きい自然数が7で，連続する自然数の個数が4なので，

$$7☆4=7\times6\times5\times4=840$$

になる。このとき，次の各問いに答えなさい。

(1) $6☆3$の値を求めなさい。

(2) $x☆2-\dfrac{x☆2}{x}=36$となるような自然数xを求めなさい。

5 下の図で，xの値を求めなさい。

(1)

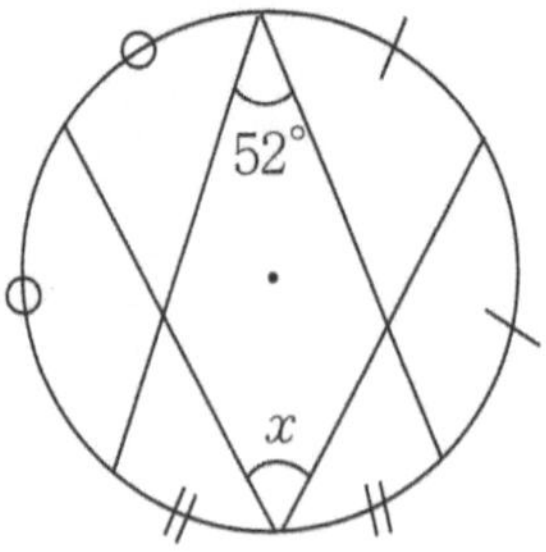

(2) 四角形の中の値は，それぞれの面積を表している。

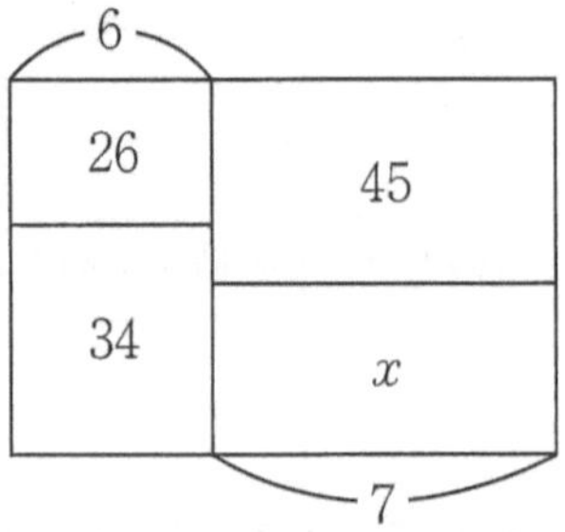

6 右の図のように関数$y=ax^2$のグラフ上に2点A(2，b)，B(c，3)がある。このとき，次の各問いに答えなさい。

(1) 2点A，Bを通る直線が$y=3x+6$のとき，a，b，cに入る値をそれぞれ求めなさい。

(2) △AOBの面積を求めなさい。

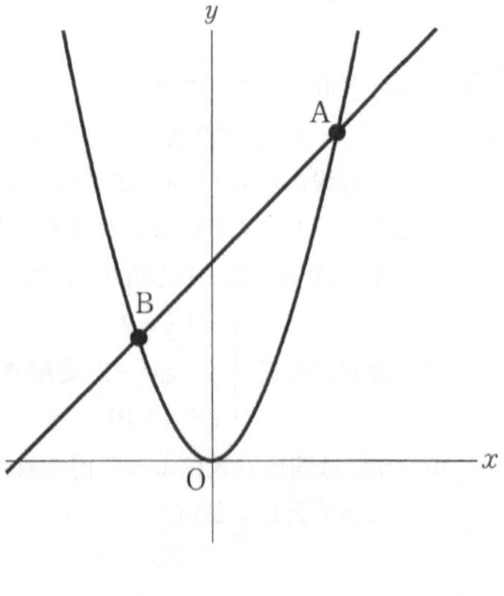

7 右下の図のように，平行四辺形ABCDがあり，対角線の交点をOとする。2点E，FをOE＝OFとなるようにそれぞれ線分BO，OD上にとる。
このとき，△AOE≡△COFを証明しなさい。

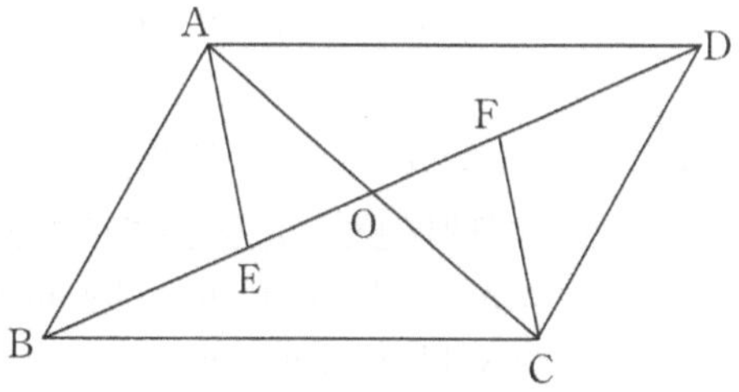

8 次の各問いに答えなさい。

(1) 2次方程式$(2x+1)^2=9$を解き，その過程を記述しなさい。

(2) 太郎さんは数学の先生から「この計算のどこが間違っているか見つけておいで。」とプリントを渡された。太郎さんは花子さんと一緒に間違いを探すことにした。右下の会話を参考にし，どの段階で間違っているかを①～⑥から選び番号で答えなさい。また，間違いについて話している箇所を㋐～㋕から選び記号で答えなさい。

プリント

どこが間違っているでしょう？？
さぁ君にこの問題がわかるかな？？？？

$$x^2+2x+4=x^2+x$$
↓ ①
$$x^2+9x+20=x^2+8x+16$$
↓ ②
$$(x^2+9x+20)\div x=(x^2+8x+16)\div x$$
↓ ③
$$(x+4)(x+5)\div x=(x+4)^2\div x$$
↓ ④
$$(x+5)\div x=(x+4)\div x$$
↓ ⑤
$$x+5=x+4$$
↓ ⑥
$$5=4$$

太郎：等式の左辺と右辺には同じ計算なら，どんな計算をしてもいいんだよね？ …㋐
花子：うん，基本的には計算のルールを守ればいいんだよ。問題の式のように両辺に$7x$や16を加えてもいいよ。 …㋑
太郎：足し算や引き算はわかるけど，掛け算や割り算はどうなるの？ …㋒
花子：掛け算も割り算も両辺に同じ計算をしていいことは変わらないよ。でも，気をつけなければいけないことがあるよ。 …㋓
太郎：気をつけなければいけないことって，小数や分数になると計算しづらくなるということ？ …㋔
花子：それも気にした方がいいとは思うけど，違うよ。これは等式のルールではないけど，数を0では割れないということなの。だから両辺同じ計算するからって0で割ってはいけないよ。 …㋕
太郎：なるほど。忘れがちだけどそんなルールあったね。でも，問題のプリントは今まで話したルールは守ってるように見えるんだけど…。
花子：それはどうかな？もう一度プリントを見てみよう。

【英　語】（普通科特進コース）（50分）〈満点：100点〉
（ユニバーサル科）（60分）〈満点：120点〉

1　次の英文を読み，問いに答えなさい。

①あなたは他の国に行ったことはありますか。Or even another part of Japan on holiday? If you have, you probably went there by airplane. *These days, most people go by airplane when they need to travel long distances.

But what did people do (　A　) there were airplanes? When people in the *past wanted to travel to another country, they went there by boat. Some of the boats were very *comfortable, but they ②(take) a long time to get to their *destination. It may take one or two weeks at sea. For most people, that was too long to take on a holiday, so many people didn't have the chance to travel to other countries.

Once airplanes became popular, ③(ア　were　イ　people　ウ　travel　エ　in　オ　anywhere　カ　able　キ　the world　ク　to) in a shorter time than before. This made international travel more practical and taking holidays in other countries became ④(popular) than before.

These days, ⑤(travel) by boat is becoming popular again. People ride on boats which we call 'cruise ships.' These cruise ships have a lot of fun things for the passengers to do such as movies and swimming pools. They also have many restaurants, live music and even comedians. On such cruise ships, the place which people are going to is not as important as the relaxing journey. People can relax and have a good time while the boat is moving from one place to the next. Cruise ships often go to popular tourist destinations and the passengers can go sightseeing at places (　B　) the day then come back to the ship at night.

What do you think? Will you take a cruise on your next holiday?

（注） These days　最近は　　past　過去　　comfortable　心地よい　　destination　目的地

問１　下線部①を英語に直すとき，(　　)に入る英語を書きなさい。

(　　　)(　　　)(　　　) to another country?

問２　(A)，(B)に入る最も適当なものを，それぞれア～エから選びなさい。

(A)　ア　after　　イ　before　　ウ　in　　エ　between

(B)　ア　during　　イ　when　　ウ　where　　エ　at

問３　(　　)②，④，⑤の語を正しい形に直しなさい。

問４　下線部③が，「人々は世界のどこへでも旅行することができた」という意味になるように並べかえて正しい英文にしたとき，(　1　)，(　2　)に入る語を，ア～クから選びなさい。

______ ______ (　1　) ______ (　2　) ______ ______ ______

問５　本文の内容に関する(1)～(4)の説明について，正しいものはT，間違っているものはFをそれぞれ書きなさい。

(1)　昔は多くの人が船を利用して海外旅行に行っていた。

(2)　飛行機で海外旅行をするようになってから，船で旅行をする人が減少しか時期がある。

(3)　Cruise shipの中は色々な設備が整っているため，利用料はとても高い。

(4)　Cruise shipは昔の船よりも速度が速いため，日中に目的地に到着することができる。

問6　本文の内容を参考に，次の問いに対するあなた自身の考えを，（　　）内の指示に従ってそれぞれ英語で自由に書きなさい。ただし，(2)の英文は2文以上になってもよいものとする。

(1)　Which place do you want to visit on a cruise ship?　（1文で）

(2)　Why did you choose that place?　（20語程度で）

2　次の英文を読み，問いに答えなさい。

Dan：Have you been to ①the new cake shop near the train station?

Miki：Do you mean the one which has a red door and pink roof? I don't think that one is new.

Dan：No. That one has been there for a long time. I'm talking about the new one which has a white door and green roof. It is across the road from the north *exit. It only opened ②おととい(4語で).

Miki：No. I haven't been there. Is it good?

Dan：It's fantastic! All of the cakes look so delicious. I wanted to buy them all.

Miki：Really? Which cakes did you buy?

Dan：Well, I couldn't decide so I asked some of the staff which ones they liked.

Miki：Which ones did they say were good?

Dan：They told me that their best cakes were their cheese cakes and apple pies.

Miki：Why did they choose those ones?

Dan：③They said that ④they are made (　A　) milk and apples produced in Hokkaido and they are made fresh every day.

Miki：How were they?

Dan：They were definitely (　B　) cakes I have ever eaten.

Miki：Wow, that's great. Let's go there together next time.

Dan：Sure, but we will need to get there early because the store is becoming very popular.

Miki：Okay. ⑤Let's go there before the store opens on Saturday morning.

Dan：Good idea. If you don't want (　C　) the cakes around, there are some tables and chairs ⑥～の前に(3語で) the store.

Miki：Great!

（注）exit　出口

問1　本文の内容から考えて，下線部①の外観の特徴を日本語で2つ書きなさい。

問2　下線部②，⑥を，（　　）内の指示に従って，それぞれ英語で書きなさい。

問3　本文の内容から考えて，下線部③，④は何を表すか。それぞれ英語で抜き出しなさい。

問4　（　A　）～（　C　）に入る最も適当なものを，それぞれア～エから選びなさい。

（　A　）　ア　at　　イ　from　　ウ　in　　エ　to

（　B　）　ア　good　　イ　better　　ウ　the best　　エ　well

（　C　）　ア　carry　　イ　carried　　ウ　carrying　　エ　to carry

問5　下線部⑤について，ミキがこのように言った理由を日本語で書きなさい。

問6　本文の内容を参考に，次の問いに対するあなた自身の考えを，(　　)内の指示に従って英語で自由に書きなさい。ただし，(2)の英文は2文以上になってもよいものとする。

(1)　What kind of Japanese food do you like?　(1文で)

(2)　Why do you like it?　(20語程度で)

3

次の英文の(　　)に入る最も適当なものを，それぞれア～ウから選びなさい。

1　Was (ア the bag found　イ found the bag　ウ the bag finds) by the woman?

2　Ken is (ア tall　イ taller　ウ the tallest) student in my class.

3　This is a computer (ア which　イ who　ウ where) my mother bought for me.

4　(ア When　イ Why　ウ What) don't you join us?

5　All the houses were covered (ア with　イ for　ウ under) snow.

6　Was Mr. Sato (ア walked　イ walks　ウ walking) with his dog in the park at eight last night?

7　These umbrellas are (ア heir　イ them　ウ theirs).

8　I want (ア something to drink　イ something drink to　ウ drink to something).

9　(ア That　イ If　ウ So) you like music, you should listen to this CD.

10　We couldn't go camping because (ア of　イ on　ウ off) the typhoon.

4

左側の語の下線部の発音と同じものを，それぞれア～ウから選びなさい。

		ア	イ	ウ	エ
1	slope	close	movie	coffee	college
2	decide	similar	pizza	invite	history
3	missed	stayed	helped	rained	appeared
4	tooth	floor	poor	cook	soon
5	future	cute	adult	sun	button

5

次のア～ケの語の中で最も強く発音する部分が2にある語を3つ選び，記号で答えなさい。

ア	fa-vor-ite 1 2 3	イ	sur-pris-ing 1 2 3	ウ	class-mate 1 2
エ	im-por-tant 1 2 3	オ	vol-ley-ball 1 2 3	カ	ex-pen-sive 1 2 3
キ	news-pa-per 1 2 3	ク	yes-ter-day 1 2 3	ケ	cap-i-tal 1 2 3

6 聞き取りテスト

（A）

Seishu

Volunteer Cleanup and Outdoor Activity Day

Date: Saturday, April 24th 2021

Meeting place: Meet at Sapporo Seishu High School

Time: 10:00 a.m. to 3:00 p.m.

Who for: 30 junior high school students from 12 years old to 15 years old can join.

First, we will clean along the Toyohira River. Next we will clean along the Kamokamo River in Nakajima Park.

After picking up garbage, we will return to Sapporo Seishu High School ground for classes in camp fire cooking and wood chair making.

Please bring strong shoes for walking and gloves.
Tongs and plastic bags will be provided for picking up garbage.

Schedule:	River cleanup	10:00 – 11:00
	Chair making	11:30 – 13:00
	Campfire cooking	13:30 – 15:00

Call this number to reserve a place: 123 4567 897

Please check the Sapporo Seishu High School Homepage for more information.

(B)

1 a) 9:00
 b) 10:00
 c) 10:30
 d) 10:50

2 a) Right here.
 b) Next to the post office.
 c) Next to the convenience store.
 d) Across from the convenience store.

3 a) He's been playing for one month.
 b) He's been playing for six years.
 c) He's been playing for nine years.
 d) He's been playing for three years.

4 a) Because her mother bought the same hat.
 b) Because she doesn't like the color.
 c) Because she wants a coupon.
 d) Because she doesn't have the receipt.

5 a) Go skiing.
 b) Eat Okinawa food.
 c) Visit interesting places.
 d) Go swimming at the beach.

※聞き取りテストの放送台本は非公表です。

【理　科】（50分）〈満点：100点〉

1 金属棒に流れる電流について，次の各問いに答えなさい。

電圧が常に一定に保たれる電池と，材質と太さが同じで長さだけが違う複数の金属棒を用意し，図1のような回路を作って金属棒に流れる電流の大きさを調べる実験を行った。ただし，金属棒以外の装置には電気抵抗がないものとする。

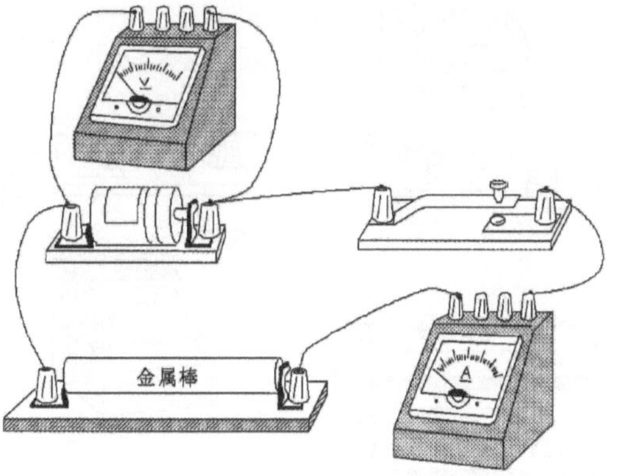

図1

次の表は，その結果をまとめたものである。

金属棒の長さ［cm］	20.0	40.0	60.0	80.0
電流［mA］	60.0	30.0	20.0	

表

⑴　長さ80.0 cmの金属棒を用いて電流を測定した結果，電流計の針が図2のようになった。電流計の測定値は何mAか，答えなさい。

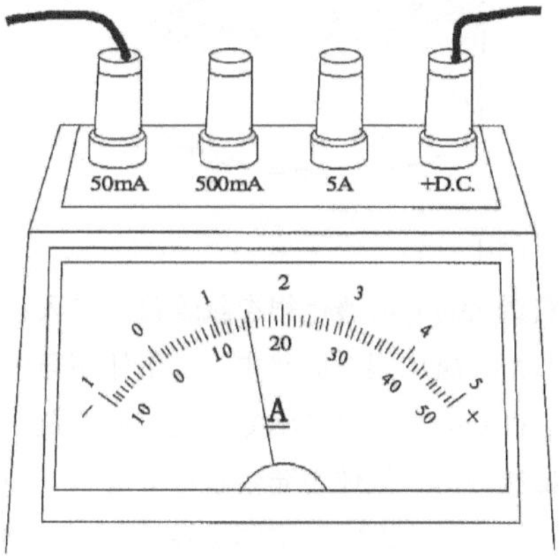

図2

⑵　金属棒の長さが100.0 cmになると，流れる電流の値は何mAになるか。表のデータを元に求めなさい。

⑶　金属棒の長さRを横軸，電流の値Iを縦軸にして表のデータをグラフにかきこみなさい。

⑷　グラフを元に，RとIの関係を式に表しなさい。

(5)　図1の実験において，2つの電池を直列につなぎ，2倍の電圧を金属棒にかける。この場合，20.0 cmの金属棒に流れる電流は何mAになると予想するか，答えなさい。また，その理由を答えなさい。

(6)　60.0 cmの金属棒を図3のようにして2本並列につないだ場合，電流計を流れる電流は何mAになるか，求めなさい。

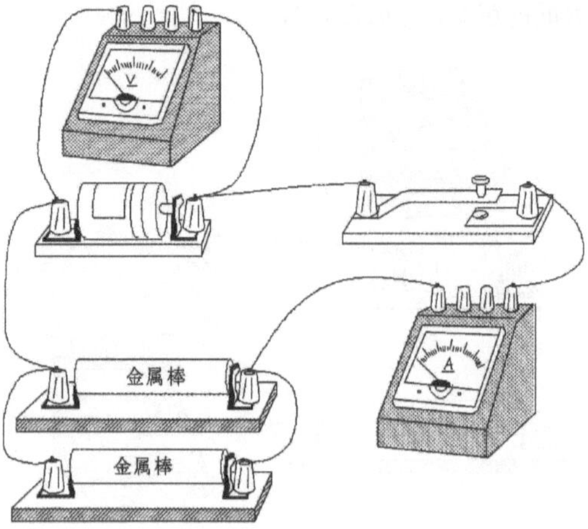

図3

2　化学変化と物質の質量との関係について，次の各問いに答えなさい。

酸化銀を加熱したときの変化を調べるために，次の〔実験1〕～〔実験3〕の実験を行った。

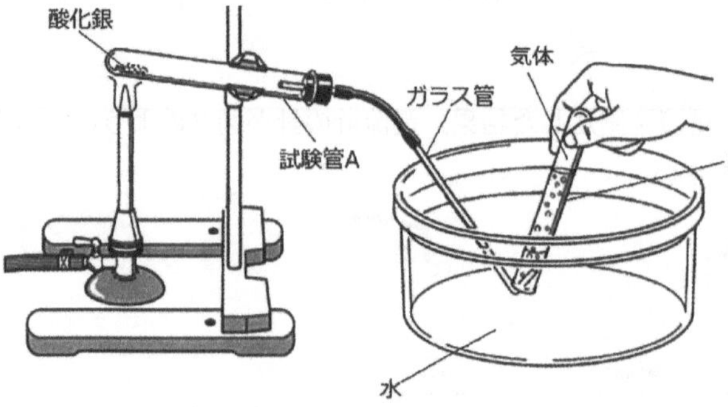

図1

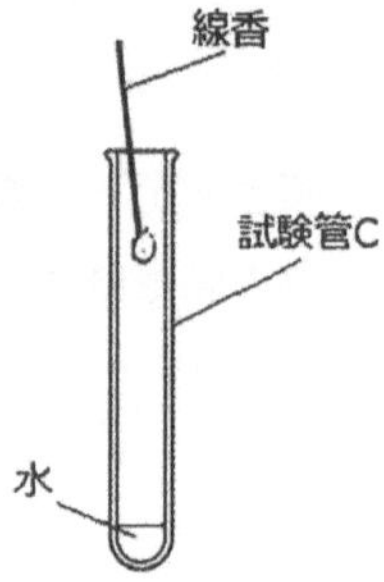

図2

〔実験1〕　図1のように，質量2.90 gの酸化銀を試験管Aに入れ，試験管Aの口を少し下げてガスバーナーで加熱した。酸化銀を加熱すると気体が発生して，酸化銀とは色の異なる固体が残った。実験をはじめてすぐに出てきた気体を試験管Bに集めた後，続けて出てきた気体を試験管Cに集めた。気体が発生しなくなってから加熱をやめ，試験管Aの中の物質をよく冷ましてから，試験管Aの中の物質を測定すると，その値は2.70 gであった。

〔実験2〕　図2のように，〔実験1〕で試験管Cに集めた気体の中に火のついた線香を入れたところ，線香が激しく燃えた。ただし，〔実験1〕で試験管Cには安全のために水を少し残しておいた。

〔実験３〕 図１の試験管Ａに入れる酸化銀の質量を4.35 g，5.80 g，8.7 gにかえて〔実験１〕と同様の実験をおこなった。ただし，酸化銀の質量を8.70 gにかえて実験を行ったときは，気体が発生しなくなる前に加熱をやめた。表は，加熱した酸化銀の質量と加熱後の試験管Ａの中の物質の質量をまとめたものである。

酸化銀の質量［g］	2.90	4.35	5.80	8.70
加熱後の試験管Ａの中の物質の質量［g］	2.70	4.05	5.40	8.30

表

(1) 〔実験１〕について，次の各問いに答えなさい。

① 試験管に固体を入れて加熱する実験では，図１のように，加熱する試験管Ａの口を少し下げるのはなぜか，次の(ア)～(エ)から１つ選び，記号で答えなさい。

(ア) 加熱する固体全体を均一に加熱しやすくするため。

(イ) 加熱する固体全体を高温で加熱しやすくするため。

(ウ) 実験で気体が発生した場合に，気体をガラス管の方に流れやすくするため。

(エ) 実験で液体が生じた場合に，液体が加熱部分に流れないようにするため。

② 加熱後に試験管Ａの中に残った固体の物質は何色か，次の(ア)～(エ)から１つ選び，記号で答えなさい。

(ア) 赤色　　(イ) 黒色　　(ウ) 白色　　(エ) 黄色

③ 試験管Ａに入れた酸化銀を加熱したときに起きた化学変化を，化学反応式で答えなさい。

④ この実験のように，１種類の物質が２種類以上の物質に分かれる化学変化の中でも，特に加熱によって起こる化学変化を何というか，答えなさい。

(2) 〔実験２〕について，〔実験１〕で発生した気体の性質を調べるとき，試験管Ｂに集めた気体を使わなかったのはなぜか，その理由を「空気」という言葉を使って，簡単に答えなさい。

(3) 〔実験３〕について，加熱後の質量8.30 gの物質の中に，酸化銀が一部残っていることがわかった。化学変化でできた物質は何gふくまれているか，求めなさい。

3 生物の遺伝情報とふえ方についての文章を読み，次の各問いに答えなさい。

細胞の核内の染色体には，遺伝子がふくまれている。これまでの研究から，遺伝子の本体は（　Ａ　）という物質であることが，明らかとなっている。次の①～⑥の操作はブロッコリーから（　Ａ　）を取り出す手順である。

＜手順＞

①：ブロッコリーの表面の部分（つぼみ）を切り取る。

②：切り取ったつぼみを乳鉢に入れ，水を加えて乳棒ですりつぶす。

③：a中性洗剤と塩化ナトリウムの混合液を加え軽く混ぜ，静置する。

④：③の液体をろ過し，ろ液をビーカーに集める。

⑤：④にエタノールを混ぜる。

⑥：白い糸状の物質が現れたら，ガラス棒などで集める。

(1)　空欄Ａにあてはまる語句は何か，答えなさい。

(2)　下線部ａについて，使用する目的は何か，次の(ア)～(エ)から１つ選び，記号で答えなさい。

(ア)　細胞壁を壊すため。　(イ)　細胞膜を壊すため。

(ウ)　核を保護するため。　(エ)　汚れを洗浄するため。

(3)　空欄Ａが次世代に伝わることで，新個体が形成される。生物のふえ方に関する次の文章①～④のうち，無性生殖にあてはまるものはア，有性生殖にあてはまるものはイ，両方にあてはまるものはウ，両方ともにあてはまらないものにはエの記号を用い，それぞれ答えなさい。

①　単独でふえるため，効率が良い。

②　遺伝子の種類が多様性に富む。

③　感染症などによる絶滅から免れやすい。

④　分裂母体を犠牲にしてふえる。

(4)　無性生殖では，子の形質は親の形質と同じものとなる。このように起源が同じで，同一の遺伝子をもつ個体の集団を何というか，答えなさい。

4　天気とその変化について，次の各問いに答えなさい。

図１はある日の日本付近の天気図，図２はある前線の断面図を表している。

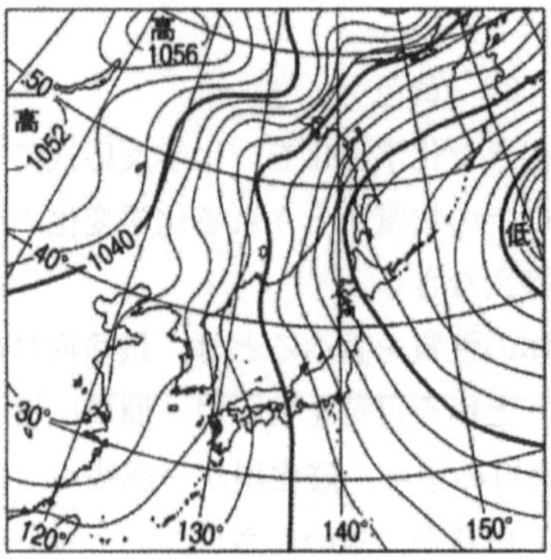

図１

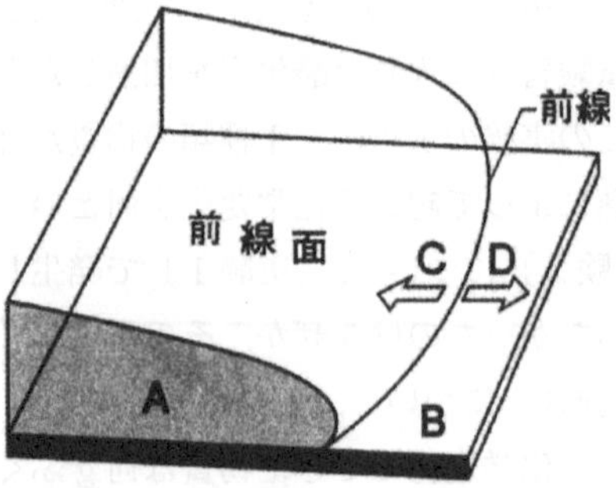

図２

(1)　空気中の水蒸気の量を変えずに温度を上げると湿度はどうなるか，答えなさい。

(2)　図１について，札幌の気圧はおよそ何 hPa か，答えなさい。

(3)　図２の前線は何か，答えなさい。また，この前線を表す記号を次の(ア)～(エ)から選び，記号で答えなさい。

(ア)

(イ)

(ウ)

(エ)

(4)　ある日の天気はくもり，北北西の風，風力３であった。天気図記号を用いて解答欄の図にかきこみなさい。

(5)　前線においてあたたかい空気はどちらか，図２のＡ，Ｂから選び，記号で答えなさい。

(6)　前線の進む向きはどちらか，図２のＣ，Ｄから選び，記号で答えなさい。

5 音について，次の各問いに答えなさい。

音さから生じる音を，図のようにオシロスコープを使って観察した。

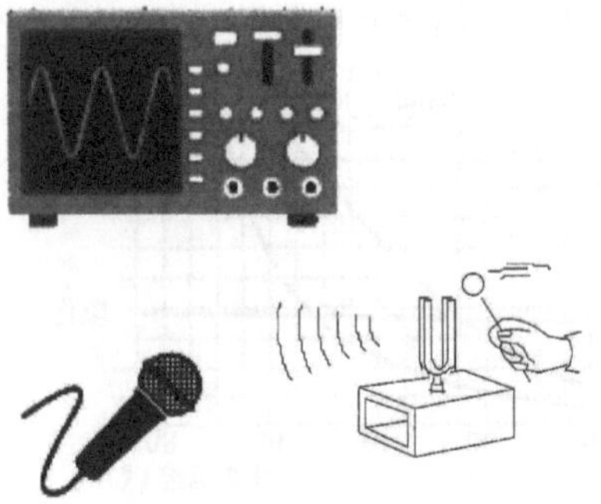

図

(1) 音さAを弱くたたいたあとで強くたたくと，弱くたたいたときより大きく聞こえた。このことを表すオシロスコープのグラフはどれか，次の(ア)～(ウ)から１つ選び，記号で答えなさい。ただし，弱くたたいたときを基準とする。

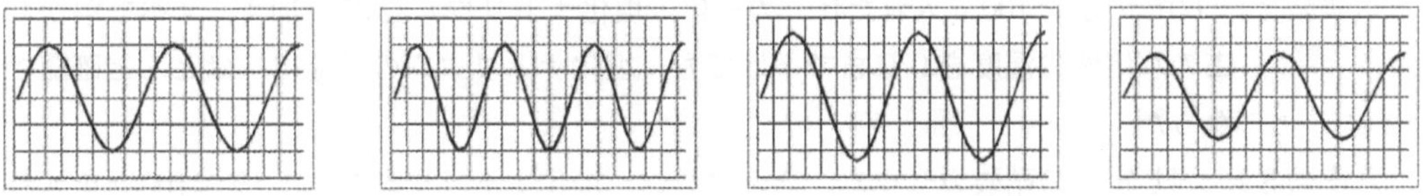

(基準)　(ア)　(イ)　(ウ)

(2) はじめと異なる音さBを使って音を出したところ，高い音が聞こえた。このことを表すオシロスコープのグラフはどれか，次の(ア)～(ウ)から１つ選び，記号で答えなさい。ただし，音さをたたく強さは同じとする。

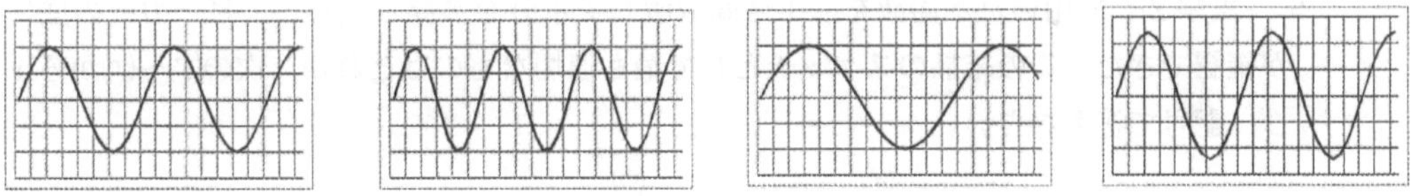

(音さA)　(ア)　(イ)　(ウ)

(3) 音さから生じる音の原因が音さの振動であることを目で見て確かめるには，どんな実験をすればよいか。実験方法を簡単に説明しなさい。

(4) 音は空気中ならば秒速約340 mの速さで進むことがわかっている。また，水中では秒速約1500 mである。では，音が氷の中を進む場合の速さはどうなるか，次の(ア)～(ウ)から１つ選び，記号で答えなさい。また，その理由を説明しなさい。

(ア) 秒速 340 m より遅い

(イ) 秒速 340 m より速く，秒速 1500 m より遅い

(ウ) 秒速 1500 m より速い

6 水溶液について，次の各問いに答えなさい。

物質が水に溶けるようすについて調べるために，次の〔実験１〕～〔実験３〕の実験を行った。図は，硝酸カリウム，ミョウバン，塩化ナトリウムの溶解度を表したグラフである。

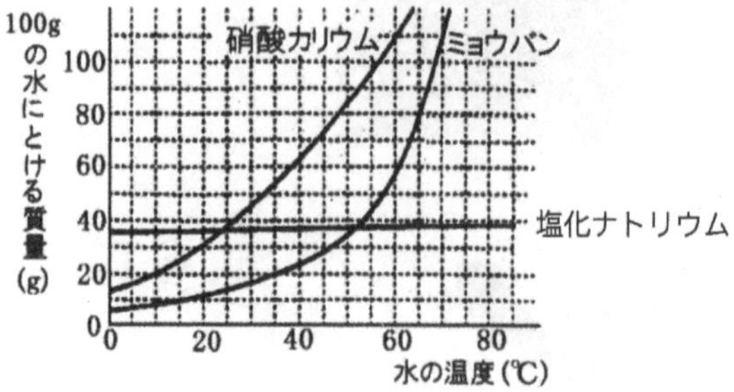

図

〔実験１〕 60℃の水を100 g入れたビーカーに，ミョウバンを20 g加え，すべて溶かした。この水溶液をある温度まで徐々に下げると，ミョウバンの結晶ができ始めた。20℃まで温度を下げていくと，多くのミョウバンの結晶ができた。

〔実験２〕 60℃の水を100 g入れたビーカーに，塩化ナトリウムを35 g加え，すべて溶かした。この水溶液の温度を０℃まで下げても，塩化ナトリウムの結晶は，ほとんど確認できなかった。

〔実験３〕 同じ質量の硝酸カリウム，ミョウバン，塩化ナトリウムを50℃の水100 gを入れた３つのビーカーに別々に入れ，よくかき混ぜたところ，それぞれのビーカーの物質はすべて溶けた。３つのビーカーを10℃まで冷やすと，２つのビーカーで固体がでてきた。

(1) 〔実験１〕で，ミョウバンを溶かした水溶液を60℃から20℃まで下げていったとき，ミョウバンの結晶ができ始める温度は何℃か，答えなさい。

(2) 〔実験２〕で用いた水溶液を，１週間放置して水分を蒸発させると，ビーカーの底に結晶が確認できた。この結晶のスケッチとして最も適切なものはどれか，次の(ア)～(エ)から１つ選び，記号で答えなさい。

(ア)
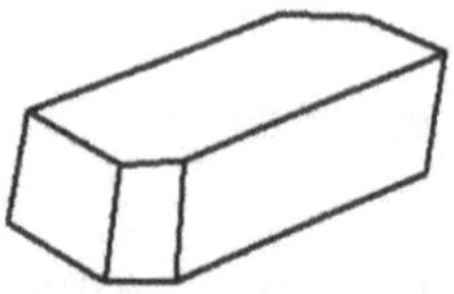

(イ)

(ウ)
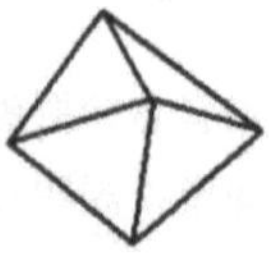

(エ)
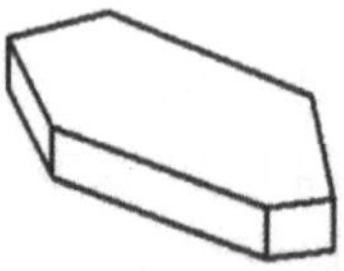

(3) 60℃の水を100 g入れたビーカーに，塩化ナトリウムを35 g加え，すべて溶かしたときの塩化ナトリウム水溶液の質量パーセント濃度は何％か，答えは小数第２位を四捨五入して求めなさい。

(4) 〔実験１〕〔実験２〕の結果から，他の２つの物質に比べて，塩化ナトリウムが再結晶しにくいのはなぜか。「塩化ナトリウム」，「溶解度」の２つの語を使って説明しなさい。

(5) 〔実験３〕で，ビーカーに入れた物質の質量として考えられるものを，次の(ア)～(エ)から１つ選び，記号で答えなさい。

(ア) 5 g　(イ) 15 g　(ウ) 30 g　(エ) 50 g

(6) 60℃の水400 gに硝酸カリウムは何gまで溶けるか，求めなさい。

7 血液と成分のはたらきについて，次の各問いに答えなさい。

ヒトなどの多くの動物では，からだの外の環境が変化しても，体内の環境はほぼ一定に保たれている。これは体液のはたらきによるものである。ヒトの体液は，血液，リンパ液，組織液からなる。

以下の表は，ヒトの血液成分についてまとめたものである。

血液成分	A	B	C	血しょう
形	①	中央がくぼんだ円盤形	②	—
はたらき	（Ⅰ）	（Ⅱ）	ウイルスや細菌などの病原体を分解する。	（Ⅲ）

表

⑴　A～Cにあてはまる語句の組み合わせとして最も適切なものを，次の㋐～㋕から１つ選び，記号で答えなさい。

	A	B	C
㋐	赤血球	白血球	血小板
㋑	赤血球	血小板	白血球
㋒	白血球	血小板	赤血球
㋓	白血球	赤血球	血小板
㋔	血小板	赤血球	白血球
㋕	血小板	白血球	赤血球

⑵　①，②にあてはまる語句の組み合わせとして最も適切なものを，次の㋐～㋕から１つ選び，記号で答えなさい。

	①	②
㋐	核があり，形がすべて同じ	核がなく，小さくて不規則な形
㋑	核があり，形がすべて同じ	核があり，形がすべて同じ
㋒	核があり，いろいろな形	核がなく，小さくて不規則な形
㋓	核があり，いろいろな形	核があり，いろいろな形
㋔	核がなく，小さくて不規則な形	核があり，いろいろな形
㋕	核がなく，小さくて不規則な形	核があり，形がすべて同じ

⑶　表中の（Ⅰ）～（Ⅲ）にあてはまるはたらきを，次の㋐～㋔から１つずつ選び，記号で答えなさい。

㋐　酸素の運搬する

㋑　脂肪酸とモノグリセリドの運搬する

㋒　出血時に血を固める

㋓　アルコールを分解する

㋔　栄養分・老廃物などの運搬する

8　火山について，次の各問いに答えなさい。

下の図のＡ～Ｃは火山の形の模式図，Ⅰ，Ⅱは鉱物のスケッチである。

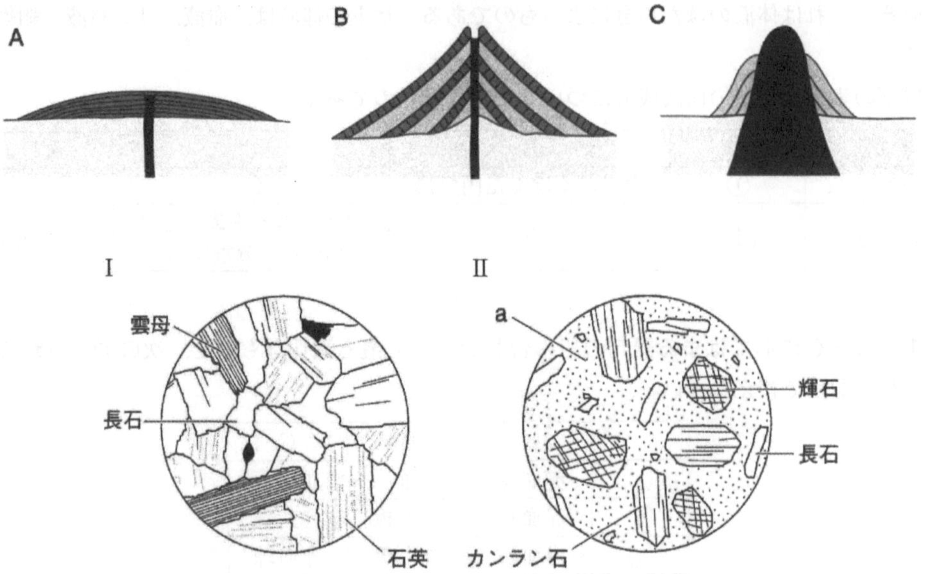

図

⑴　噴火が最も激しいのはどの火山か，Ａ～Ｃから選び，記号で答えなさい。

⑵　マグマのねばりけが最も小さいのはどの火山か，Ａ～Ｃから選び，記号で答えなさい。

⑶　Ａ～Ｃの代表的な山としてふさわしいものはどれか，次の㋐～㋔からすべて選び，それぞれ記号で答えなさい。

㋐　昭和新山　　㋑　マウナロア　　㋒　桜島

㋓　伊豆大島　　㋔　雲仙普賢岳

⑷　火山岩のスケッチはどちらか，Ⅰ，Ⅱから選び，記号で答えなさい。

⑸　Ⅱは比較的大きな鉱物が，ａのような細かい粒などで囲まれてできている。ａの部分を何というか，答えなさい。

⑹　⑸のような石のつくりを何というか，答えなさい。

⑺　ⅠとⅡの石のでき方の違いをわかりやすく説明しなさい。

【社　会】（50分）〈満点：100点〉

1　次の世界地図を見て，あとの問いに答えなさい。

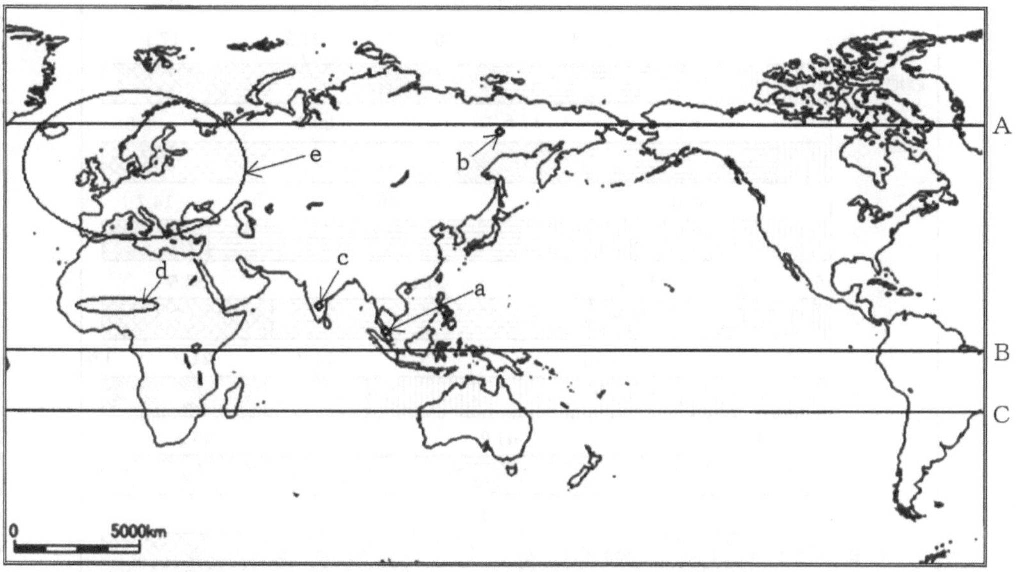

問１　緯線A～Cを参考にして，都市a・bの雨温図にあてはまるものを，ア～ウからそれぞれ一つずつ選び，記号で答えなさい。

雨温図

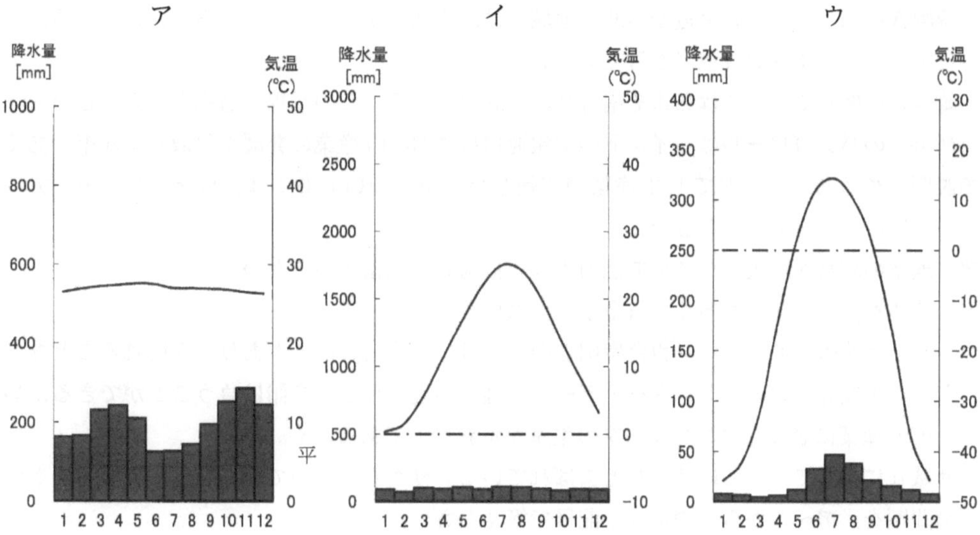

（気象庁平年値データより引用）

問２　次の図１は大陸別にみる気候帯の面積の割合を表したものである。北アメリカ大陸とオーストラリア大陸にあてはまるものを，ア～オからそれぞれ一つずつ選び，記号で答えなさい。

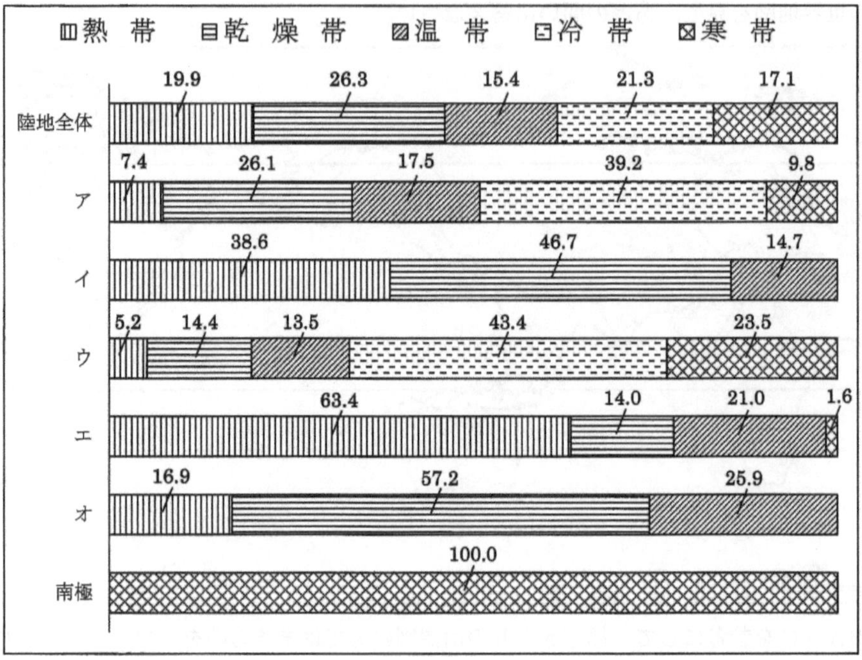

（H.Wagner 一部修正）

図１

問３　緯線Ａに関して，この付近から北の地域では，季節による日照時間の差が大きくなる。夏季に一日中太陽が沈まない現象名を答えなさい。

問４　緯線Ｃに関して，ここはおよそ南緯 23 度 26 分である。この緯線の名称を答えなさい。

問５　都市ｃのバンガロールは，インドの情報通信技術（ICT）産業の発展を象徴する都市である。次の説明文のうち，インドで ICT 産業が成長した理由についてあてはまらないものを，ア～エから一つ選び，記号で答えなさい。

ア　理系の教育が重視されていて能力の高い技術者が豊富であるため。

イ　英語を話す労働者が多く，賃金水準が低いため。

ウ　ICT 産業の中心地アメリカ合衆国との時差はほぼ半日の開きがあり，途切れることなくソフトウェア開発・コールセンター・データ処理・経理業務などを請け負うことができるため。

エ　ICT 産業に必要なコンピュータの生産が世界最大であるため。

問６　地域ｄに関して，ここはサヘルとよばれている。サヘルにおいて現在も進んでいる最も深刻な環境問題を，ア～エから一つ選び，記号で答えなさい。

ア　オゾン層破壊　　　イ　酸性雨　　　ウ　熱帯林減少　　　エ　砂漠化

問７　地域ｅのヨーロッパ地域に関して，地域最大の工業国ドイツでは，1960 年代に工業が急速に発達したため，トルコなどの地中海沿岸の国々から多くの外国人労働者を受け入れた。外国人労働者の多くはドイツへの定住を望み，母国から家族を呼び寄せた結果，大都市で外国人が急増した。その結果について説明した次の文を読み，（　ｆ　）・（　ｇ　）にあてはまる語句をそれぞれ答えよ。

【説明文】

外国人に対する（　f　）費の負担が増えるなどの問題が起きたため，宗教などの（　g　）が異なるトルコ人に対する差別が特に激しくなった。

2 北海道の観光・文化に関する次の〔A〕～〔D〕の文を読み，あとの問いに答えなさい。

〔A〕 農業・水産業などの（　a　）産業を主体とする北海道にとって，観光も重要な産業である。しかし，北海道の観光の問題は，寒い冬の期間に観光客が減少することであった。この問題を解消するために，各地で工夫がなされている。例えば，札幌市の「さっぽろ（　b　）」をけじめ，森のなかを散策するツアーや，流氷の上を歩くツアーなど，さまざまなイベントが行われている。雪が降らない（　c　）地域の人々や，季節が北半球とは逆になる南半球の（　d　）などの人々にとっては，北海道は冬の観光や（　e　）を楽しむのに適した地である。

〔B〕 火山の多い北海道は（　f　）も豊富で，これらは最も人気のある観光の一つとなっている。しかし，その一方で，今後，火山による災害も予想されるため，その防災情報をまとめた（　g　）を作成し備えている。

〔C〕 国際的に重要な水鳥や湿地を守るための（　h　）により指定された湿地は，北海道に13か所も分布している。これらの湿地を守るために，釧路湿原や霧多布《きりたっぷ》湿原などでは地元のボランティアや専門のガイドによる（　i　）や湿原を使った環境教育が盛んである。

〔D〕 2020（令和2）年7月12日に一般に公開されたウポポイ（民族共生象徴空間）は，アイヌ文化を復興するための空間や施設である。それだけではなく，我が国の貴重な文化でありながら存立の危機にあるアイヌ文化を復興・発展させる拠点となり，また，将来に向けて（　j　）の尊厳を尊重し，差別のない多様で豊かな文化を持つ，活力ある社会を築いていくための象徴にもなる。

問1 （　a　）～（　j　）にあてはまる語句を，ア～シからそれぞれ一つずつ選び，記号で答えなさい。

ア　ハザードマップ　　イ　ワシントン条約　　ウ　第一次　　エ　雪まつり
オ　先住民族　　カ　ラムサール条約　　キ　エコツアー　　ク　第二次
ケ　オーストラリア　　コ　温泉　　サ　スキー　　シ　アジア

問2 下線部に関して，この空間（施設）が位置する市町村名を答えなさい。

3 武家政権の成り立ちに関する次の〔A〕～〔C〕の文を読み，あとの問いに答えなさい。

〔A〕 政治の実権を取り戻そうと考えた後醍醐天皇は，幕府に対して不満を抱いている勢力を味方につけ，幕府を倒す戦いを始めた。楠木正成らの悪党勢力や（　a　）・新田義貞ら東国の御家人などの働きによって，幕府は滅びた。その後，$_1$後醍醐天皇を中心とする政治が始まる。しかし，天皇に権力を集めるこの政治に不満が高まると（　a　）が武家政権の復活を目指して兵をあげ，後醍醐天皇の政治は倒れた。

（　a　）は新しい天皇を即位させ（北朝），自分は征夷大将軍になって幕府を開いた。吉野に逃れた後醍醐天皇も自分の正統性を主張したため（南朝），全国の武士は二つの勢力に分かれ，60年近く戦いが続いた。3代将軍$_2$足利義満は南北朝を統一して内乱を終わらせた。

〔B〕 $_3$豊臣秀吉の死後，勢力をのばしたのは$_4$徳川家康であった。家康は，豊臣氏の支配をそのまま続けようとする石田三成らの大名を関ヶ原の戦いで破り，全国支配を強めた。その後，朝廷から征夷大将軍に任命された家康は幕府を開いた。

幕府は（　b　）を定めて，築城や大名同士の結婚などに制限を設け，違反した大名などに対して国替えや藩の取りつぶしなどを行って大名を統制した。さらに幕府は，京都所司代を置いて朝廷を監視して天皇や公家も統制した。

〔C〕 平安時代の後期になると摂関政治が終わり，天皇中心の政治が復活した。白河天皇は自分の子孫を確実に天皇にするため，天皇の位を幼少の皇子に譲り5上皇として政治を動かす院政を始めた。しかし，天皇家で院政をめぐる争いが起こると，朝廷が二つに分かれて激しく争った。6この一連の争いの中で，平清盛が政治の実権を握った。しかし，思うままに政治を行う平氏に対して反発が強まると，源平の争乱が始まり東国の武士の支持を集めた源頼朝が弟の源義経らの軍勢を派遣して，壇ノ浦で平氏を滅ぼした。

源頼朝はその後も勢力を広げると征夷大将軍となり，幕府を開いた。源頼朝の死後，幕府の実権は北条氏がにぎり，のちに将軍の補佐役である執権となった。7院政を行っていた後鳥羽上皇は，３代将軍源実朝が暗殺されて源氏の将軍が途絶えると，幕府を倒すため兵をあげた。しかし，味方になる武士は少なく，上皇は敗れて隠岐国へ流された。

問１　（　a　）と（　b　）にあてはまる語句を答えなさい。

問２　＿＿＿1について，この政治を何というか，答えなさい。

問３　＿＿＿2について，この人物の時代に中国との貿易が行われた。その相手となった中国の王朝の説明として正しい文を，ア～エから一つ選び，記号で答えなさい。

ア　使節を送ってきた奴国の王に金印を与えた。

イ　律と令にもとづいて政治が行われ，首都の長安は国際都市として繁栄した。

ウ　漢民族により建国され，おとろえた元を北に追いやった。

エ　日本との戦争に敗れ，賠償金の支払いや領土の割譲などを内容とする条約を結んだ。

問４　＿＿＿3について，この人物の時代に安土桃山文化が発展した。この時代の文化人としてあてはまるものを，ア～エから一つ選び，記号で答えなさい。

ア　雪舟　　イ　狩野永徳　　ウ　松尾芭蕉　　エ　歌川広重

問５　＿＿＿4について，この人物が行ったことに関する説明として誤っている文を，ア～エから一つ選び，記号で答えなさい。

ア　大阪の陣で豊臣氏を滅ぼし，全国を支配する基礎をつくった。

イ　キリシタンの急増に対して，禁教や宣教師の国外追放を行った。

ウ　外国と貿易をする大名や豪商に朱印状を与えて，収入の一部を幕府に納めさせた。

エ　参勤交代の制度が整えられ，諸大名の負担となった。

問６　＿＿＿5について，この語句の意味を簡単に説明しなさい。

問７　＿＿＿6が起こった時期の元号①～④の組み合わせとして正しいものを，ア～カから一つ選び，記号で答えなさい。

①　弘安　　②　文永　　③　保元　　④　平治

ア　①と②　　イ　①と③　　ウ　①と④　　エ　②と③　　オ　②と④　　カ　③と④

問8　＿＿＿＿6の時期に成立した浄土宗の開祖としてあてはまるものを，ア～エから一つ選び，記号で答えなさい。

ア　法然　　　　イ　親鸞　　　　ウ　道元　　　　エ　一遍

問9　＿＿＿＿7について，この出来事に関わる人物と資料の組み合わせとして正しいものを，ア～エから一つ選び，記号で答えなさい。

①　北条政子　　　②　北条泰時

資料1

> みなの者よく聞きなさい。これが最後の言葉である。亡き頼朝公が朝廷の敵をたおし，幕府を開いてから，官位や土地など，その御恩は山よりも高く海よりも深い。この御恩にむくいる心が浅くてよいはずがない。…名誉を失いたくない者は，敵をうち幕府を守りなさい。

資料2

> 一　頼朝公の時代に定められた，諸国の守護の職務は，国内の御家人を京都の警備にあたらせること，謀反や殺人などの犯罪人を取りしまらせることである。
> 一　女性が養子をむかえることは，律令では許されないが，頼朝公の時代から今日まで，子のいない女性が土地を養子にゆずることは，武家社会のしきたりとして数え切れないほどある。

ア　①－資料1　　　イ　①－資料2　　　ウ　②－資料1　　　エ　②－資料2

問10　〔A〕～〔C〕の各文を，解答欄に合わせて歴史の古い順番に並べなさい。(完全解答)

4　近現代の世界の歴史に関する次の〔A〕～〔D〕の文を読み，あとの問いに答えなさい。

〔A〕 17世紀のイギリスでは，国王が議会を無視して重い税を課し，さらに，ピューリタンの弾圧を行った。そのため国王と議会の関係が悪化して，ついに，クロムウェルの指導により，国王を処刑し，王政を廃止して共和政を実現する（　a　）が起こった。しかし，クロムウェルは，議会を解散して独裁政治を行ったため，彼の死後，王政が復活した。さらに，この王政も議会と対立したことから，1688年，議会はそれまでの国王を追放し，$_1$オランダから新しい国王を迎える名誉革命が起こった。その後，国王が権利の章典で議会の権利を認め，イギリスの立憲君主政と議会政治が確立した。

〔B〕 イギリスで，18世紀に綿織物工業が起こり，18世紀後半から$_2$19世紀前半にかけて綿織物をより早くより安く大量に作るために，紡績機や機織機《はたおりき》が次々に発明された。18世紀の終わりには蒸気機関がそれらの機械の動力として使われるようになり，工場での綿織物の生産力はいっそう増大した。さらに，重工業も発達するようになり，イギリスは工業中心の社会へと大きく変化した。このことを（　b　）という。

19世紀に入ると，イギリスで起こった（　b　）はヨーロッパや北アメリカの国々でも進み，一方でフランス革命の影響を受けて，「国民」として人々を一つにまとめる近代国家の建設がすすめられた。小国に分かれていたドイツにおいて，$_3$プロイセン王国がビスマルク首相の下で軍事力と経済力の強化を進めて諸国を統一し，1871年にドイツ帝国が誕生したのはその一例である。

〔C〕 20世紀に入ると清では政府を倒そうとする動きが起こり，なかでも4孫文は亡命先の東京で清を倒すための運動を進めた。1911年，清を倒そうとする動きが本格化し，翌12年，帰国した孫文が臨時大総統となり，南京でアジア初の共和国である中華民国の成立を宣言した。こうした中で清の皇帝は退位し，約300年続いた清は滅亡した。その後，孫文にかわって，清朝政府の実力者であった袁世凱が大総統に就任し，首都を北京へ移した。しかし，袁世凱は孫文らとの約束を破り，議会を無視して独裁政治を行ったため，中国では混乱が続いた。

1914年に第一次世界大戦が始まると，日本が中国での勢力を大きくするために連合国側で参戦した。日本は中国におけるドイツの拠点であった山東省の青島などを占領すると，さらに翌15年，5袁世凱に，山東省の権益を日本に譲るなどの多数の要求をした。中国はこの要求の取り消しをパリ講和会議で求めたが，列強によって退けられた。これに対して中国民衆の不満が高まり，1919年に北京で学生を中心とする（　c　）と呼ばれる抗議運動が起こった。

〔D〕 第二次世界大戦後の世界は，アメリカを中心とする資本主義諸国と，ソ連を中心とする社会主義諸国とに分かれ，厳しく対立した。直接には戦火をまじえないこの対立は「冷戦」と呼ばれ，核兵器をはじめとする軍事兵器の開発競争を生み，核戦争が起こる可能性も秘めていた。また，6各国が冷戦の影響を大きく受けた。

1980年代半ば，ソ連ではゴルバチョフが指導者となり，情報公開などの改革を進めた。また，ソ連の影響下にあった東ヨーロッパ諸国でも民主化運動が高まり，これまでの社会主義体制の改革が試みられた。そして，71989年に冷戦の象徴であったベルリンの壁が取りはらわれ，アメリカとソ連の首脳が（　d　）で会談して冷戦の終結を宣言した。

問1　（　a　）～（　d　）にあてはまる語句を答えなさい。

問2　＿＿＿1の国が，この時代に日本との貿易を許された開港地としてあてはまるものを，ア～エから一つ選び，記号で答えなさい。

ア　薩摩　　イ　長崎　　ウ　松前　　エ　対馬

問3　＿＿＿2について，19世紀前半に日本で起こった出来事として正しい文をア～エから一つ選び，記号で答えなさい。

ア　徳川綱吉は，武力ではなく学問や礼節を重んじる文治政治への転換を行った。

イ　蝦夷地で松前藩と対立したシャクシャインが立ち上がるが，幕府の援助を受けた松前藩に敗れた。

ウ　伊能忠敬は全国の沿岸を測量して，その測量をもとに正確な日本地図が完成した。

エ　護憲運動や普通選挙運動が活発化して，民主主義的な風潮が高まった。

問4　＿＿＿3について，日本はこの国の憲法に強く影響を受けた憲法を作成する。日本でこの憲法ができた時期として正しいものを，次の年表に示したア～エの時期から一つ選び，記号で答えなさい。

ア	
1872年	地租改正が行われる。
イ	
1877年	西南戦争が起こる。
ウ	
1885年	内閣制度が始まる。
エ	

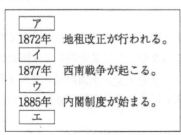

問5　＿＿＿＿4について，孫文が唱えた民族の独立・民主政の実現・国民生活の安定を内容とする考え方を何というか，答えなさい。

問6　＿＿＿＿5について，このときに日本が獲得した山東半島の位置としてあてはまる場所を，右の地図中のア～エから一つ選び，記号で答えなさい。

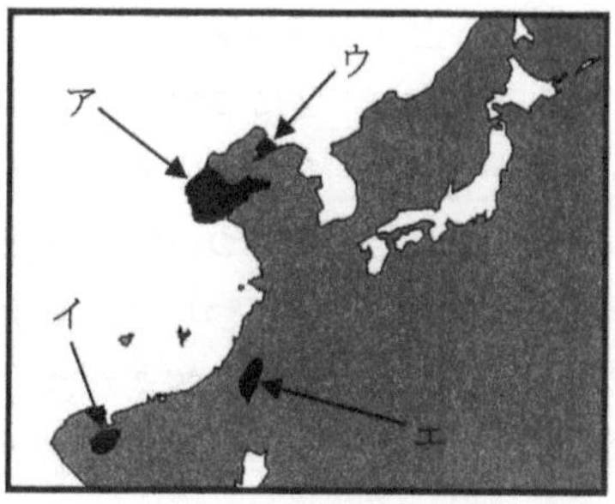

問7　＿＿＿＿6について，冷戦の影響によって日本で起こったことを，以下の三つの語句を用いて簡単に説明しなさい。

朝鮮戦争　　GHQ　　警察予備隊

問8　＿＿＿＿7について，冷戦の終結後に起こった出来事として誤っている文をア～エから一つ選び，記号で答えなさい。

ア　自動車・鉄鋼・半導体・カラーテレビなどの工業製品について，日米間で貿易摩擦が起こった。

イ　ヨーロッパ連合（EU）が発足し，その後，EU内の多くの国で統一貨幣ユーロが導入された。

ウ　イラク軍がクウェートに侵攻すると，多国籍軍がイラクを攻撃して湾岸戦争が起こった。

エ　同時多発テロが起こると，アメリカはテロの首謀者をかくまっているとして，アフガニスタンを空爆した。

5　次の文を読み，あとの問いに答えなさい。

私たちの生活は，それぞれが住んでいる地域社会に基づいている。地域の運営をしていく主な場となるのが$_{1}$地方公共団体である。各地域の気候や人口構成などによって課題や問題も異なるため，地方公共団体は，$_{2}$住民の意思に基づき地域を運営すること，国から自立した地方公共団体を作ることが日本国憲法によって保障されている。

国には国会，地方公共団体には議会が置かれ，政治運営を行っている。都道府県知事や市町村長は，$_{3}$地方公共団体の長にあたる。$_{4}$議会と地方公共団体の長は，国会と内閣の関係と同じように抑制と（　a　）を保つ関係にある。

地方政治においては，住民の意思をより強く反映するために，地方公共団体の長や地方議員を選挙するだけでなく，住民による$_{5}$直接請求権が認められている。また，地方の経済活動において$_{6}$財源が重要となるが，近年では，経済の低迷によって収入が落ち込み，財政難に苦しむ地方公共団体も多い。

地方によっては，少子高齢化への対応や過疎化など課題が山積している。また，グローバル化が進むことで，私たちの生活は便利になったが，一方で地球温暖化や新型インフルエンザなどの$_{7}$世界的な流行のように，各国が協力して取り組むべき国際問題も増えている。このような中で日本の役割はますます重要となり，様々な取り組みが期待されている。

問1　（　a　）にあてはまる語句を漢字2文字で答えなさい。

問2　＿＿＿＿1について，法令の範囲内で議会の議決によって制定する法のことを何というか，答えなさい。

問3　＿＿＿＿1について，国に政治権力が集中する中央集権ではなく，地方公共団体に行政・財政上の自治を大幅に認める地方分権を実現するために1999年に成立した法律を何というか，答えなさい。

問４　＿＿＿＿１について，地方公共団体の仕事としてあてはまらないものを，ア～エから一つ選び，記号で答えなさい。

ア　上下水道の整備　　イ　ごみの収集　　ウ　消防　　エ　防衛

問５　＿＿＿＿２について，これを何というか，答えなさい。

問６　＿＿＿＿３について，これを何というか，漢字２文字で答えなさい。

問７　＿＿＿＿３について，現在の北海道の知事名を答えなさい。

問８　＿＿＿＿４について，議会が地方公共団体の長を抑制する権限としてどのようなことがあるか，漢字５文字で答えなさい。

問９　＿＿＿＿５について，都道府県知事の選挙権と被選挙権の年齢が正しいものを，ア～エから一つ選び，記号で答えなさい。

ア　選挙権18歳以上　被選挙権25歳以上

イ　選挙権18歳以上　被選挙権30歳以上

ウ　選挙権20歳以上　被選挙権25歳以上

エ　選挙権20歳以上　被選挙権30歳以上

問10　＿＿＿＿５について，議会の解散請求と監査請求に必要となる有権者の署名数が正しいものを，ア～エから一つ選び，記号で答えなさい。

ア　解散請求１／３　監査請求１／３

イ　解散請求１／３　監査請求１／50

ウ　解散請求１／50　監査請求１／３

エ　解散請求１／50　監査請求１／50

問11　＿＿＿＿５について，住民投票により地方公共団体の長々議員を辞めさせたり，議会を解散させたりすることを何というか，カタカナ４文字で答えなさい。

問12　＿＿＿＿６について，自主財源として地方公共団体が集める税を何というか，答えなさい。

問13　＿＿＿＿６について，依存財源である国が使途を特定して地方公共団体に交付する支出金を何というか，答えなさい。

問14　＿＿＿＿７について，新型コロナウイルス感染防止対策として３密を避けることが求められているが，３密とはどのようなことか，正しいものをア～エから一つ選び，記号で答えなさい。また，社会的距離，人的接触距離をとることも求められているが，これを何というか，カタカナで答えなさい。

ア　密閉，密室，密接

イ　密室，密集，密接

ウ　密閉，密集，密室

エ　密閉，密集，密接

ア　正直な告白を権力者が認めないことはない
イ　正直が行き過ぎると損をすることもある
ウ　正直な行いをしていると良いことが起こる
エ　正直者がいつでも得をするとは限らない

四

傍線部の助動詞の意味として最もふさわしいものをそれぞれ選び、記号で答えなさい。

1　明日は雨が降りそうだ　　2　ここは学校だ
3　故人の人柄がしのばれる　　4　彼に勉強させる
5　彼は元気だろう

ア　自発　　イ　打消　　ウ　様態
エ　使役　　オ　断定　　カ　推量

五

次の傍線部のカタカナを漢字に直し、漢字はその読みをひらがなで書きなさい。

①　栄養をセッシュする　　②　話がカキョウに入る
③　布をサく　　④　精緻な描写
⑤　仕事が粗い

問一 （1）――線①「唐土」、③「守」の読み方を、すべてひらかなで答えなさい。

（2）――線②「六あるこそ不審なれ」に用いられている文法上のきまりをなんというか。答えなさい。

問二 ――線(1)「いとほしき事」、(2)「ことわらしむ」、(3)「眼さかしくして」の意味として最もふさわしいものを次からそれぞれ選び、記号で答えなさい。

(1) いとほしき事
- ア 悔やまれること
- イ 真面目である事
- ウ 気の毒な事
- エ 心ひかれる事

(2) ことわらしむ
- ア 拒絶させた
- イ 裁かせた
- ウ 言い聞かせた
- エ 返させた

(3) 眼さかしくして
- ア 見る目があって
- イ 怪しそうに見て
- ウ 事情が見えなくて
- エ 偉そうな目で

問三 ――線1「言ひければ」とあるが、妻が言った内容を本文中から抜き出し、最初と最後の三字を答えなさい。

問四 ――線2「思ひかへして」とあるが、なぜそうしたのか。その説明として最もふさわしいものを次から選び、記号で答えなさい。

ア このまま黙っていれば自分の物となるはずだった軟挺を、主に返すのはもったいないと男が考えたから

イ 拾った軟挺をもらってしまおうと考えていたことが分かったら、罰せられるのではないかと男が心配したから

ウ 主は男が拾った軟挺が本当は自分が落としたものではないのではないかと考え、嘘が露見するのを恐れたから

エ 主は軟挺が見つかって最初は喜んだものの、お礼として半分を拾い主にあげるのが惜しくなったから

問五 ――線3「国の守の判」とあるが、この内容として最もふさわしいものを次から選び、記号で答えなさい。

ア 夫婦も主も正直者だと思われ、どちらの言っていることが本当かわからないので、この軟挺六つは三つずつ双方に分け与えることにしよう

イ 証拠がないのでなんとも言えないが、主が言う軟挺は七つあったということなので、これとは別の軟挺だろうから、この軟挺六つは夫婦にあげよう

ウ 証拠はないものの、夫婦は正直者だが主は嘘をついているに違いないと考えられるから、今回夫婦が拾った軟挺はすべて夫婦にあげるべきであろう

エ 主は正直者なので軟挺はもともと七つあったと思われるが、この夫婦が拾った分は六つしかないから、残り一つを時間がかかっても自力で探すとよい

問六 この話から読み取れる教訓として最もふさわしいものを次から選び、記号で答えなさい。

問八　――線５「夏美はすぐさま取り付けたばかりの青いカーテンを閉め切った」とあるが、どういう気持ちからカーテンを閉めたのか。次の説明文の空欄に入る語句を十字程度で本文から抜き出しなさい。

（　　　　）らしく、怖くて失礼な態度をとる男から逃れようという気持ち。

問九　――線６「あんな目」について、「あんな目」を表現した直喩表現を文中から抜き出しなさい。

問十　――線７「ぼくは自分勝手に苛立った」とあるが、それはどういうことか。説明として最もふさわしいものを次から選び、記号で答えなさい。

ア　失礼な男に対して言い返すことができなかったうえ、今でも気後れしてしまう自分自身のふがいなさに苛立っている

イ　無愛想な男がざらついと声で言った不躾な台詞を聞いて、あまりの失礼さに腹が立って仕方がなくて苛立っている

ウ　作務衣の怖そうな男に真正面から見据えられたその目つきが気に食わなくて、今でも腹に据えかねて苛立っている

エ　ぼくに対して作務衣の男への不満を言ってくる夏美に対して、今さら自分にそんなことを言うなと苛立っている

三

次の古文を読んで、後の問いに答えなさい。

①唐土にいやしき夫婦あり。餅を売りて世を渡りけり。夫と道のほとりにして餅を売りけるに、人の袋を落としたりけるを取りて見れば、銀の＊軟挺《なんてい》六つありけり。家にもちて帰りぬ。妻心すなほに欲なき者にて、我らはあきなふてすぐれば事もかけず。この主いかばかり嘆き求むらむ。(1)いとほしき事なり。主を尋ねて返し給へと1言ひければ、「実《まこと》に」とて、あまねくふれけるに、主というもの出で来て、これを得てあまりに嬉しくて「三つをば奉らん」と言ひて、既に分かつべかりける時、2思ひかへして、煩《わづら》ひを出ださんために、「七つこそありしに、②六あるこそ不審なれ。一をばかくされたるにや」と言ふ。「さる事なし。もとより六なり」と論ずる程に、はては③国の守のもとにして、これを(2)ことわらしむ。国の守、(3)眼さかしくして、この主は不実の者、この男は正直の者と見ながら、なほ不審なりければ、かの妻を召して、別の所にして、事の子細《しさい》を尋ぬるに、夫が申状《もうしじょう》にすこしもたがはず。この妻は極めたる正直の者と見て、かの主不実の事たしかなりければ、3国の守の判に曰《い》はく「この事たしかの証拠なければ判じがたし。但しともに正直の者と見へたり。夫妻また詞《ことば》たがはず。主の詞も正直にきこゆれば、七あらむ軟挺を尋ねてとるべし。是は六あれば、別の人のにこそ」とて、六ながら夫妻にたびけり。

（『沙石集』）

＊　軟挺……良質の銀を打って延ばし、貨幣としたもの

(2) 小心
ア 心が狭いこと
イ 気が小さいこと
ウ 気を回しすぎること
エ 怖がりなこと

問二 （　）1、2に入れるのに最もふさわしい語をそれぞれ選び、記号で答えなさい。
ア ざらっと　イ しれっと　ウ ぎゅっと
エ ざっと　オ ぎしっと

問三 ――線1「ぼくと夏美は再び「たけ屋」を訪れた」とあるが、それは何のためか。次の説明文の空欄に入れるのに最もふさわしい語句を、それぞれ文中から抜き出して答えなさい。ただし、Ⅰは十三字、Ⅱは五字で答えること。

地蔵さん親子の好意で「たけ屋」の離れを借りることになったが、（　Ⅰ　）ではなく、修繕すべきポイントが山積みしているので（　Ⅱ　）をするため。

問四 ――線2「地蔵さんとヤスばあちゃんを交互に見た」とあるが、それはどういう気持ちからか。説明として最もふさわしいものを次から選び、記号で答えなさい。
ア 予想もしていなかった話なので、思わず気が動転してしまうほどうれしい気持ち
イ 知り合ったばかりでそんな厚かましいことを本当にしてもいいのかと確認する気持ち
ウ 知り合ったばかりの自分たちにそこまで好意を見せてくれるのかと感謝する気持ち
エ 予想していなかった話にびっくりしたのと、このチャンスを逃したくないという気持ち

問五 ――線3「ただ呆然としていた」とあるが、それはどうしてか。説明として最もふさわしいものを次から選び、記号で答えなさい。
ア 親切で心優しい地蔵さん親子との交流の中で、作務衣の男から不躾な言葉を投げつけられたことに戸惑っているから
イ 急にわけのわからないことを作務衣の男から言われたので、どう答えてよいかわからずただ黙っているしかなかったから
ウ 作務衣の男が発した、剣呑な、ざらついた声があまりに怖くて、その恐怖心から言葉を発することができなかったから
エ 作務衣の男の言葉は失礼で意味不明なうえに、あまりにもくだらないので言葉を返す気も無くなってしまったから

問六 ――線A「助け船を出してくれた」、B「きれいに生まれ変わった」に使われている表現技法としてもっともふさわしいものをそれぞれ選び、記号で答えなさい。
ア 倒置法　イ 直喩　ウ 隠喩
エ 擬人法　オ 擬態語

問七 ――線4「作務衣の男が言い放つ」とあるが、作務衣の男はこの二人のことをどう思っているのか。五十字以内で説明しなさい。

「まさか、この家から、ただ飯をタカろうってんじゃねえだろうな、あぁ？」

最後の「あぁ？」のところで、男は真っ正面からこちらをギロリと見据えた。冷たい五寸釘《くぎ》のような視線に射抜《いぬ》かれて、ぼくの喉《のど》は（　2　）締め付けられた。

適当な言葉を絞り出せないまま、ぼくと夏美は居間の入口で突っ立って、3ただ＊呆然《ぼうぜん》としていた。

「ほれ、変なこと言うなよぉ。この子たちに家に泊まれって言ったのは俺なんだからよぉ」

「そうだよぉ」

地蔵さんとヤスばあちゃんが、Aこちらに助け船を出してくれたのだが、その言葉にかぶせるように4作務衣の男が言い放つ。

「ギブ&テイクって言葉も知らねえのか。甘えたガキどもだな」

「そんな子たちじゃねえってばよぉ」

地蔵さんが、やれやれ、といった顔で間に入ろうとしてくれる。

ぼくは思った――この人はすでに相当酔っぱらっているのかも知れない。いや、そうに違いない。でなければ、こんな＊不躾《ぶしつけ》な台詞を初対面の人間にぶつけたりはしないはずだ。そう解釈することにしたぼくは、とりあえず「あの、すみませんでした。お邪魔しました」とだけ言って、夏美の手を引いた。そのまま勝手口に引き返して外に出る。

そして、ぼくらは、たんぽぽを踏まないように注意しながら、離れの玄関に入り、Bきれいに生まれ変わった四畳半の居間に上がった。

5夏美はすぐさま取り付けたばかりの青いカーテンを閉め切った。そして、畳の上にごろんと仰向けになったぼくに振り返った。

「何なのよ、あの作務衣のオッサン。めちゃくちゃ怖いし、失礼じゃない……」

何なのよって言われても、ぼくだって知りたい。

「酔っぱらいだろ、ただの」

「なんであんな人が地蔵さんと飲んでるわけ？　しかも、なんでいきなり6あんな目でにらまれなきゃいけないわけ？」

「そんなの、俺だって分からないよ」

あの男の鋭利で冷たい視線を思い出すと、とても口惜しいけれど、いまだに心臓がばくばくしてしまう。そんな(2)小心な自分自身がひどく気に喰《く》わなくて、7ぼくは自分勝手に苛立《いらだ》った。

（森沢明夫『夏美のホタル』）

＊怪訝……不思議に思うこと　　＊一瞥……ちらりと見ること

＊蓬髪……伸びて乱れた髪　　＊剣呑……危険な様子

＊呆然……驚き、あきれる様子　　＊不躾……無作法。無遠慮

問一　〜〜線(1)「算段」、(2)「小心」の語句のここでの意味として、最もふさわしいものをそれぞれ選び、記号で答えなさい。

(1)　算段

ア　方法
イ　工夫
ウ　計画
エ　手段

ところが実際に離れを見てみると、もう何十年も物置同然に放っておかれたというだけあって、ふたつある四畳半の部屋のなかは埃《ほこり》だらけで、隅っこには蜘蛛《くも》の巣まで張っていた。窓は歪《ゆが》んで開閉がしづらいし、網戸はボロボロに破れていて、このままでは蚊が入り放題だった。そもそも、玄関の引き戸のレールが外れているから、離れの中に入るだけでもひと苦労なのだった。

（　1　）見渡しただけで、他にも修繕すべきポイントが山積しているし、徹底的に掃除をしなければ、とても人が住めるような状態ではなかった。

というわけで、この二日間を丸々費やして、ぼくと夏美で一気にきれいにしてしまおうという(1)算段なのだ。

《中　略》

地蔵さんとヤスばあちゃんに作業の終了を伝えようと、ぼくらは母屋の勝手口に顔を出した。すると、居間の方から見知らぬ男のざらっとした声が漏れ聞こえてきた。

「誰だろう」

「さあ」

夏美は首をかしげると、すたすたと家のなかに上がり込んでいった。ぼくもその背中を追った。

居間の丸い卓袱台《ちゃぶだい》には、地蔵さんとヤスばあちゃんの他に、紺色のくたびれた作務衣を着た中年の男があぐらをかいていて、こちらをギロリ＊怪訝《けげん》そうな目で＊一瞥《いちべつ》した。白髪まじりの長い＊蓬髪《ほうはつ》と無精髭《ぶしょうひげ》が独特の威圧感を漂わせている。

しかし夏美は平然とした顔のまま、「こんばんは」と、いつものように愛想良くペコリと挨拶をすると、居間のなかに入っていった。ぼくも「どうも」とだけ口にして、なかに入る。

「もう、終わったのかい？」

ヤスばあちゃんがこちらを振り向いて言った。

「うん、おかけさまで無事終了。今夜はいったんお家に帰るけど、明《あ》日《す》また荷物をどっさり積んで戻ってくるからね」

老若男女にウケのいいはずの夏美のはきはきした受け答えにも、作務衣の男は無愛想な表情をくずさなかった。眉間《みけん》に深い皺《しわ》を寄せたままテーブルの上に視線を置いていて、こちらを見ようともしない。

よく見ると、男と地蔵さんの前にはコップ酒が置かれていた。

「今夜は帰るのかぁ。一緒に飲もうと思ったのによぅ」

地蔵さんがいつものように、にこにこ顔で言う。

「大丈夫ょ、地蔵さん。明日からは、毎晩たっぷり飲めるから」

夏美も満面の笑みで返した。

「うん、うん、そうだったなぁ。明日からが楽しみだよぅ」

地蔵さんは、そう言って、コップ酒をぼくの方にかざして見せた。

「ぼくも楽しみです」と、愛想のいい返事をしようとしたそのときだった。居間に、＊剣呑《けんのん》な、ざらついた声が響き渡った。作務衣の男が、低い声を発したのだ。こちらを見ず、コップ酒のなかを見詰めたままで。

「お前ら、家賃は、いくら払うんだ」

一瞬にして、座に緊張が走った。

重苦しい沈黙のなか、作務衣の男は、ひとりコップ酒をぐいっとあおった。

二　次の文章を読み、後の問いに答えなさい。

【あらすじ】

相羽慎吾《しんご》は一歳年上の恋人夏美の運転するバイクの後ろに乗り、卒業制作のテーマを探しながら写真を撮る目的でツーリングに出かけた。途中、トイレを借りに寄った雑貨屋「たけ屋」で、福井ヤスと恵三母子に出会い仲良くなった慎吾と夏美は、恵三から来月になったら近所の川にいっぱい蛍が出ると聞き、そのころにもう一度訪ねる約束をする。ひと月後二人は約束通り「たけ屋」にやってきて、恵三の案内で近くの川へ蛍狩りに出かけ、何百匹と夢のように飛び回る蛍を見て写真に収めた。

【登場人物について】

相羽慎吾　国際芸術科大学の写真家の学生。最近は、思うように結果を出せず、自信を喪失している

河合夏美　幼稚園教諭をしている慎吾の恋人。父親の形見のホンダCBX400Fに乗っている

福井ヤス　八十四歳　恵三の母親。親子で「たけ屋」を営む

福井恵三　六十二歳　何十年も前に大けがをして、左半身が動かなくなった。集落の人たちから「地蔵さん」と呼ばれている

作務衣《さむえ》の男　雲月という恵三（地蔵さん）の友達。一流の仏師

七月半ば過ぎ——

梅雨明けと同時に、1ぼくと夏美は再び「たけ屋」を訪れた。

今回は、遊びでも撮影でもなく、掃除と普請のためだった。バケツやら、掃除機やら、雑巾《ぞうきん》やら、カビキラーやら、窓ふきやら、大工道具やら、ふたり分の布団やらと、いろいろな荷物が必要だったので、ぼくのオンボロ軽自動車、スズキのワゴンRを駆り出し、荷物をぎゅうぎゅう詰めにして、ぼくの安全運転でのんびりとやってきたのだった。

実は、あの蛍狩りのあと、「たけ屋」にもどってきたぼくが、感動覚めやらぬまま「この村と自然をテーマに卒業制作を撮ろうかな」と思いつくままを口にしたら、地蔵さんがにっこり笑って「それならよう、うちの離れを貸してやっから、そこに好きなだけ泊まって、思う存分写真を撮ればいいよぅ」と、予想だにしないような台詞《せりふ》を口にしてくれたのだ。

いい風景写真を撮るための最低条件——それは、シャッターチャンスの一瞬に、カメラマンが「その場所に居合わせる」ことだ。「たけ屋」の離れを借りて、撮影ポイントのまっただ中に泊まり込めたならば、そのチャンスは「通い」で撮るカメラマンとは比較にならないほど多くなる。

「本当に、いいんですか？」

2ぼくは、地蔵さんとヤスばあちゃんを交互に見た。

ヤスばあちゃんは、「あんな狭いところでよければ、好きに使えばいいよぅ」と笑って、「でも、ずいぶんと汚れてっから、掃除をしないと、とてもじゃないけど使えないよぅ」と続けた。

「いいじゃん。ねぇ、慎吾ちゃん、わたしたちで掃除しようよ」

夏美は、子供みたいに黒目を光らせていた。

「うん、そうだな。やろう」

そして、ぼくと夏美は、夏休みの間はずっと「たけ屋」の離れで暮らしてみるという、なんとも心躍る展開になったのだった。

問二 〰〰線(1)「門外漢」、(2)「落としどころ」の語句のここでの意味としてふさわしくないものをそれぞれ次から選び、記号で答えなさい。

(1) 門外漢
ア 専門外
イ 玄人
ウ 畑違い
エ 部外者

(2) 落としどころ
ア 譲歩案
イ 妥協案
ウ 折衷案
エ 当初案

問三 □Aに入れるのに最もふさわしいものを次から選び、記号で答えなさい。
ア 事故による損失が大きいかどうか
イ 事故が発生した要因をどこに置くか
ウ 事故の確率を下げたほうがよいかどうか
エ 事故を処理するためのコストはいくらか

問四 ――線1「科学はその進め方に厳密なルールを決めてある」とあるが、それはどういうことか。このルールを説明している部分を本文中から三十字以内で抜き出して答えなさい。

問五 ――線2「そもそも答えることができない領域」とあるが、その領域を表現した語句を本文中から十字以内で抜き出して答えなさい。

問六 □B、C、Dには、「ア 科学」「イ 政治」のいずれかが入る。それぞれにふさわしい語を選び、記号で答えなさい。

問七 □Eに入れるのに最もふさわしい語句を次から選び、記号で答えなさい。
ア 独裁政治　イ 恐怖政治
ウ 政党政治　エ 民主政治

問八 ――線3「科学のよろいをまとった持論の応酬になって、話し合い不能になる」とあるが、それはどういうことか。最もふさわしいものを次から選び、記号で答えなさい。
ア 「選択的接触」や「確証バイアス」により、自説に都合のよい科学だけを根拠にして人々が他説を受け入れなくなること
イ 個人個人のさまざまな価値観、考え方、生活スタイルなどが食い違って、統一した目標に向かっていけないこと
ウ 社会の「正義」とは何かという大きなテーマについて、それぞれが異なる意見に固執して他の意見を取り入れないこと
エ 科学をよく知る人たちが勉強不足なために偏った考え方にこだわってしまい、周りの意見に耳を貸さなくなること

問九 ――線4「プラスチックごみの対策」とあるが、「予防原則」の考え方に基づいてプラスチックごみ対策をどのように実行すればよいと筆者は述べているか。本文の語句を使って百字以内で説明しなさい。

れやすいテーマについては、科学をよく知る人たちが、社会の分極の核になってしまう。

プラスチックごみの問題については、いまのところ地球温暖化や原発ほど立場が割れているようにはみえないが、脱プラスチックを声高にとなえる側も、プラスチックは悪者ではないと主張する側も、それぞれに科学を語っている。話し合い不能なところまで溝が深まらないことを願うばかりだ。

このさき社会はプラスチックとどう付き合っていくのか。陸に海にあふれるプラスチックごみを前にして、なんとかしたいと思う人は少なからずいるだろう。だが、では具体的にどうするかとなると、そこには個人個人のさまざまな価値観、考え方、生活スタイルなどが絡み、ひとつの正解を目指してみんなが協力するという単純な図式にはなりそうもない。

レジ袋の有料義務化についても、さまざまな考え方があるだろう。有料化すれば海や陸にごみとして漏れだすレジ袋も減って環境がよくなり、それでみんなが恩恵を受ける。だから、無料だったはずのレジ袋を買うことになっても、それくらいは全体のためにがまんすべきだという考え方。お客さんのためを思ってレジ袋を無料配布する商店の自由を国が制限するのは、そもそもおかしいじゃないかという立場。レジ袋を有料化すれば、金持ちにとってはどうということのない出費でも、苦しい生活をしている人には負担になる。国がこうした不平等を人々に押しつけてよいのか。あるいは、すべての人はこの社会という共同体で生きているのだから、共同体の価値観にあるていど縛られるのは当然だという考え方も。

社会の「正義」とはなにかという大きなテーマにも発展しそうなこれらの立場や考え方の違いは、わたしたちの日常生活においては、結局のところ優劣はつけがたい。これらの違いを内に抱えたまま、プラスチックごみ問題を解決していかなければならない。さきほどの地球温暖化の例でみたように社会を分極させることなく、自分とは違う考えにもリベラルに耳を傾け、上手な(2)落としどころを探し続けるほかないだろう。

（　2　）、4プラスチックごみの対策には、まだ科学的にも不明な点がたくさん残るなかで、いますぐ実行していかなければならないという苦しさがある。そもそも、海に出たはずのプラスチックごみの99％は、その行方がわかっていない。その全体像があきらかになってから効果的な対策を立てようとするなら、それはいつになるか知れない。いまの限りある知識を総動員し、想像力もはたらかせながら来るべき事態に備える「予防原則」の考え方も必要だろう。将来も増え続けることが確実なプラスチックごみの悪影響について警戒を怠らず、対策をたてて実行するということだ。

（保坂直紀『海洋プラスチック』）

＊　この本でも……筆者は前章でプラスチックの成分や生物への影響を科学的に検証している。

問一　（　　）1、2に入れるのに最もふさわしい語をそれぞれ次から選び、記号で答えなさい。

ア　たとえば　　イ　また　　ウ　では
エ　だから　　オ　むしろ

という安全のレベルを決めるのは［　B　］で、それを実現すべく努力するのが科学と技術だ。［　C　］は［　D　］が決めた「安全」が満たされているかどうかは判定できても、それでほんとうに安全なのかは判断できない。

　科学や技術が関係する事柄については、自分は(1)門外漢だから、その判断は科学者や技術者に任せよう。あるいは、それは科学者、技術者が客観的に決めたことだから、自分に責任はない。そうした勘違いが、いまの世の中でしばしば見受けられる。科学者や技術者は価値について判断しない。一人ひとりが社会の将来を決める権利をもつこの民主的な社会では、それを判断するのはわたしたちなのだ。

　*この本でも、プラスチックの科学、生体への影響に関する科学の話をしてきた。これは、これからプラスチックごみをどうしていくか、プラスチックと社会の関係はどうあるべきかを科学者に決めてもらえるということではない。社会のあらゆることに個人が判断を下せることを前提としている［　E　］は、もっとも過酷な政治形態ともいわれる。たしかに過酷だが、プラスチックごみの問題をどう解決していくかを考えるのは、繰り返すが、わたしたちしかいない。科学的に判断するというのは、科学者が判断することではない。科学の成果を使って、わたしたちが判断するということだ。

　科学の知識はだれにとっても共通だから、プラスチックごみについての研究が進めば、それをもとに人々が解決策を話しやすくなる。そう思いたいところだが、現実には、かならずしもそうはならない。市民が科学の知識を身に着ければ身に着けるほど、社会は割れて分極化するという指摘がある。3科学のよろいをまとった持論の応酬になって、話し合い不能になるというのだ。

　米国で取材した読売新聞の三井《みつい》誠《まこと》記者が書いた『ルポ　人は科学が苦手』（光文社）という本では、地球温暖化に関する興味深い調査が紹介されている。

　現在の地球温暖化については、その原因としてふたつの考え方がある。ひとつは、わたしたちが石炭や石油などの化石燃料を燃やし、温室効果ガスである二酸化炭素が大気中に増えすぎてしまったこと。もうひとつは、地球の気候は自然の状態でも寒暖を繰り返すもので、現在の温暖化もその自然な変動にすぎないというもの。いまの科学では前者が正しいと考えられている。

　（　1　）、後者を支持する人たち、つまり人為的な二酸化炭素の排出が原因ではないと考える人たちは地球温暖化の科学に疎いのかというと、けっしてそうではないというのだ。科学の知識が豊富な人たちが、一方では地球温暖化を進める二酸化炭素の排出を減らせと主張し、もう一方では、これは自然な変動の範囲内だから、経済活動を犠牲にして二酸化炭素の排出を抑制するのは意味がないという立場に立つ。

　米国では、前者は民主党に、後者は共和党に優勢な考え方だ。科学の知識は政治的な立場を超えられない。

　わたしたち人間には、自分の価値観、ものの考え方、自分の好みに合う情報により多く触れる「選択的接触」、自説を補強してくれる情報だけを受け入れ、都合の悪い情報は無視する「確証バイアス」という性質がある。科学について詳しくなれば、自説に都合のよい情報の選択の幅も広がる。とくに地球温暖化や原発の問題のように立場が割

【国語】（五〇分）〈満点：一〇〇点〉

一 次の文章を読んで、後の問いに答えなさい。

科学は、自然のなかに存在する物質や現象について、その成り立ちや現象が起こるしくみを調べる学問だ。そのとき、だれがやっても結果がおなじになる調べ方をしなければならない。あの人しかその結果をだせないという「神の手」は不要だ。不要というより、それは科学として認められない。だれにでもできることを世界で最初にやったとき、それが論文となり、科学の研究業績として認められる。

そうなるように、1科学はその進め方に厳密なルールを決めてあるので、できあがった知識は確実で頼りになる。だから、だれかがつくりだした科学の知識を、別の人が使って技術に応用することもできる。分子や原子、電子などのミクロの世界の成り立ちを考える「量子力学」という科学の知識を使って、別の技術者が超高速のコンピューターをつくるという具合だ。

科学の知識は技術に応用され、便利な技術は社会をおおきく変えてきた。ハイテク技術のかたまりのようなスマートフォンは社会に深く浸透し、もうこれなしでは世の中が機能しない。科学から生まれた数々の技術は、すでに現代社会の一部になっている。

だが、そんな科学にも答えられないことがある。まだわかっていないから答えられないのではなく、2そもそも答えることができない領域があるのだ。それは人の価値観や判断が関係する領域だ。「なにをどうすべきか」「進めたほうがよいか、やめたほうがよいか」という問いに、科学は答えられない。だれがやってもおなじになるのが科学だから、人によって答えが違うのが当然なこうした問いは、科学は扱えない。

原子力発電所が大事故をおこす確率はどれだけか、事故の確率を下げるにはどうしたらよいかは、科学で答えられる。だが、［Ａ］は、科学には答えられない。コストとのバランスという価値判断が求められるからだ。

プラスチックごみの問題にしても、どのようにしてプラスチックがマイクロ化するか、マイクロプラスチックを生き物が食べたとき、どのような影響が生じるかを調べることは科学にできるが、焼却処分とリサイクルのどちらを優先するか、プラスチックごみと地球温暖化はどちらが大問題なのかという問いには、科学は答えられない。

人の意見を集めて討議し、社会の方向を決めるのは政治の仕事だ。この現代社会には、科学ぬきでは考えられないが、科学に聞かれても答えをだせない事柄がたくさんある。そうした領域のことを、アルヴィン・ワインバーグという米国の核物理学者が１９７２年に書いた論文のなかで「トランスサイエンス」と名づけた。科学と政治が交わる領域ともいえる。

科学にできること、政治がなすべきことは、現実にはしばしば混同される。たとえば原子力発電所は安全なのかという問題。原発を稼働させたい政治家などは、原発は規制をクリアしており、「原発の安全は科学的に保証されている」という言い方をすることがある。だが、科学は原発の安全を保証することなどできない。原発を社会が受け入れるにあたって、どれだけの「安全」が必要かを決めるのは政治の仕事だ。たとえば「重大事故がおこる確率は1万年に1回に抑えよう」

MEMO

大切なことはメモしておこうネ！

2022年度

札幌静修高等学校入試問題
（普通科総合コース）

【数　学】（50分）〈満点：100点〉

1 次の計算をしなさい。

(1) $7+(-4)\times 2$

(2) $\left(\frac{1}{2}\right)\div\left(-\frac{7}{2}\right)$

(3) $\sqrt{24}+\sqrt{2}\times\sqrt{3}$

(4) $9x+2y-(5x+y)$

(5) $2x^3y^2\times(-3x)^2$

2 次の各問いに答えなさい。

(1) 1次方程式 $1.5x+4=0.8x-2.3$ を解きなさい。

(2) 連立方程式 $\begin{cases}3x+2y=7\\x-y=9\end{cases}$ を解きなさい。

(3) $V=\frac{1}{3}Sh$ を S について解きなさい。

(4) x^2-9y^2 を因数分解しなさい。

(5) 2次方程式 $x^2+2x-15=0$ を解きなさい。

3 次の各問いに答えなさい。

(1) $\sqrt{54}\times\sqrt{a}$ が自然数になるとき，最も小さい自然数 a の値を求めなさい。

(2) 消費税が8%のとき，ある商品を買うと1296円だった。消費税が20%になったとき，この商品を買うといくらになるか答えなさい。

(3) 半径20 cmで，中心角が 36° であるおうぎ形の弧の長さを求めなさい。

(4) 2次方程式 $3x^2-4x-2=0$ を解きなさい。

(5) 56.7は四捨五入によって得られた近似値である。真の値を a とするとき，a の範囲を不等号を使って表しなさい。

4 正二十面体のさいころがある。さいころには1から20までの数字が書かれている。このさいころを1回投げるとき，次の各問いに答えなさい。

(1) 出る目の数が12の約数になる確率を求めなさい。

(2) 「出る目の数が□になる確率を求めなさい」の答えが $\frac{1}{5}$ になるような問題を作りたい。□に入る問題文の例を1つ書きなさい。

5 下の図で，xの値を求めなさい。

(1) 大中小の正方形を3つ並べたものである。

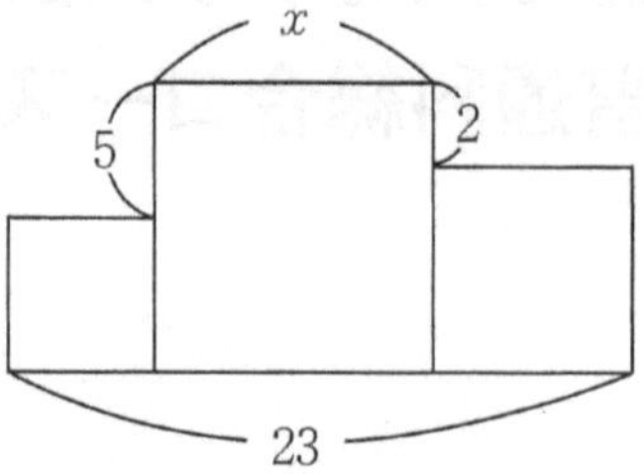

(2) 四角形の中の値は，それぞれの面積を表している。

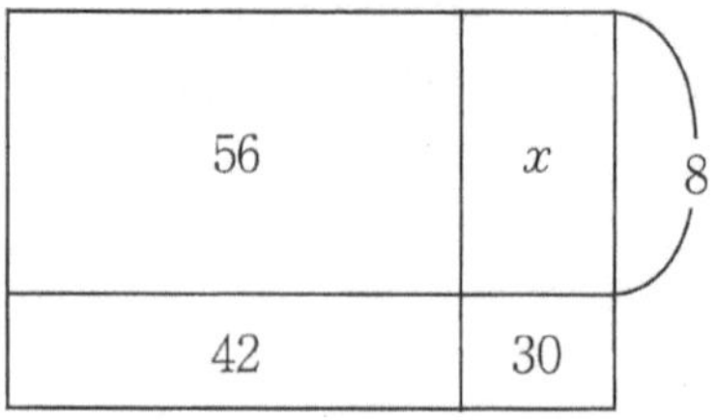

6 右の図のように関数$y=ax^2$のグラフ上に2点A(2, b)，B(c, 3)がある。このとき，次の各問いに答えなさい。

(1) 2点A，Bを通る直線が$y=3x+6$のとき，a，b，cに入る値をそれぞれ求めなさい。

(2) 関数$y=ax^2$でxの変域が$c \leqq x \leqq 2$であるとき，yの変域を求めなさい。

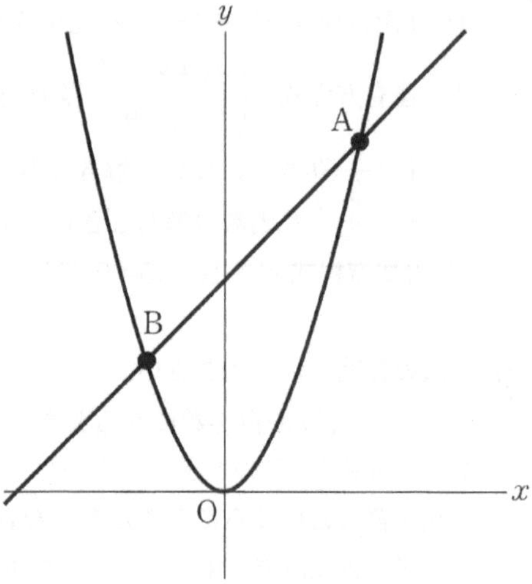

7

右下の図で，平行四辺形ABCDの対角線の交点をOとする。

2点E，FをOE＝OFとなるようにそれぞれ線分BO，OD上にとる。このとき，△AOE≡△COFを証明した。 (1) ～ (3) に適するものを㋐～㋛からそれぞれ選び記号で答えなさい。

【証明】△AOEと△COFにおいて
仮定より
OE＝OF　…①
平行四辺形の対角線は，
それぞれの中点で交わるから
OA＝OC　…②
対頂角は等しいから，
∠ (1) ＝∠ (2) 　…③
①，②，③より (3) から
△AOE≡△COF

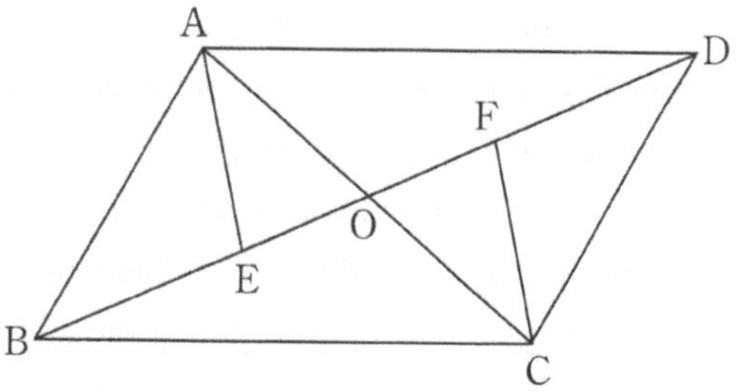

㋐　AOE　　㋖　3組の辺がそれぞれ等しい
㋑　OEA　　㋗　3組の角がそれぞれ等しい
㋒　EAO　　㋘　2組の辺とその間の角がそれぞれ等しい
㋓　COF　　㋙　斜辺と他の一辺がそれぞれ等しい
㋔　OFC　　㋚　斜辺と1鋭角がそれぞれ等しい
㋕　FCO　　㋛　1組の辺とその両端の角がそれぞれ等しい

8

次の各問いに答えなさい。

(1)　2次方程式$(2x+1)^2=9$ を解き，その過程を記述しなさい。

(2)　四角形BCDEの面積を求め，記述しなさい。
ただし，2つの長方形は合同であり，それぞれの面積は10である。

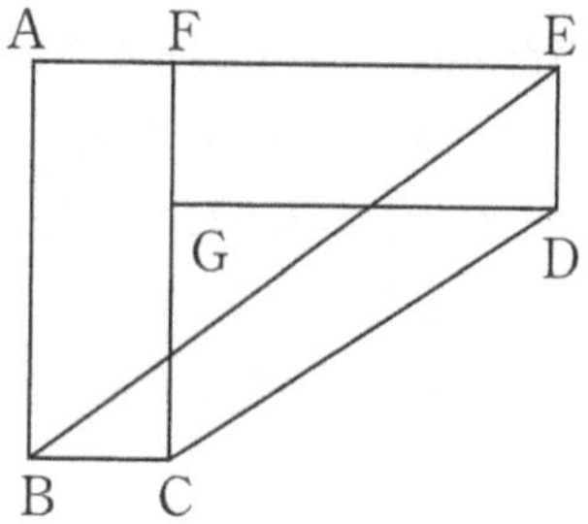

【英　語】（50分）〈満点：100点〉

1　次の英文を読み，問いに答えなさい。

Have you been to another country? Or even another part of Japan on holiday? If you have, you probably went there (　A　) airplane. *These days, most people go (　A　) airplane when they need to travel long distances.

But what did people do before there were airplanes? When people in the *past wanted to travel to another country, they went there by boat. Some of the boats were very *comfortable, but ①they took a long time to get to their *destination. It may take one or two weeks at sea. For most people, that was too long to take on a holiday, so many people didn't have the chance to travel to other countries.

Once airplanes became more popular, people ②were able to travel anywhere in the world in a shorter time. This made international travel more practical and taking holidays in other countries became more popular than before.

These days, ③travelling by boat is becoming popular again. People ride on boats which we call 'cruise ships.' These cruise ships have a lot of fun things for the passengers to do such as movies and swimming pools. ④They also have many restaurants, live music and even comedians. On such cruise ships, the place which people are going to is not (　B　) important as the relaxing journey. People can relax and have a good time while the boat is moving from one place to the next. Cruise ships often go to popular tourist destinations and the passengers can go sightseeing at places (　C　) the day then come back to the ship (　D　) night.

What do you think? Will you take a cruise on your next holiday?

（注）These days 最近は　past 過去　comfortable 心地よい　destination 目的地

問1　(　A　)～(　D　)に入る最も適当なものを，それぞれア～オから選びなさい。

ア as　イ at　ウ by　エ to　オ during

問2　下線部①を否定文に直しなさい。

問3　下線部②と同じ意味を表す適当な英語を1語で書きなさい。

問4　下線部③について，その理由として最も適当なものを，ア～エから2つ選びなさい。

ア　船で映画やプールを楽しむことができるようになったから。

イ　船員による演奏やショーなどがあるから。

ウ　昔よりも多くの港に寄ることが可能になったから。

エ　ゆっくりとした時間を過ごすことができるから。

問5　本文の内容から考えて，下線部④は何を表すか。英語で抜き出しなさい。

問6　本文の内容に関する次の(1)，(2)の問いに対する答えを，それぞれ日本語で書きなさい。

(1)　飛行機が登場する前，人々は他の国に行くために何を利用していたか。

(2)　(1)を利用する欠点は何か。

問7　あなたが旅行に行きたい場所とその理由を10語程度の英語で自由に書きなさい。ただし，英文は2文以上になってもよいものとする。

2 次の英文を読み，問いに答えなさい。

Dan ：Have you been to the new cake shop near the train station?

Miki：Do you mean the one which has a red door and pink roof? I don't think that one is new.

Dan ：No. That one has been there for a long time. I'm talking about the new one which has a white door and green roof. It is across the road from the north *exit. It only opened ①<u>the day before yesterday</u>.

Miki：No. I haven't been there. [A]

Dan ：It's fantastic! All of the cakes look so delicious. I wanted to buy them all.

Miki：Really? [B]

Dan ：Well, I couldn't decide so I asked the staff which ones they liked.

Miki：Which ones did they say were good?

Dan ：They told me that their best cakes were their cheese cakes and apple pies.

Miki：[C]

Dan ：Because they said that they are made from milk and apples ②(produce) in Hokkaido and they are made fresh every day.

Miki：How were they?

Dan ：They were definitely the best cakes I have ever ③(eat).

Miki：Wow, that's great. Let's go there together next time.

Dan ：Sure, but we will need to get there early because the store is becoming very popular.

Miki：Okay. Let's go there before the store opens on Saturday morning.

Dan ：Good idea. If you don't want to carry the cakes around there are some tables and chairs ④<u>〜の前に</u> the store.

Miki：Great!

（注） exit 出口

問１ 下線部①を日本語に直しなさい。

問２ [A]〜[C]に入る最も適当なものを，それぞれア〜ウから選びなさい。

ア Which cakes did you buy?

イ Why did they choose those ones?

ウ How was it?

問３ ②(　　)，③(　　)の語を正しい形に直しなさい。

問４ 下線部④を英語に直すとき，(　　)に入る英語を書きなさい。

(　　　) (　　　) of

問５ 本文の内容に関する(1)〜(4)の説明について，正しいものはT，間違っているものはFをそれぞれ書きなさい。

(1) ダンは新しいケーキ屋の商品を全て食べたことがあった。

(2) スタッフはダンが尋ねなくてもケーキを薦めてくれるので，すぐに選ぶことができた。

(3) 新しいケーキ屋の商品には新鮮な牛乳が使われているので美味しいと評判である。

(4) ダンとミキは土曜日にケーキを買いに行くことに決めた。

問6　あなたの趣味について，15語程度の英語で自由に書きなさい。ただし，英文は2文以上になってもよいものとする。

（注）　hobby　趣味

3　次の英文の(　　)に入る最も適当なものを，それぞれア～ウから選びなさい。

1　Meat is not (ア　sell　　イ　sold　　ウ　selling) at that store.

2　Tom can run (ア　fast　　イ　faster　　ウ　fastest) than Ken.

3　(ア　Play　　イ　Plays　　ウ　Playing) tennis is interesting.

4　I have a lot of (ア　dishes to wash　　イ　wash dishes to　　ウ　to wash dishes).

5　That bag is (ア　she　　イ　hers　　ウ　her).

6　Sam and Mary (ア　were watching　　イ　was watching　　ウ　were watched) TV together at nine last night.

7　You must wait (ア　for　　イ　in　　ウ　of) dinner.

8　(ア　If　　イ　Before　　ウ　That) it's sunny, I'll go cycling with my brother.

9　I (ア　had　　イ　must　　ウ　have) to go to school tomorrow.

10　A：Can you ski?

B：(ア　No, I can't.　　イ　Yes, I can't.　　ウ　No, you can't.)

4　左側の語の下線部の発音と同じものを，それぞれア～ウから選びなさい。

1　parks：ア　books　　イ　vegetables　　ウ　dolls

2　phone：ア　nose　　イ　today　　ウ　song

3　swim：ア　ride　　イ　video　　ウ　fire

4　fun：ア　full　　イ　busy　　ウ　summer

5　cool：ア　cook　　イ　zoo　　ウ　door

5　次のア～ケの語の中で最も強く発音する部分が2にある語を3つ選び，記号で答えなさい。

ア　per-son-al (1 2 3)　　イ　beau-ti-ful (1 2 3)　　ウ　gui-tar (1 2)

エ　com-put-er (1 2 3)　　オ　ice-cream (1 2)　　カ　bas-ket-ball (1 2 3)

キ　con-test (1 2)　　ク　to-geth-er (1 2 3)　　ケ　cam-er-a (1 2 3)

イ　命を助けるということは、常に尊い行いであるということ

ウ　命を助けることでも、そのやり方が大切であるということ

エ　命を助けてやるということでも、時と場合があるということ

四

傍線部の助動詞の意味として最もふさわしいものをそれぞれ選び、記号で答えなさい。

1　明日は雨が降りそうだ　　2　ここは学校だ

3　故人の人柄がしのばれる　　4　彼に勉強させる

5　彼は元気だろう

ア　自発　　イ　打消　　ウ　様態

エ　使役　　オ　断定　　カ　推量

五

次の傍線部のカタカナを漢字に直し、漢字はその読みをひらがなで書きなさい。

①　栄養をセッシュする　　②　話がカキョウに入る

③　布をサく　　④　精緻な描写

⑤　仕事が粗い

＊ 出離……迷いの世界を離れること　＊ 二宮……神社の名前
＊ 得脱……生死の苦しみから逃れること

問一 ═══線①「あはれみ」、②「まゐりて」を現代かなづかいに直して、ひらがなで答えなさい。

問二 〜〜〜線⑴「ゆゆしき」、⑵「よしなき」の意味として最もふさわしいものをそれぞれ選び、記号で答えなさい。

⑴ ゆゆしき
ア ひどい
イ 趣き深い
ウ 素晴らしい
エ 恐れ多い

⑵ よしなき
ア ありがたい
イ つまらない
ウ めったにない
エ この上ない

問三 ――線1「入れられにけり」、2「うれへて言うやう」の解釈として最もふさわしいものをそれぞれ選び、記号で答えなさい。

1 入れられにけり
ア お隠れになった
イ 身を投げなさった
ウ 飛び込みなさった
エ お戻しになった

2 うれへて言うやう
ア 不満を告げていうことには
イ 喜びを告げていうことには
ウ 感謝を告げていうことには
エ 心配を告げていうことには

問四 ――線3「かなしきかなやかなしきかなや」とあるが、その内容の説明として最もふさわしいものを次から選び、記号で答えなさい。
ア はまぐりが極楽浄土に行く機会を失ってしまうこと
イ はまぐりが海に戻れず生きていけなくなってしまうこと
ウ はまぐりが極楽浄土に行く方法がわからないこと
エ はまぐりが育った海とは違うところに行ってしまったこと

問五 □の空欄に入る語を本文中から漢字一字で抜き出しなさい。

問六 ――線4「上人涕泣し」とあるが、その理由の説明として最もふさわしいものを次から選び、記号で答えなさい。
ア 自分が見た夢の内容があまりにもこわかったから
イ 自分の行いが苦しみを生んでいることを知ったから
ウ 海でなくなった人たちのことを想い悲しくなったから
エ 夢と現実の区別がつかずに混乱してしまったから

問七 ――線5「放生の功徳もことによるべきにこそ」とあるが、どういうことか。最もふさわしいものを次から選び、記号で答えなさい。
ア 命を助けようとしても、失敗してしまう時があるということ

かったから

ウ　作務衣の男が発した、剣呑な、ざらついた声があまりに怖くて、その恐怖心から言葉を発することができなかったから

エ　作務衣の男の言葉は失礼で意味不明なうえに、あまりにもくだらないので言葉を返す気も無くなってしまったから

問六　――線A「助け船を出してくれた」、B「きれいに生まれ変わった」に使われている表現技法としてもっともふさわしいものをそれぞれ選び、記号で答えなさい。

ア　倒置法　　イ　直喩　　ウ　隠喩

エ　擬人法　　オ　擬態語

問七　――線4「作務衣の男が言い放つ」とあるが、作務衣の男はこの二人のことをどう思っているのか。五十字以内で説明しなさい。

問八　――線5「夏美はすぐさま取り付けたばかりの青いカーテンを閉め切った」とあるが、どういう気持ちからカーテンを閉めたのか。次の説明文の空欄に入る語句を十字程度で本文から抜き出しなさい。

（　　　）らしく、怖くて失礼な態度をとる男から逃れようという気持ち。

問九　――線6「あんな目」について、「あんな目」を表現した直喩表現を文中から抜き出しなさい。

問十　――線7「ぼくは自分勝手に苛立った」とあるが、それはどういうことか。説明として最もふさわしいものを次から選び、記号で答えなさい。

ア　失礼な男に対して言い返すことができなかったうえ、今でも気後れしてしまう自分自身のふがいなさに苛立っている

イ　無愛想な男がざらついた声で言った不躾な台詞を聞いて、あまりの失礼さに腹が立って仕方がなくて苛立っている

ウ　作務衣の怖そうな男に真正面から見据えられたその目つきが気に食わなくて、今でも腹に据えかねて苛立っている

エ　ぼくに対して作務衣の男への不満を言ってくる夏美に対して、今さら自分にそんなことを言うなと苛立っている

三

次の古文を読んで、後の問いに答えなさい。

東大寺上人春豪房《しょうにんしゅんごうぼう》、伊勢の海いちしの浦にて、海人《あま》はまぐりをとりけるを見たまひて、①あはれみをなして、みな買《かひ》とりて海に1入れられにけり。(1)ゆゆしき功徳《くどく》つくりぬと思《おもひ》て、ふしたまひたる夜の夢に、はまぐりおほくあつまりて、2うれへて言《いふ》やう、「われ畜生の身をうけて、*出離《しゅつり》の期《ご》をしらず。*二宮の御前《おまえ》に②まゐりて、すでに*得脱《とくだつ》すべかりつるを、上人(2)よしなきあはれみをなし給《たまひ》で、また重苦の身となりて出離の縁をうしなひ侍《はべ》りぬる、3かなしきかなやかなしきかなや」といふ言とみて、［　　］さめにけり。4上人涕泣《ていきゅう》し給《たまふ》こと限りなかりけり。

《中　略》

5放生《はうじゃう》の功徳もことによるべきにこそ。

（『古今著聞集』）

あの男の鋭利で冷たい視線を思い出すと、とても口惜しいけれど、いまだに心臓がばくばくしてしまう。そんな(2)小心な自分自身がひどく気に喰《く》わなくて、7ぼくは自分勝手に苛立《いらだ》った。

（森沢明夫『夏美のホタル』）

＊怪訝……不思議に思うこと　＊一瞥……ちらりと見ること
＊逢髪……伸びて乱れた髪　＊剣呑……危険な様子
＊呆然……驚き、あきれる様子　＊不躾……無作法。無遠慮

問一　〜〜〜線(1)「算段」、(2)「小心」の語句のここでの意味として、最もふさわしいものをそれぞれ選び、記号で答えなさい。

(1)　算段
ア　方法
イ　工夫
ウ　計画
エ　手段

(2)　小心
ア　心が狭いこと
イ　気が小さいこと
ウ　気を回しすぎること
エ　怖がりなこと

問二　（　　）1、2に入れるのに最もふさわしい語をそれぞれ選び、記号で答えなさい。

ア　ざらっと　イ　しれっと　ウ　ぎゅっと
エ　ざっと　オ　ぎしっと

問三　――線1「ぼくと夏美は再び「たけ屋」を訪れた」とあるが、それは何のためか。次の説明文の空欄に入れるのに最もふさわしい語句を、それぞれ文中から抜き出して答えなさい。ただし、Ⅰは十三字、Ⅱは五字で答えること。

地蔵さん親子の好意で「たけ屋」の離れを借りることになったが、（　Ⅰ　）ではなく、修繕すべきポイントが山積みしているので（　Ⅱ　）をするため。

問四　――線2「地蔵さんとヤスばあちゃんを交互に見た」とあるが、それはどういう気持ちからか。説明として最もふさわしいものを次から選び、記号で答えなさい。

ア　予想もしていなかった話なので、思わず気が動転してしまうほどうれしい気持ち
イ　知り合ったばかりでそんな厚かましいことを本当にしてもいいのかと確認する気持ち
ウ　知り合ったばかりの自分たちにそこまで好意を見せてくれるのかと感謝する気持ち
エ　予想していなかった話にびっくりしたのと、このチャンスを逃したくないという気持ち

問五　――線3「ただ呆然としていた」とあるが、それはどうしてか。説明として最もふさわしいものを次から選び、記号で答えなさい。

ア　親切で心優しい地蔵さん親子との交流の中で、作務衣の男から不躾な言葉を投げつけられたことに戸惑っているから
イ　急にわけのわからないことを作務衣の男から言われたので、どう答えてよいかわからずただ黙っているしかな

務衣の男は無愛想な表情をくずさなかった。眉間《みけん》に深い皺《しわ》を寄せたままテーブルの上に視線を置いていて、こちらを見ようともしない。

よく見ると、男と地蔵さんの前にはコップ酒が置かれていた。

「今夜は帰るのかぁ。一緒に飲もうと思ったのによぅ」

地蔵さんがいつものように、にこにこ顔で言う。

「大丈夫よ、地蔵さん。明日からは、毎晩たっぷり飲めるから」

夏美も満面の笑みで返した。

「うん、うん、そうだったなぁ。明日からが楽しみだよぅ」

地蔵さんは、そう言って、コップ酒をぼくの方にかざして見せた。

「ぼくも楽しみです」と、愛想のいい返事をしようとしたそのときだった。居間に、＊剣呑《けんのん》な、ざらついた声が響き渡った。作務衣の男が、低い声を発したのだ。こちらを見ず、コップ酒のなかを見詰めたままで。

「お前ら、家賃は、いくら払うんだ」

一瞬にして、座に緊張が走った。

重苦しい沈黙のなか、作務衣の男は、ひとりコップ酒をぐいっとあおった。

「まさか、この家から、ただ飯をタカろうってんじゃねえだろうな、あぁ?」

最後の「あぁ?」のところで、男は真っ正面からこちらをギロリと見据えた。冷たい五寸釘《くぎ》のような視線に射抜《いぬ》かれて、ぼくの喉《のど》は（　2　）締め付けられた。

適当な言葉を絞り出せないまま、ぼくと夏美は居間の入口で突っ立って、3ただ＊呆然《ぼうぜん》としていた。

「ほれ、変なこと言うなよぅ。この子たちに家に泊まれって言ったのは俺なんだからよぅ」

「そうだよぅ」

地蔵さんとヤスばあちゃんが、こちらにA助け船を出してくれたのだが、その言葉にかぶせるように4作務衣の男が言い放つ。

「ギブ&テイクって言葉も知らねえのか。甘えたガキどもだな」

「そんな子たちじゃねえってばよぅ」

地蔵さんが、やれやれ、といった顔で間に入ろうとしてくれる。

ぼくは思った――この人はすでに相当酔っぱらっているのかも知れない。いや、そうに違いない。でなければ、こんな＊不躾《ぶしつけ》な台詞を初対面の人間にぶつけたりはしないはずだ。そう解釈することにしたぼくは、とりあえず「あの、すみませんでした。お邪魔しました」とだけ言って、夏美の手を引いた。そのまま勝手口に引き返して外に出る。

そして、ぼくらは、たんぽぽを踏まないように注意しながら、離れの玄関に入り、Bきれいに生まれ変わった四畳半の居間に上がった。5夏美はすぐさま取り付けたばかりの青いカーテンを閉め切った。そして、畳の上にごろんと仰向けになったぼくに振り返った。

「何なのよ、あの作務衣のオッサン。めちゃくちゃ怖いし、失礼じゃない……」

何なのよって言われても、ぼくだって知りたい。

「酔っぱらいだろ、ただの」

「6なんであんな人が地蔵さんと飲んでるわけ?　しかも、なんでいきなりあんな目でにらまれなきゃいけないわけ?」

「そんなの、俺だって分からないよ」

う存分写真を撮ればいいよぅ」と、予想だにしないような台詞《せりふ》を口にしてくれたのだ。

いい風景写真を撮るための最低条件――それは、シャッターチャンスの一瞬に、カメラマンが「その場所に居合わせる」ことだ。「たけ屋」の離れを借りて、撮影ポイントのまっただ中に泊まり込めたならば、そのチャンスは「通い」で撮るカメラマンとは比較にならないほど多くなる。

「本当に、いいんですか？」

ぼくは、2地蔵さんとヤスばあちゃんを交互に見た。

ヤスばあちゃんは、「あんな狭いところでよければ、好きに使えばいいよぅ」と笑って、「でも、ずいぶんと汚れてっから、掃除をしないと、とてもじゃないけど使えないよぅ」と続けた。

「いいじゃん。ねぇ、慎吾ちゃん、わたしたちで掃除しようよ」

夏美は、子供みたいに黒目を光らせていた。

「うん、そうだな。やろう」

そして、ぼくと夏美は、夏休みの間はずっと「たけ屋」の離れで暮らしてみるという、なんとも心躍る展開になったのだった。

ところが実際に離れを見てみると、もう何十年も物置同然に放っておかれたというだけあって、ふたつある四畳半の部屋のなかは埃《ほこり》だらけで、隅っこには蜘蛛《くも》の巣まで張っていた。窓は歪《ゆが》んで開閉がしづらいし、網戸はボロボロに破れていて、このままでは蚊が入り放題だった。そもそも、玄関の引き戸のレールが外れているから、離れの中に入るだけでもひと苦労なのだった。

（　1　）見渡しただけで、ほかにも修繕すべきポイントが山積しているし、徹底的に掃除をしなければ、とても人が住めるような状態ではなかった。

というわけで、この二日間を丸々費やして、ぼくと夏美で一気にきれいにしてしまおうという(1)算段なのだ。

《　中　略　》

地蔵さんとヤスばあちゃんに作業の終了を伝えようと、ぼくらは母屋の勝手口に顔を出した。すると、居間の方から見知らぬ男のざらっとした声が漏れ聞こえてきた。

「誰だろう」

「さあ」

夏美は首をかしげると、すたすたと家のなかに上がり込んでいった。ぼくもその背中を追った。

居間の丸い卓袱台《ちゃぶだい》には、地蔵さんとヤスばあちゃんの他に、紺色のくたびれた作務衣を着た中年の男があぐらをかいていて、こちらをギロリと＊怪訝《けげん》そうな目で＊一瞥《いちべつ》した。白髪まじりの長い＊蓬髪《ほうはつ》と無精髭《ぶしょうひげ》が独特の威圧感を漂わせている。

しかし夏美は平然とした顔のまま、「こんばんは」と、いつものように愛想良くペコリと挨拶をすると、居間のなかに入っていった。ぼくも「どうも」とだけ口にして、なかに入る。

「もう、終わったのかい？」

ヤスばあちゃんがこちらを振り向いて言った。

「うん、おかげさまで無事終了。今夜はいったんお家に帰るけど、明《あ》日《す》また荷物をどっさり積んで戻ってくるからね」

老若男女にウケのいいはずの夏美のはきはきした受け答えにも、作

人個人のさまざまな価値観、考え方、生活スタイルなどが絡み、ひとつの正解を目指してみんなが協力するという単純な図式にはなりそうもない」とあるが、筆者の考えとして最もふさわしいものを次から選び、記号で答えなさい。

ア　様々な価値観や考え方があるので、協力することはできない

イ　社会という共同体の中で、ある程度はその価値観に従うべきだ

ウ　自分とは違う考え方は、科学的な根拠を駆使して批判すればよい

エ　異なる意見に耳を閉ざさずに、柔軟に対応していかなければならない

問十　――線5「プラスチックごみの対策」とあるが、「予防原則」の考え方に基づいてプラスチックごみ対策をどのように実行すればよいと筆者は述べているか。筆者の考えを本文から五十字以内で抜き出しなさい。

二

次の文章を読み、後の問いに答えなさい。

【あらすじ】

相羽慎吾《しんご》は一歳年上の恋人夏美の運転するバイクの後ろに乗り、卒業制作のテーマを探しながら写真を撮る目的でツーリングに出かけた。途中、トイレを借りに寄った雑貨屋「たけ屋」で、福井ヤスと恵三母子に出会い仲良くなった慎吾と夏美は、恵三から来月になったら近所の川にいっぱい蛍が出ると聞き、そのころにもう一度訪ねる約束をする。ひと月後二人は約束通り「たけ屋」にやってきて、恵三の案内で近くの川へ蛍狩りに出かけ、何百匹と夢のように飛び回る蛍を見て写真に収めた。

【登場人物について】

相羽慎吾　国際芸術科大学の写真家の学生。最近は、思うように結果を出せず、自信を喪失している

河合夏美　幼稚園教諭をしている慎吾の恋人。父親の形見のホンダのCBX400Fに乗っている

福井ヤス　八十四歳　恵三の母親。親子で「たけ屋」を営む

福井恵三　六十二歳　何十年も前に大けがをして、左半身が動かなくなった。集落の人たちから「地蔵さん」と呼ばれている

作務衣《さむえ》の男　雲月という恵三（地蔵さん）の友達。一流の仏師

七月半ば過ぎ――

梅雨明けと同時に、[1]ぼくと夏美は再び「たけ屋」を訪れた。

今回は、遊びでも撮影でもなく、掃除と普請のためだった。バケツやら、掃除機やら、雑巾《ぞうきん》やら、カビキラーやら、窓ふきやら、大工道具やら、ふたり分の布団やらと、いろいろな荷物が必要だったので、ぼくのオンボロ軽自動車、スズキのワゴンRを駆り出し、荷物をぎゅうぎゅう詰めにして、ぼくの安全運転でのんびりとやってきたのだった。

実は、あの蛍狩りのあと、「たけ屋」にもどってきたぼくが、感動覚めやらぬまま「この村と自然をテーマに卒業制作を撮ろうかな」と思いつくままを口にしたら、地蔵さんがにっこり笑って「それならよう、うちの離れを貸してやっから、そこに好きなだけ泊まって、思

問二　～～～線(1)「門外漢」、(2)「落としどころ」の語句のここでの意味として、ふさわしくないものをそれぞれ次から選び、記号で答えなさい。

(1)　門外漢　ア　専門外　イ　玄人　ウ　畑違い　エ　部外者

(2)　落としどころ　ア　譲歩案　イ　妥協案　ウ　折衷案　エ　当初案

問三　□Aに入れるのに最もふさわしいものを次から選び、記号で答えなさい。

ア　猫の手　イ　一番手　ウ　神の手　エ　引く手

問四　□B、C、Dには、「ア　科学」「イ　政治」のいずれかが入る。それぞれにふさわしい語を選び、記号で答えなさい。

問五　□Eに入れるのに最もふさわしい語を次から選び、記号で答えなさい。

ア　機能　イ　確率　ウ　価値　エ　現象

問六　――線1「科学はその進め方に厳密なルールを決めてある」とあるが、それはどういうことか。このルールの説明として最もふさわしいものを次から選び、記号で答えなさい。

ア　だれかがつくりだした科学の知識はその分野ごとに応用し合わなければならない

イ　自然現象がなぜ起こるかを優れた知識や技能によって調べなければならない

ウ　人間社会の成り立ちや仕組みをミクロからの視点で考えなければならない

エ　物質や現象についてだれがやっても結果が同じになるようにしなければならない

問七　――線2「そもそも答えることができない領域」とあるが、その領域を表現した語句を本文中から十字以内で抜き出して答えなさい。

問八　――線3「科学のよろいをまとった持論の応酬になって、話し合い不能になる」とはどういうことか。最もふさわしいものを次から選び、記号で答えなさい。

ア　「選択的接触」や「確証バイアス」により、自説に都合のよい科学だけを根拠にして人々が他説を受け入れなくなること

イ　個人個人のさまざまな価値観、考え方、生活スタイルなどが食い違って、統一した目標に向かっていけないこと

ウ　社会の「正義」とは何かという大きなテーマについて、それぞれが異なる意見に固執して他の意見を取り入れないこと

エ　科学をよく知る人たちが勉強不足なために偏った考え方にこだわってしまい、周りの意見に耳を貸さなくなること

問九　――線4「では具体的にどうするかとなると、そこには個

れやすいテーマについては、科学をよく知る人たちが、社会の分極の核になってしまう。

　プラスチックごみの問題については、いまのところ地球温暖化や原発ほど立場が割れているようにはみえないが、脱プラスチックを声高にとなえる側も、プラスチックは悪者ではないと主張する側も、それぞれに科学を語っている。話し合い不能なところまで溝が深まらないことを願うばかりだ。

　このさき社会はプラスチックとどう付き合っていくのか。陸に海にあふれるプラスチックごみを前にして、なんとかしたいと思う人は少なからずいるだろう。だが、4では具体的にどうするかとなると、そこには個人個人のさまざまな価値観、考え方、生活スタイルなどが絡み、ひとつの正解を目指してみんなが協力するという単純な図式にはなりそうもない。

　レジ袋の有料義務化についても、さまざまな考え方があるだろう。有料化すれば海や陸にごみとして漏れだすレジ袋も減って環境がよくなり、それでみんなが恩恵を受ける。だから、無料だったはずのレジ袋を買うことになっても、それくらいは全体のためにがまんすべきだという考え方。お客さんのためを思ってレジ袋を無料配布する商店の自由を国が制限するのは、そもそもおかしいじゃないかという立場。レジ袋を有料化すれば、金持ちにとってはどうということのない出費でも、苦しい生活をしている人には負担になる。国がこうした不平等を人々に押しつけてよいのか。あるいは、すべての人はこの社会という共同体で生きているのだから、共同体の価値観にあるていど縛られるのは当然だという考え方も。

社会の「正義」とはなにかという大きなテーマにも発展しそうなこれらの立場や考え方の違いは、わたしたちの日常生活においては、結局のところ優劣はつけがたい。これらの違いを内に抱えたまま、プラスチックごみ問題を解決していかなければならない。さきほどの地球温暖化の例でみたように社会を分極させることなく、自分とは違う考えにもリベラルに耳を傾け、上手な(2)落としどころを探し続けるはかないだろう。

　（　2　）、5プラスチックごみの対策には、まだ科学的にも不明な点がたくさん残るなかで、いますぐ実行していかなければならないという苦しさがある。そもそも、海に出たはずのプラスチックごみの99％は、その行方がわかっていない。その全体像があきらかになってから効果的な対策を立てようとするなら、それはいつになるか知れない。いまの限りある知識を総動員し、想像力もはたらかせながら来るべき事態に備える「予防原則」の考え方も必要だろう。将来も増え続けることが確実なプラスチックごみの悪影響について警戒を怠らず、対策をたてて実行するということだ。

（保坂直紀『海洋プラスチック』）

＊この本でも……筆者は前章でプラスチックの成分や生物への影響を科学的に検証している。

問一　（　　）1、2に入れるのに最もふさわしい語をそれぞれ次から選び、記号で答えなさい。

ア　たとえば　　イ　また　　ウ　では

エ　だから　　オ　むしろ

という安全のレベルを決めるのは［B］で、それを実現すべく努力するのが科学と技術だ。［C］は［D］が決めた「安全」が満たされているかどうかは判定できても、それでほんとうに安全なのかは判断できない。

科学や技術が関係する事柄については、自分は(1)門外漢だから、その判断は科学者や技術者に任せよう。あるいは、それは科学者、技術者が客観的に決めたことだから、自分に責任はない。そうした勘違いが、いまの世の中でしばしば見受けられる。科学者や技術者は、［E］について判断しない。一人ひとりが社会の将来を決める権利をもつこの民主的な社会では、それを判断するのはわたしたちなのだ。

＊この本でも、プラスチックの科学、生体への影響に関する科学の話をしてきた。これは、これからプラスチックごみをどうしていくか、プラスチックと社会の関係はどうあるべきかを科学者に決めてもらえるということではない。社会のあらゆることに個人が判断を下せることを前提としている民主政治は、もっとも過酷な政治形態ともいわれる。たしかに過酷だが、プラスチックごみの問題をどう解決していくかを考えるのは、繰り返すが、わたしたちしかいない。科学的に判断するというのは、科学者が判断することではない。科学の成果を使って、わたしたちが判断するということだ。

科学の知識はだれにとっても共通だから、プラスチックごみについての研究が進めば、それをもとに人々が解決策を話しやすくなる。そう思いたいところだが、現実には、かならずしもそうはならない。市民が科学の知識を身に着ければ身に着けるほど、社会は割れて分極化するという指摘がある。(3)科学のよろいをまとった持論の応酬になって、話し合い不能になるというのだ。

米国で取材した読売新聞の三井《みつい》誠《まこと》記者が書いた『ルポ　人は科学が苦手』（光文社）という本では、地球温暖化に関する興味深い調査が紹介されている。

現在の地球温暖化については、その原因としてふたつの考え方がある。ひとつは、わたしたちが石炭や石油などの化石燃料を燃やし、温室効果ガスである二酸化炭素が大気中に増えすぎてしまったこと。もうひとつは、地球の気候は自然の状態でも寒暖を繰り返すもので、現在の温暖化もその自然な変動にすぎないというもの。いまの科学では前者が正しいと考えられている。

（　1　）、後者を支持する人たち、つまり人為的な二酸化炭素の排出が原因ではないと考える人たちは地球温暖化の科学に疎いのかというと、けっしてそうではないというのだ。科学の知識が豊富な人たちが、一方では地球温暖化を進める二酸化炭素の排出を減らせと主張し、もう一方では、これは自然な変動の範囲内だから、経済活動を犠牲にして二酸化炭素の排出を抑制するのは意味がないという立場に立つ。

米国では、前者は民主党に、後者は共和党に優勢な考え方だ。科学の知識は政治的な立場を超えられない。

わたしたち人間には、自分の価値観、ものの考え方、自分の好みに合う情報により多く触れる「選択的接触」、自説を補強してくれる情報だけを受け入れ、都合の悪い情報は無視する「確証バイアス」という性質がある。科学について詳しくなれば、自説に都合のよい情報の選択の幅も広がる。とくに地球温暖化や原発の問題のように立場が割

【国　語】〈五〇分〉〈満点：一〇〇点〉

一　次の文章を読んで、後の問いに答えなさい。

科学は、自然のなかに存在する物質や現象について、その成り立ちや現象が起こるしくみを調べる学問だ。そのとき、だれがやっても結果がおなじになる調べ方をしなければならない。あの人しかその結果をだせないという「　A　」は不要だ。不要というより、それは科学として認められない。だれにでもできることを世界で最初にやったとき、それが論文となり、科学の研究業績として認められる。

そうなるように、[1]科学はその進め方に厳密なルールを決めてあるので、できあがった知識は確実で頼りになる。だから、だれかがつくりだした科学の知識を、別の人が使って技術に応用することもできる。分子や原子、電子などのミクロの世界の成り立ちを考える「量子力学」という科学の知識を使って、別の技術者が超高速のコンピューターをつくるという具合だ。

科学の知識は技術に応用され、便利な技術は社会をおおきく変えてきた。ハイテク技術のかたまりのようなスマートフォンは社会に深く浸透し、もうこれなしでは世の中が機能しない。科学から生まれた数々の技術は、すでに現代社会の一部になっている。

だが、そんな科学にも答えられないことがある。まだわかっていないから答えられないのではなく、[2]そもそも答えることができない領域があるのだ。それは人の価値観や判断が関係する領域だ。「なにをどうすべきか」「進めたほうがよいか、やめたほうがよいか」という問いに、科学は答えられない。だれがやってもおなじになるのが科学だから、人によって答えが違うのが当然なこうした問いは、科学は扱えない。

原子力発電所が大事故をおこす確率はどれだけか、事故の確率を下げるにはどうしたらよいかは、科学で答えられる。だが、事故の確率を下げたほうがよいかどうかは、科学には答えられない。コストとのバランスという価値判断が求められるからだ。

プラスチックごみの問題にしても、どのようにしてプラスチックがマイクロ化するか、マイクロプラスチックを生き物が食べたとき、どのような影響が生じるかを調べることは科学にできるが、焼却処分とリサイクルのどちらを優先するか、プラスチックごみと地球温暖化はどちらが大問題なのかという問いには、科学は答えられない。

人の意見を集めて討議し、社会の方向を決めるのは政治の仕事だ。この現代社会には、科学ぬきでは考えられないが、科学に聞かれても答えをだせない事柄がたくさんある。そうした領域のことを、アルヴィン－ワインバーグという米国の核物理学者が１９７２年に書いた論文のなかで「トランスサイエンス」と名づけた。科学と政治が交わる領域ともいえる。

科学にできること、政治がなすべきことは、現実にはしばしば混同される。たとえば原子力発電所は安全なのかという問題。原発を稼働させたい政治家などは、原発は規制をクリアしており、「原発の安全は科学的に保証されている」という言い方をすることがある。だが、科学は原発の安全を保証することなどできない。原発を社会が受け入れるにあたって、どれだけの「安全」が必要かを決めるのは政治の仕事だ。たとえば「重大事故がおこる確率は1万年に1回に抑えよう」

MEMO

大切なことはメモしておこうネ！

特進

2022年度

解　答　と　解　説

《2022年度の配点は解答欄に掲載してあります。》

＜数学解答＞

1　(1)　-12　(2)　96　(3)　$-2\sqrt{5}$　(4)　$\dfrac{-3x+13y}{10}$　(5)　$14xy+3y^2$

2　(1)　$x=2$　(2)　$\dfrac{2\pm\sqrt{10}}{3}$　(3)　$y=-10$　(4)　$a=\dfrac{2S}{h}-b$
(5)　$(2x+11y)(2x-11y)$　(6)　$4:9$

3　(1)　$a=24$　(2)　1440円　(3)　4π (cm)　(4)　$x=7$，$y=-5$，$z=3$
(5)　$56.65 \leqq a < 56.75$

4　(1)　120　(2)　$x=7$　5　(1)　$x=64°$　(2)　$x=25$

6　(1)　$a=3$，$b=12$，$c=-1$　(2)　9　7　解説参照

8　(1)　解説参照　(2)　④，㋕

○配点○

1　各4点×5　2　各4点×6　3　各4点×5　4　各4点×2　5　各4点×2
6　各4点×2　7　4点　8　各4点×2　計100点

＜数学解説＞

基本　1　(数・式の計算，平方根，分数式，展開)

(1)　$-2.4\div0.2=-\dfrac{24}{10}\div\dfrac{2}{10}=-\dfrac{24}{10}\times\dfrac{10}{2}=-12$

(2)　$(-2)^3\times(-3^2)\div\left(\dfrac{3}{4}\right)=-8\times(-9)\times\dfrac{4}{3}=-8\times\left\{(-9)\times\dfrac{4}{3}\right\}=-8\times(-12)=96$

(3)　$2\sqrt{5}-\dfrac{20}{\sqrt{5}}=2\sqrt{5}-\dfrac{20\times\sqrt{5}}{\sqrt{5}\times\sqrt{5}}=2\sqrt{5}-\dfrac{20\sqrt{5}}{5}=2\sqrt{5}-4\sqrt{5}=-2\sqrt{5}$

(4)　$\dfrac{x+4y}{5}-\dfrac{x-y}{2}=\dfrac{2(x+4y)}{5\times2}-\dfrac{5(x-y)}{2\times5}=\dfrac{2(x+4y)-5(x-y)}{10}=\dfrac{2x+8y-5x+5y}{10}=\dfrac{-3x+13y}{10}$

(5)　$(x+6y)(x+2y)-(x-3y)^2=(x^2+8xy+12y^2)-(x^2-6xy+9y^2)=x^2+8xy+12y^2-x^2+6xy-9y^2=14xy+3y^2$

基本　2　(1次方程式，2次方程式，反比例，等式変形，因数分解，相似な三角形の面積比)

(1)　$\dfrac{3}{4}x+\dfrac{1}{3}=\dfrac{1}{2}x+\dfrac{5}{6}$　両辺を12倍して，$9x+4=6x+10$　$3x=6$　$x=2$

(2)　$3x^2-4x-2=0$において，解の公式より，$x=\dfrac{-(-4)\pm\sqrt{(-4)^2-4\times3\times(-2)}}{2\times3}=\dfrac{4\pm\sqrt{16+24}}{6}=\dfrac{4\pm\sqrt{40}}{6}=\dfrac{4\pm2\sqrt{10}}{6}=\dfrac{2\pm\sqrt{10}}{3}$

(3)　yがxに反比例するとき，$xy=a$(aは比例定数)と表せる。この式に$x=5$，$y=6$を代入して$5\times6=a$より$a=30$　よって，$xy=30$となり，$x=-3$を代入して，$-3y=30$　$y=-10$

(4)　$S=\dfrac{1}{2}(a+b)h$より$\dfrac{1}{2}(a+b)h=S$　両辺を2倍して$(a+b)h=2S$　両辺をhで割って$a+b=$

$\frac{2S}{h}$　　$a=\frac{2S}{h}-b$

(5)　$4x^2-121y^2=(2x)^2-(11y)^2=(2x+11y)(2x-11y)$

(6)　△ABC∽△DEFのとき，ABとDEは対応する辺なのでAB：DE＝6：9＝2：3　　このとき，△ABCと△DEFの面積比は2^2：3^2＝4：9

3　(平方根の性質，消費税，おうぎ形の弧の長さ，連立方程式，近似値)

重要　(1)　$A=\sqrt{54}\times\sqrt{a}=3\sqrt{6a}$とする。ここで，$a=6k^2$（$k$は自然数）とおくと，$A=3\sqrt{6\times6k^2}=3\times6k=18k$…①　　$k=1$のとき，A＝18　　$k=2$のとき，A＝36　　よって，$\sqrt{54}\times\sqrt{a}$が自然数になるとき，2番目に小さい自然数kの値は2となり，このとき$a=6\times2^2=24$

重要　(2)　消費税が8%のとき，ある商品の税抜き価格は1296÷1.08＝1200(円)　　よって，消費税が20%になったときの売価は1200×1.2＝1440(円)になる。

(3)　$20\times2\times\pi\times\frac{36^\circ}{360^\circ}=40\pi\times\frac{1}{10}=4\pi$ (cm)

やや難　(4)　$x+y=2$…①，$y+z=-2$…②，$z+x=10$…③とし，①，②，③の左辺どうし，右辺どうしを加えると，$2x+2y+2z=10$　　両辺を2でわって$x+y+z=5$…④　　④の両辺から②の両辺をひくと$x=7$　　④の両辺から③の両辺をひくと$y=-5$　　④の両辺から①をひくと$z=3$　　よって，$x=7$，$y=-5$，$z=3$

(5)　近似値である56.7は，真の値aの小数第2位の数字を四捨五入して得られるので，aの最小値は56.65となる。また，近似値が56.8となる真の値をbとすると，bの最小値は56.75となる。よって，aの範囲は$56.65\leqq a<56.75$

4　(演算)

基本　(1)　6☆3＝6×5×4＝120　　よって，6☆3の値は120

重要　(2)　$x☆2=x\times(x-1)=x^2-x$となるので，$x☆2-\frac{x☆2}{x}=36$に$x☆2=x^2-x$を代入して，$x^2-x-\frac{x^2-x}{x}=36$　　$x^2-x-(x-1)=36$　　$x^2-x-x+1-36=0$　　$x^2-2x-35=0$　　$(x-7)(x+5)=0$　　$x=7$，-5　　ここで，xは自然数なので，$x=7$

5　(円周角の定理，四角形の面積)

図1

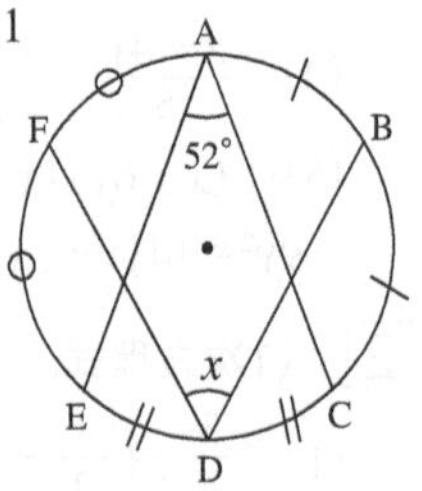

やや難　(1)　図1のように，円周上の各頂点を点A～Fとすると，円周角の定理より∠EAD＝∠CAD，∠ADF＝∠EDF，∠ADB＝∠CDB　　ここで，a＝∠EAD＝∠CAD，b＝∠ADF＝∠EDF，c＝∠ADB＝∠CDBとすると，$2a+2b+2c$は全円周の円周角の合計なので，$2a+2b+2c=180^\circ$となり，$a+b+c=90^\circ$…①　　また，∠EAC＝∠EAD＋∠CAD＝$a+a=2a=52^\circ$となるので，$2a=52^\circ$を解いて$a=26^\circ$　　さらに，$a=26^\circ$を①に代入して$26^\circ+b+c=90^\circ$より，$b+c=64^\circ$　　よって，x＝∠BDF＝∠ADF＋∠ADB＝$b+c=64^\circ$

図2

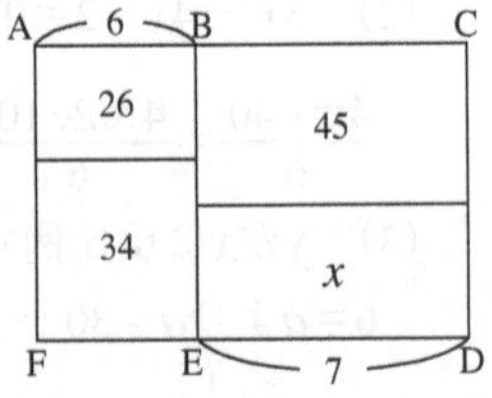

重要　(2)　図2のように，各頂点を点A～Fとする。四角形ABEFは横の長さが6，面積が26＋34＝60の長方形なので，たての長さは60÷6＝10となり，AF＝BE＝CD＝10　　このとき，四角形BCDEはたての長さが10，横の長さが7，面積が45＋xの長方形なので，$10\times7=45+x$　　$70=45+x$　　$x=25$

6 (1次関数・2次関数のグラフの利用)

基本 (1) 点A(2, b)は直線$y=3x+6$上の点なので，$x=2$，$y=b$を$y=3x+6$に代入して，$b=3\times2+6$ $b=12$ このとき，点Aの座標はA(2, 12)となる。また，点B(c, 3)は直線$y=3x+6$上の点なので，$x=c$，$y=3$を$y=3x+6$に代入して，$3=3\times c+6$ $3=3c+6$ $3c=-3$ $c=-1$ このとき，点Bの座標はB(−1, 3)となる。さらに，点Aは関数$y=ax^2$のグラフ上の点なので，$x=2$，$y=12$を$y=ax^2$に代入して，$12=a\times2^2$ $12=4a$ $a=3$ よって，$a=3$，$b=12$，$c=-1$

重要 (2) 直線ABとy軸の交点を点Pとすると，直線ABの方程式$y=3x+6$より，点Pの座標はP(0, 6)となり，OP=6 このとき，△OAPをOPが底辺の三角形とみると，高さは点Aのx座標に等しく2となるので，△OAPの面積は$6\times2\div2=6$ また，△OBPをOPが底辺の三角形と見ると，高さは点Bのx座標の絶対値に等しく$-(-1)=1$となるので，△OBPの面積は$6\times1\div2=3$ よって，△AOBの面積は△OAPと△OBPの面積の和に等しく，$6+3=9$

重要 **7** (三角形の合同の証明，平行四辺形の性質)

△AOEと△COFにおいて，仮定よりOE＝OF…① 平行四辺形の対角線はそれぞれの中点で交わるのでOA＝OC…② 対頂角は等しいので∠AOE＝∠COF…③ ①，②，③より，2組の辺とその間の角がそれぞれ等しいので，△AOE≡△COF

8 (2次方程式を解く過程の記述，計算のルール)

(1) $(2x+1)^2=9$ $2x+1=\pm3$ ここで，$2x+1=3$のとき，$2x=3-1$ $2x=2$ $x=1$ また，$2x+1=-3$のとき，$2x=-3-1$ $2x=-4$ $x=-2$ よって，$x=1$，-2

(2) $x^2+2x+4=x^2+x$を解くと，$2x-x=-4$ $x=-4$ このとき，$x+4=0$ ここで，④の段階において両辺を$x+4$で割っているが，これは実質0で両辺を割っているので，等式のルールを守れておらず，計算が間違っている。さらに，それについて話しているのは，「両辺同じ計算するからって0で割ってはいけないよ。」とある㋕の箇所である。なお，③の段階で両辺をxで割っているが，$x=-4$より，0以外の数すなわち−4で両辺を割っているので，等式のルールは守れている。

★ワンポイントアドバイス★

計算や図形などの基礎知識だけでなく，論理的な思考力を問う問題も出題される。普段から考える力を鍛えておく必要があるので，文章題に積極的に取り組むだけでなく，数学的な話題・トピックスなどにも意識して触れるようにしよう。

<英語解答>

1 問1 Have you been 問2 A イ B ア 問3 ② took ④ more popular ⑤ travelling [to travel] 問4 1 カ 2 ウ 問5 1 T 2 T 3 F 4 F 問6 1 (例) I want to visit France. 2 (例) Because I like drawing pictures, so I want to watch many famous pictures in Louvres museum in Paris.

2 問1 白いドア，緑の屋根 問2 ② the day before yesterday ⑥ in front of 問3 ③ The staff ④ cheese cakes and apple pies 問4 A イ B ウ C エ 問5 店がとても人気なので，お店に早く行く必要があるから。

問6 (例) 1 I like sushi. (例) 2 Because I like fish, especially tuna and salmon. I often go to “kaiten zushi” in Sapporo. It is one of the most popular food in Japan.

3 1 ア 2 ウ 3 ア 4 イ 5 ア 6 ウ 7 ウ 8 ア 9 イ 10 ア

4 1 ア 2 ウ 3 イ 4 エ 5 ア

5 イ, エ, カ

6 リスニング問題解答省略

○配点○

1 問4 4点(完答) 問6の2 8点 他 各2点×11 2 問1 4点 問6の2 8点 他 各2点×9 3 各2点×10 4 各2点×5 5 各2点×3 計100点(特進コース) 6 各2点×10 計120点(ユニバーサル科)

<英語解説>

1 (長文読解問題・説明文：語句補充，語句整序，要旨把握，内容吟味，自由英作文)

(全訳) ①あなたは他の国に行ったことがあるか。それとも休日に日本の別の場所に行ったことがあるか。もしあるなら，おそらく飛行機でそこに行っただろう。最近では，ほとんどの人は長距離を移動する必要があるときに飛行機で行く。

しかし，飛行機が登場する(A)前，人々は何をしていたのだろう。昔の人が別の国に旅行したいと思ったとき，彼らは船でそこに行った。船の中には非常に快適なものもあったが，目的地に着くのに長い時間が②かかった。船の移動は1～2週間かかる場合がある。ほとんどの人にとって，休暇を取るには長すぎたので，多くの人々は他の国に旅行する機会がなかった。

飛行機が普及すると，人々は以前よりも短い時間で③世界のどこにでも旅行できるようになった。これにより，海外旅行がより実用的になり，他の国での休暇を過ごすことが以前よりも④人気が高まった。

最近，船で⑤旅行することは再び人気が高まっている。人々は「クルーズ船」と呼ぶ船に乗っている。これらのクルーズ船には，映画やプールなど，乗客がして楽しいことがたくさんある。クルーズ船にはまた，多くのレストラン，ライブミュージック，さらにはお笑いがある。そのようなクルーズ船では，人々が行く場所はリラックスした旅ほど重要ではない。船がある場所から次の場所に移動している間，人々はリラックスして楽しい時間を過ごすことができる。クルーズ船はしばしば人気のある観光地に行き，乗客は日(B)中どこかで観光に行き，夜は船に戻ることができる。

どう思うか。次の休日にクルーズに参加するか？

基本 問1 have been to ～「～に行ったことがある」

問2 (A) 過去の話をしているので，飛行機がある「前」が適切。 (B) during the day「日中，昼間」

問3 ② 前文が過去形なので，同様に過去形にする。take － took ④ 後に than があるので，比較級にする。 ⑤ 主語になっているので，動名詞か不定詞の名詞的用法が適切。

問4 people were able to travel anywhere in the world (in a shorter time than before.) 〈be able to ＋動詞の原形〉「～することができる」を用いればよい。

重要 問5 (1) 過去の人々は海外旅行をしたいときには，船で行ったとあるので適切。 (2) 最近船での旅行が再び人気になってきているとあるので適切。 (3) 利用料についての記述はないため，不適切。 (4) 速度についての記述はなく，日中は観光に行くとあるので，不適切。

問6 (1) 「クルーズ船でどの場所を訪れたいか」〈I want to visit ＋場所〉で答える。

やや難 (2) 「なぜその場所を選んだか」 Why で尋ねられているので，Because で始めて答えればよい。

2 (会話文：語句補充，要旨把握，指示語，内容吟味，自由英作文)

(全訳) ダン：駅近くの①新しいケーキ屋さんに行ったことがある？

ミキ：赤い扉とピンクの屋根のケーキ屋という意味？それは新しくないと思うよ。

ダン：いや。それは長い間そこにあったよ。私は白いドアと緑の屋根の新しいケーキ屋について話しているんだ。北口から道路を挟んで向かい側にある。一昨日オープンしたばかりだよ。

ミキ：いいえ，そこに行ったことがないな。いいの？

ダン：素晴らしいよ！すべてのケーキはとても美味しそうに見えるんだ。それらをすべて買いたかったよ。

ミキ：ほんとに？どのケーキを買ったの？

ダン：決められなかったので，スタッフの何人かにどれが好きか聞いてみたんだ。

ミキ：彼らはどちらが良いと言ったの？

ダン：彼らは，最高のケーキはチーズケーキとアップルパイだと言ったよ。

ミキ：なぜ彼らはそれらのものを選んだの？

ダン：③彼らは，④それらは北海道産の牛乳とりんごから作られていて，毎日新鮮に作られていると言っていたよ。

ミキ：どうだった？

ダン：それらは間違いなく今まで食べた中で一番おいしいケーキだったよ。

ミキ：うわー，それは素晴らしいね。次回は一緒に行こうよ。

ダン：もちろん，でも店が非常に人気になっているので，早くそこに着く必要があるよ。

ミキ：大丈夫だよ。⑤土曜日の朝に開店する前に行ってみよう。

ダン：いい考えだね。ケーキを持ち歩きたくない場合は，店の前にテーブルと椅子があるんだ。

ミキ：すごい！

基本 問1 ダンが話しているケーキ屋は，駅の北口にある「白いドア」と「緑の屋根」の店である。

基本 問2 ② 「おととい」 the day before yesterday ⑥ 「～の前に」 in front of ～

問3 ③ 話していたのは店のスタッフである。 ④ 北海道産の牛乳とりんごでできているのは，店のスタッフが勧めたチーズケーキとアップルパイである。

問4 (A) be made from ～「～から作られている」 (B) 今まで食べた中で「一番おいしい」ケーキだった。 (C) want の目的語になれるのは，不定詞のみである。

重要 問5 直前のダンの発言に，「店が人気になってきているので，早く到着する必要がある」とある。

問6 (1) 「あなたはどんな種類の日本食が好きか」〈I like ＋和食〉で答えればよい。

やや難 (2) 「なぜあなたはそれが好きか」 why を用いた疑問文の答えなので〈Because ～〉を用いて答えを作ればよい。

重要 3 (語句選択問題：受動態，比較，関係代名詞，進行形，不定詞，接続詞，前置詞)

1 受動態の疑問文は〈be動詞＋主語＋過去分詞〉の語順になる。

2 〈最上級＋ in ～〉「～の中で最も…だ」

3 a computer を修飾する目的格の関係代名詞を用いればよい。

4 Why don't you ～?「～するのはどうですか」

5 be covered with ～「～でおおわれている」

6　be動詞を用いた文なので，過去進行形の文になる。

7　これらの傘は「彼らのもの」である。

8　something to drink「飲み物」

9　if ～「もし～ならば」

10　because of ～「～のせいで」

基本 **4** (発音問題)

1　左側の語とアは[ou]と発音する。

2　左側の語とウは[ai]と発音する。

3　左側の語とイは[t]と発音する。

4　左側の語とエは[u:]と発音する。

5　左側の語とアは[ju:]と発音する。

5 (アクセント)

イ，エ，カ以外は第1音節にアクセントがある。

6 リスニング問題解説省略。

★ワンポイントアドバイス★

比較的読みやすい読解問題だが，日本語の記述や英作文問題があるため，表現力が必要とされている。過去問を用いて，同じような問題に慣れるようにしたい。

<理科解答>

1 (1)　15.0mA　(2)　12.0mA　(3)　右図1　(4)　R×I＝1200　(5)　120mA　(理由)　電流を流す力の電圧が2倍になるから。　(6)　40.0mA

図1

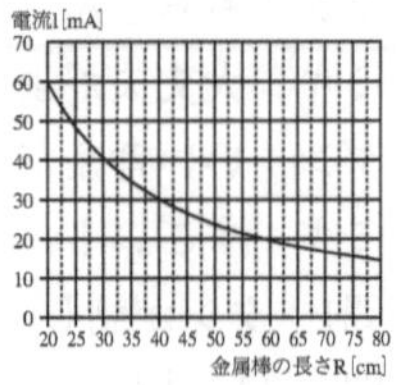

2 (1)　①　エ　②　ウ　③　$2Ag_2O \rightarrow 4Ag + O_2$　④　熱分解

(2)　はじめに試験管Aの中にあった空気が多く含まれるから。

(3)　5.40g

3 (1)　DNA　(2)　イ　(3)　①　ア　②　イ　③　イ　④　エ

(4)　クローン

4 (1)　低くなる　(2)　1000hPa　(3)　(前線)　寒冷前線　(記号)　ウ　(4)　右図2　(5)　B　(6)　D

図2

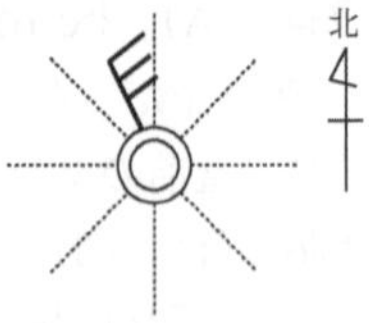

5 (1)　イ　(2)　ア　(3)　音の出ている音さを水に浸してみる。　(4)　(記号)　ウ　(理由)　振動を伝える分子の並びが液体の水よりも固体の氷の方が速く振動を伝えるから。

6 (1)　35℃　(2)　イ　(3)　25.9%　(4)　塩化ナトリウムは温度による溶解度の変化が少ないから。　(5)　ウ　(6)　440g

7 (1)　オ　(2)　オ　(3)　Ⅰ　ウ　Ⅱ　ア　Ⅲ　オ

8 (1)　C　(2)　A　(3)　A　イ・エ　B　ウ　C　ア・オ　(4)　Ⅱ　(5)　石基　(6)　斑状組織　(7)　Ⅰは地下深いところでゆっくり冷えて固まったのに対し，Ⅱは地表付近で短時間に冷えて固まってできた。

○配点○

1 各2点×7　2 各2点×6　3 各2点×7　4 各2点×7　5 各2点×5

6 各2点×6　7 各2点×5　8 各2点×7((3)完答)　計100点

＜理科解説＞

基本 **1** (電流と電圧)

重要 (1) 50mAの－端子とつながっているので，15mAである。

(2) 金属棒の長さと電流は反比例の関係にあるので，金属棒の長さが100.0cmのときは，20.0cmの5倍の長さなので，流れる電流は20.0cmのときの$\frac{1}{5}$倍の12.0mAとなる。

(3) 金属棒の長さと電流は反比例の関係にあるので，グラフは反比例のグラフとなる。

(4) 金属棒の長さと電流は反比例の関係にあるので，R×I＝1200となる。

(5) 電圧が2倍になったので，流れる電流量も2倍の120mAとなる。

(6) 60.0cmの金属棒それぞれに電流は20.0mA流れるので，回路全体では40.0mAの電流が流れる。

2 (化学変化と質量)

重要 (1) ① 試験管を加熱するとき，試験管の口を下にするのは，実験で液体が生じた場合に，液体が加熱部分に触れないようにするためである。 ② 酸化銀を加熱すると銀が残る。銀は白色をしている。 ③ 酸化銀を加熱したときの化学変化は，$2Ag_2O \rightarrow 4Ag+O_2$で表せる。 ④ 加熱により，1種類の物質が2種類以上の物質に分かれることを，熱分解という。

基本 (2) 加熱後初めに出てくる気体は試験管Aに初めから入っていた空気なので，試験管Bに集めた気体は使わない。

やや難 (3) 酸化銀が2.90gのとき，0.2gの酸素が出ていくので，8.70(g)－8.30(g)＝0.40(g)の酸素が出ていくとき，反応する酸化銀は5.80gである。よって，表から化学変化でできた物質は5.40gである。

重要 **3** (生殖と遺伝)

(1) 遺伝子の本体はDNAである。

(2) 中性洗剤は細胞膜を壊すために使用される。

基本 (3) ① 無性生殖は，単独で増える。 ② 遺伝子の種類が多様性に富むのは，有性生殖である。
③ 感染症などによる絶滅から逃れやすいのは，遺伝子の種類が多様な有性生殖である。
④ 分裂母体を犠牲にして増える生殖の仕方はない。

(4) 起源が同じで，同一の遺伝子を持つ個体の集団をクローンという。

4 (天気の変化)

基本 (1) 温度を上げると飽和水蒸気量が増えるので，湿度は低くなる。

基本 (2) 等圧線の太線は20hPaごとにかかれるので，札幌はおよそ1000hPaである。

重要 (3) 図2の前線は冷たい空気が暖かい空気を押す寒冷前線である。寒冷前線は(ウ)であらわす。

重要 (4) くもりの天気記号は◎，◎に向かって北北西の方向から線を引き，◎から見て右側に風力をかく。

重要 (5)・(6) 寒冷前線は冷たい空気(A)が暖かい空気(B)をおすので，前線はDに向かって進む。

重要 **5** (音の性質)

(1) 音の強弱は，振幅の大きさによって決まる。よって，基準より振幅が大きい(イ)を選ぶ。

(2) 高い音は波長が短くなるので，(ア)を選ぶ。

(3) 音の出ている音さを水に浸してみると，波しぶきがたつので，音の原因が音さの振動であることがわかる。

基本 (4) 固体の方が液体より分子の並びがしっかりしているので，音が氷の中を進む速度は，水よりも速くなる。

6 (物質とその変化)

重要 (1) ミョウバン20gがぎりぎりまで溶ける温度はグラフから35℃である。

重要 (2) 塩化ナトリウムの結晶は，立方体の形をしている。

重要 (3) $\dfrac{35(\mathrm{g})}{100(\mathrm{g})+35(\mathrm{g})}\times 100 \fallingdotseq 25.9(\%)$

基本 (4) 塩化ナトリウムは水温によって溶ける量がほとんど変わらないので，再結晶しにくい。

やや難 (5) 10℃まで冷やすと，塩化ナトリウム以外の物質が固体となると考えられるので，実験3で入れた物質の質量は30gか50gである。50gだとすると，50℃の水100gにミョウバンと塩化ナトリウムはすべて溶かすことができないので，30gだとわかる。

重要 (6) 60℃ 100gの水に硝酸カリウムは110gまで溶けるので，60℃の水400gでは440gまで溶ける。

重要 7 (ヒトの体のしくみ)

(1) Bは中央がくぼんだ円盤形なので赤血球である。Cは病原体を分解するので白血球である。よって，Aは血小板となる。

(2) ① 血小板は核がなく，小さく不規則な形をしている。 ② 白血球は核があり，様々な形をしている。

(3) Ⅰ 血小板は，出血時に血液を固める働きを持つ。 Ⅱ 赤血球は，酸素を運ぶ働きを持つ。 Ⅲ 血しょうは，栄養分・老廃物などを運ぶ働きを持つ。

重要 8 (地層と岩石)

(1) 噴火が最も激しいのは溶岩ドーム(C)である。

(2) マグマの粘り気が最も小さいのは盾状火山(A)である。

(3) A 盾状火山には，マウナロア，伊豆大島などがある。 B 成層火山には，桜島，富士山などがある。 C 溶岩ドームには，昭和新山，雲仙普賢岳などがある。

(4)～(6) 火山岩は斑状組織((6)の解答)からなり，結晶になれた斑晶となれなかった石基((5)の解答)からなる。よって，火山岩のスケッチはⅡである。

(7) 火山岩は地表近くでマグマが急速に冷えてでき，深成岩は地下深くでマグマがゆっくり冷えてできる。

★ワンポイントアドバイス★

ポイントを押さえた簡潔な文章を書く練習をしよう。

＜社会解答＞

1 問1 a ア b ウ 問2 (北アメリカ大陸) ウ (オーストリア大陸) オ
問3 白夜 問4 南回帰線 問5 エ 問6 エ 問7 f 社会保障 g 文化

2 問1 a ウ b エ c シ d ケ e サ f コ g ア h カ i キ
j オ 問2 白老町

3 問1 a 足利尊氏 b 武家諸法度 問2 建武の新政 問3 ウ 問4 イ
問5 エ 問6 退位した天皇のこと。 問7 カ 問8 ア 問9 ア
問10 C→A→B

4 問1 a ピューリタン革命 b 産業革命 c 五・四運動 d マルタ 問2 イ
問3 ウ 問4 エ 問5 三民主義 問6 ア 問7 朝鮮戦争が始まると，GHQが日本政府に指示して，治安維持のために警察予備隊をつくらせた。 問8 ア

5 問1 均衡 問2 条例 問3 地方分権一括法 問4 エ 問5 地方自治
問6 首長 問7 鈴木直道 問8 不信任決議 問9 イ 問10 イ
問11 リコール 問12 地方税 問13 国庫支出金 問14 (記号) エ
(語句) ソーシャルディスタンス

○配点○
1 問1 各1点×2 他 各2点×8 2 問1 各1点×10 問2 2点
3 問4・問8 各1点×2 他 各2点×9 4 問2・問6 各1点×2 他 各2点×9
5 各2点×15 計100点

＜社会解説＞

1 (地理―気候・産業・環境問題など)

問1 a 一年中高温で降水量も多い熱帯雨林の気候。 b 気温の年較差が大きい大陸性の気候で，夏の降水量が多い亜寒帯(冷帯)の気候。

問2 アメリカ北部からカナダにかけて亜寒帯が広がる北アメリカ，内陸部が乾燥気候のオーストラリア。アはユーラシア大陸，イはアフリカ大陸，エは南アメリカ大陸。

問3 北緯66度33分以北は北極圏と呼ばれ，夏は太陽が地平線とほぼ平行に移動する。

問4 夏至の日は北回帰線，冬至の日は南回帰線上で太陽が真上に来る。

問5 コンピューターの生産では中国が圧倒的なシェアを持っている。

重要 問6 サヘルでは人口増から過放牧や薪の伐採で砂漠化が進行，食糧危機が深刻化している。

問7 ドイツ国民の5人に1人が移民を背景にしており，生活文化などの対立も増えている。

2 (日本の地理―北海道の観光や文化など)

問1 a 直接自然に働きかける産業。 b 2月の一大イベント。 c 韓国や中国などでは雪も降る。 d 時差はほとんどないが季節は逆。 e パウダースノーが多くのスキーヤーを魅了。 f 温泉は火山の恵みでもある。 g 災害予測図。 h イランのラムサールで採択。 i 自然や歴史を体験する観光。 j アイヌ新法ではアイヌを先住民族と明記。

やや難 問2 札幌から車で1時間ほど離れた道央の町。ウポポイとは「大勢で歌う」というアイヌ語。

3 (日本と世界の歴史―古代～近世の政治・社会史など)

重要 問1 a 新田氏と並ぶ清和源氏の名門。 b 原則将軍の代替わりごとに定められた法令。

問2 天皇親政を復活，論功行賞や土地争いで武士の不満が高まり足利尊氏が離反。

問3 14世紀後半，朱元璋により建国された最後の漢民族の帝国。アは漢，イは唐，エは清。

問4　安土城や大阪城などの障壁画を描いた狩野派を代表する画家。
問5　1635年，徳川家光が武家諸法度で制度化。
問6　譲位した天皇の尊号・太上天皇を省略したもの。
問7　保元の乱(1156年)，平治の乱(1159年)で平清盛が勝利，初めての武家政権を樹立した。
問8　阿弥陀の名を一心に称えることで救われるという専修念仏の教えを説いた。
問9　頼朝の妻・政子が御家人を叱咤激励《しったげきれい》して朝廷側を破った。資料2は泰時の御成敗式目。
重要　問10　Aは鎌倉～室町，Bは安土桃山～江戸，Cは平安後期～鎌倉初期。

4　(日本と世界の歴史―近・現代の政治・経済・文化史など)

重要　問1　a　清教徒(ピューリタン)を中心とする革命。　b　生産技術の革新による経済・社会上の大変革。　c　5月4日，北京での学生デモから始まった大規模な反日運動。　d　ブッシュ・ゴルバチョフ会談で冷戦の終結と新時代の到来を表明。
問2　1641年，平戸のオランダ商館を長崎の出島に移して鎖国が完成した。
問3　伊能忠敬は17年間全国を歩き18世紀初めに大日本沿海輿地全図を完成。
問4　プロイセンはドイツ北東部の王国でフリードリヒ2世のときヨーロッパの強国となった。
問5　民族主義・民権主義・民生主義からなる中国革命の指導的な理論。
問6　チンタオ(青島)などドイツの勢力範囲となっていた半島。ウはリャオトン半島。
問7　朝鮮戦争の勃発によりアメリカの対日政策は変更，早期独立，再軍備に舵を切った。
問8　日米間の貿易摩擦は1970年代から繊維・鉄鋼・自動車と品目を変え次々に発生していった。

5　(公民―社会生活・経済・地方自治など)

問1　衡とは秤《はかり》の竿《さお》の意味で2つの間でバランスが取れている状態。
問2　自治体内で適用される決まりで，住民には条例の制定改廃請求権が与えられている。
問3　従来の上下・主従関係を対等・協力関係へと転換する目的で制定された法律。
問4　司法権のほか防衛や外交といった国家としての方向性を決める権限は持っていない。
問5　旧憲法では中央の政策を地方に徹底させるだけの存在であり，知事も天皇による任命制であった。現行憲法では特別に章を割いて地方自治を保障している。
問6　住民の直接選挙で選ばれた行政機関の長。紛らわしいため「くびちょう」と呼ぶことが多い。
問7　財政再建団体となっていた夕張市長から北海道知事に就任。
問8　議会の不信任決議に対し首長は議会の解散で対応できる。
問9　選挙権は2015年に18歳に引き下げ，被選挙権は参議院と知事が30歳でその他は25歳。
問10　解散と解職請求は有権者の3分の1，条例の制定改廃と監査請求は50分の1。
重要　問11　選挙管理委員会に提出し住民投票で過半数の同意があれば解職される。
問12　住民税や固定資産税，事業税などから構成されるが歳入の4割程度に過ぎない。
問13　公共事業や社会保障，義務教育などで交付され一般には補助金と呼ばれる。
問14　換気の悪い空間，多数が集まる場所，会話の場面を避けるためにも社会的な距離をとることが感染症の拡大を防ぐためには必要不可欠になる。

★ワンポイントアドバイス★

最近は単純な社会という教科の範囲を超えた出題も増えている。身のまわりの出来事に関心を持って生活することを意識していこう。

＜国語解答＞

一　問一　1　ウ　2　イ　問二　(1)　イ　(2)　エ　問三　ウ　問四　だれがやっても結果がおなじになる調べ方をしなければならない。　問五　トランスサイエンス
問六　B　イ　C　ア　D　イ　問七　エ　問八　ア　問九　プラスチックごみが環境や人間へどんな影響を及ぼすか，科学的に不明な点が多いとしても，常に問題意識をもって警戒し，将来この問題が致命的で取り返しがつかなくならないような予防的方策を行えばよいと考えている。

二　問一　(1)　ウ　(2)　イ　問二　1　エ　2　ウ　問三　Ⅰ　とても人が住めるような状態　Ⅱ　掃除と普請　問四　イ　問五　ア　問六　A　ウ　B　エ
問七　二人が地蔵さん親子の人の良さに付け込んで好き勝手にふるまい，親子に迷惑をかけていると考えている。　問八　相当酔っぱらっている　問九　(冷たい)五寸釘のような視線　問十　ア

三　問一　(1)　①　もろこし　③　かみ　(2)　係り結び　問二　(1)　ウ　(2)　イ　(3)　ア　問三　我らは～し給へ　問四　エ　問五　イ　問六　ウ

四　1　ウ　2　オ　3　ア　4　エ　5　カ

五　①　摂取　②　佳境　③　裂　④　せいち　⑤　あら

○配点○
一　問九　6点　他　各2点×12　二　問七　4点　他　各2点×13　三　各2点×10
四　各2点×5　五　各2点×5　計100点

＜国語解説＞

一　(論説文一接続語の問題，語句の意味，脱文・脱語補充，文脈把握)

問一　1　直前の第十三段落では，「ふたつの考え方がある」ということを示したうえで「いまの科学では前者が正しいと考えられている」という説明を行い，直後では「後者を支持する人たち」について説明しているということから，前の話題を踏まえて新しい話題を始める「では」が適当。
2　直前の第二十段落ではプラスチックごみ問題の解決について，最終段落ではプラスチックごみ問題の「予防原則」について，と同じテーマでも別の観点から述べている。したがって，前の内容を受けて新しいことを追加で述べる「また」が適当。

問二　(1)　「門外漢」とは「専門でない人，あるいは直接それに携わっていない人」。したがって，イは真逆の意味となる。辞書的な意味を知らなかったとしても，直後の「その判断は……任せよう」，「自分に責任はない」から判断できるとよい。　(2)　「落としどころ」とは「お互いが譲歩・妥協し合って決めた，両者とも納得できる条件」。したがって，エは無関係な意味となる。「折衷」とは「いろいろな物からいいところをとり，一つにあわせること」。辞書的な意味を知らなかったとしても，同じく第二十段落の「結局のところ優劣はつけがたい」「自分とは違う考えにもリベラルに耳を傾け」から判断できるとよい。

問三　同じく第五段落の「コストとのバランスという価値判断が求められるからだ」に注目する。ア・イはコストと無関係なので不適当。エはコストだけについて記述しており，「コストとのバランス」ということを記述できていないので不適当。コストと何かのバランスを判断しなければならないことがAにはあてはまる。ウは，事故の確率を下げるためにはコストがかかるが事故はないほうがよいということからバランスをとる必要があるといえる。コストとは，「何かを行う，または作るためにかかる費用や時間，人員のこと」。

問四　傍線部1の後には「だから，だれかが……応用することもできる」と，「厳密なルール」があるからこそ可能になることを述べている。すると，第一段落では「だれがやっても……しなければならない。」と決まり事が述べられており，またこのことによって「だれかが……応用することもできる」も成り立つので，この部分が適当。

問五　傍線部2については，直後に「それは人の価値観や判断が関係する領域だ」と説明され，第五・第六段落では価値観や判断が関係するから科学では答えが出せない領域について，原子力発電所とプラスチックという具体例を挙げている。これをふまえ，第七段落では「科学抜きでは……そうした領域のことを，……『トランスサイエンス』と名づけた」とあるため，この「トランスサイエンス」が適当。

問六　同じく第八段落「科学は原発の安全を……政治の仕事だ」に注目する。この内容から，B・Dは「安全」について「(レベルを)決める」主体だから「政治」があてはまる。Cは「それでほんとうに安全なのかは判断できない」から「科学」があてはまる。

問七　ア「独裁政治」とは，「ある一個人，または一党派が絶対的な権力を持つ政治」。　イ「恐怖政治」とは，「反対者を殺したり投獄したり，恐ろしくひどい手段で押さえつけて行う悪政」。ウ「政党政治」とは，「議会内の多数派あるいは有権者中の多数者の支持をうけた政党が政権を担当する政治」。　エ「民主政治」とは，「人民が主権をもち，人民の意思をもとにして行う政治」。「社会のあらゆることに個人が判断を下せることを前提としている」という記述に合致するのはエのみである。

問八　傍線部3は，直前の「市民が科学の……分極化する」を言い換えたものである。この「分極化」について，第十二段落～第十五段落で地球温暖化を例に出し，第十六段落で「選択的接触」と「確証バイアス」によって，「立場が割れやすいテーマについては，……核になってしまう」と説明している。この内容と合致するアが適当。　イと迷うが，イは科学のことに触れておらず，「科学のよろいをまとった」の説明になっていないため不適当。

重要 問九　まず「予防原則」とは，最終段落で「いまの限りある……事態に備える」考え方であると説明されているので「将来悪いことが起きないよう備える」ということ，また，最終文には「将来も増え続ける……実行する」と，「予防原則」をプラスチックごみ問題にあてはめて述べているので，この部分の要素は必須。加えて，最終段落で「まだ科学的にも不明な点がたくさん残る」つまり，いまの知識には限りがあるということ，さらに第六段落や第十段落の内容から「プラスチックごみが社会にどう影響するのかを科学には判断できない」ということも要素として含めて記述し，設問に沿って文末を「～すればよい」とまとめられればよい。

二 (小説—語句の意味，擬音語，脱文・脱語補充，文脈把握，情景・心情，表現技法)

問一　(1)「算段」とは，「苦心してよい方法や手段を考え出すこと」。辞書的な意味を知らなかったとしても，ここは「計画」と言い換えられるということに気付けるとよい。　(2)「小心」とは，「気が小さくて臆病なこと」。「気が小さい人」という意味の「小心者」という言葉を聞いたことのある受験生も多いだろう。また，「細かいことにまでよく気を配ること」という意味もあるが，こちらはあまり一般的ではない。辞書的な意味を知らなかったとしても，「心臓がばくばくしてしまう」からイ・エまでは絞り，「作務衣の男」に何も言い返せなかったという文脈からイを選べるとよい。

問二　1「ざっと」とは，「丁寧にではなく，大まかに」という意味。　2「ぎゅっと」とは，「強く締めつけたり押さえつけたりするさま」。　ア「ざらっと」は「砂粒のような粗さを感じるさま」。　イ「しれっと」は「何事もなかったように，平気を装うさま」。　オ「ぎしっと」は「整然と，ものがつまっているさま」あるいは「板などを踏んできしむ音がするさま」。

問三　傍線部1直後に「今回は，……掃除と普請のためだった」とあるので，Ⅱにはこの「掃除と普請」があてはまる。「普請」とは一般に建築工事のこと。掃除と普請をしなければならない理由としては，「ところが実際に……状態ではなかった」とあるので，この部分の「とても人が住めるような状態ではなかった」が端的な説明としてⅠにあてはまる。

問四　傍線部2直前に「ぼく」は「本当に，いいんですか？」と発言している。これは，離れを貸してもらえるということが「予想だにしないような台詞」であったことに起因している。「地蔵さん」と「ヤスばあちゃん」の二人を交互に見たということから，本当にいいのかどうかを，二人の顔色を見ながら確認するという意思がうかがえる。よってイが適当。

問五　「呆然とする」とは，「予想だにできない出来事に遭遇して，一時的に何も考えられなくなってしまうこと」。この時点でア・ウに絞られる。ここでは，「作務衣の男」の発言に対して「地蔵さん」が「変なこと言うなよぉ」と「助け舟を出して」いることから，「作務衣の男」の発言内容がこの場にふさわしくないということがわかる。よってアが適当。ウでは「作務衣の男」の声質にしか言及がなく，発言内容が原因で「呆然としていた」ことがわからないため不適当。

問六　A　実際に船が出てきたわけではなく，これは「困っているところを助けてくれた」という意味を表すための比喩である。比喩の中でも，「まるで」「～ように・ような」といった，比喩と明らかにわかるような表現を用いないものを暗喩という。　B　畳は生物ではないので，実際に「生まれ変わる」ことはできない。生物でないものを生物に見立ててたとえているという点で，「人でないものを人に見立ててたとえる」擬人法の一つと言える。

重要　問七　「言い放」った内容は，直後の「ギブ＆テイクって言葉も……」である。また，「作務衣の男」は「まさか，この家から，……」とも発言しているため，要は二人が地蔵さん親子から施しを受けるだけ受けて何も返さない，厚かましい人物だと思っているということが読み取れる。「ギブ＆テイク」とは，「何かを与えたら何かをもらう，逆に，何かをもらったら何かを与える，という関係」のこと。二人が地蔵さん親子に何も与える気がない，あるいは地蔵さん親子が損をするということがわかる内容，それが地蔵さん親子の優しさや人の良さに付け込んだものである，または自分本位であるということがわかる内容を記述し，設問に沿って「～と思っている」という文末でまとめられればよいだろう。

問八　傍線部5は外から離れの中を見られないようにする行動である。その直後に「何なのよ，……」と発言しているため，「作務衣の男」を警戒してこのような行動に出たと考えられる。すると，「作務衣の男」について「らしく」につながることができる，つまり「未確定だがそう思われる」ような情報としては「この人はすでに相当酔っぱらっているのかも知れない」しかないため，この部分の「相当酔っぱらっている」が適当。

問九　「直喩表現」なので，「まるで，～ように，～ような」といった言葉で，「目」を他のものにたとえている箇所を探せばよい。すると，「まさか，この家から，……」の後に「冷たい五寸釘のような視線」と「ような」を使いつつ，「目」を「五寸釘」と他のものにたとえているので，ここが適当。

問十　傍線部7直前に「小心な自分自身がひどく気に喰わなくて」とあるので，自分に対して苛立っているということが記述されているアが適当。

三　**(古文一漢字の読み，用法，語句の意味，文脈把握，情景・心情，内容吟味)**

〈口語訳〉　中国に身分の低い夫婦がいた。餅を売って生計を立てていた。(妻が)夫と道のほとりで餅を売っていた時に，人が袋を落としたのを拾って見ると，銀貨が六つあった。家に持って帰った。妻は心が素直で欲のない者で，「私たちは商売をして暮らしているので，何か不足していることもありません。この(銀貨の)持ち主は今頃どれほど嘆いて(銀貨を)探し回っていることでしょうか。気の毒なことです。持ち主を探してお返しください」と言ったので，(夫は)「本当にその通りだ」と思って，このことを方々に言いまわったところ，持ち主という者が出てきて，これ(銀貨)を受け取り，あまりに嬉しくて「三つを差し上げましょう」と言って，さあ分けようとした時に，ふと思い直して，面倒ごとを引き起こそうという目的で，「(銀貨は)七つあったのに，(今)六つあるというのはおかしなことだ。一つをお隠しになったのですか」と言う。(夫は)「そんなことはありません。もともと六つでした」と言い合ううちに，ついに国司のもとで，これ(どちらが正しいのか)を判断してもらう(ことになった)。国司は眼力に優れていて，この持ち主は嘘をついていて，この男(夫)は正直者だと見抜いたが，やはり不思議な点もあるので，夫の妻を呼んで，別のところで，事の詳細を尋ねたところ，夫の主張と(妻の説明は)少しも違うところがない。この妻は極めて正直な者と見抜いて，あの持ち主が嘘をついていることが確かになったので，国司の判決で「この事は確かな証拠がないので判断しがたい。ただし，(夫も持ち主も)ともに正直者に見える。夫妻の言っていることも(夫妻の間で)一致している。持ち主の言うことも正直なことに聞こえるので，七つある銀貨を(七つが一つの袋にまとまったまま)探してくるとよい。この(今ある)銀貨は六つなので，別の人のものだろう」と言って，六つの銀貨をそのまま夫妻にお与えになった。

やや難 問一 (1) ① 唐土は「もろこし」と読み，中国のこと。 ③ 守は「かみ」と読み，国司の長官のこと。国司とは，地方の役人のことで，現代で言う知事のようなもの。 (2) 係助詞「こそ」を受けて，文末が終止形「なり」ではなく已然形「なれ」となっている。このように，係助詞によって文末が終止形ではなくなるきまりを「係り結びの法則」という。

問二 (1) 「いとほし」とは「気の毒だ，いやだ」という意味。現代語の「愛おしい」と似た「可愛い」という意味もあるが，用例は少ない。辞書的な意味を知らなかったとしても，「この主いかばかり嘆き求むらむ」を受けて，嘆いているということからウを選べるとよい。 (2) 「ことわる」は漢字で「理る」と書き，「判断する，説明する」という意味。辞書的な意味を知らなかったとしても，国司にさせたということ，またその後国司が裁判のようなことをしているということからイを選べるとよい。 (3) 「さかし」は漢字で「賢し」と書き，「賢明だ，しっかりしている，小賢しい」という意味。辞書的な意味を知らなかったとしても，夫妻が正直者だと見抜いたということからアを選べるとよい。

問三 「と」は引用を表す助詞なので，「と」直前の「給へ」が発言の終わりである。すると，「我ら」とは妻が自分たち夫妻のことを指すと考えられるので，「我ら」が発言の始まりである。「妻」はこの文章の筆者がそう称しているのであって，妻が自分のことを「妻」と呼ぶのは不自然である。

重要 問四 「思ひかへして」言ったことは「一をばかくされたるにや」つまり，もともとは七つあったのに今六つだから，一つ盗んだのではないかということである。この時点で，「思ひかへし」た人物は銀貨を落とした「主」であるとわかるので，ウ・エに絞られる。すると，ウでは一つ盗んだのではないかという発言につながらない。本当は自分が落としたものではないのに，自分が落としたものだという嘘をついていてそれが露見するのを恐れるならば，早々にこの場を立ち去るのが自然である。主は夫と銀貨を分けようとして「思ひかへし」て夫を泥棒だと言い出したので，銀貨が減ることが惜しくなったものと考えられる。

問五 「ともに正直の者」「夫妻また詞たがはず」から，「主」と夫妻の三人皆が正直者だと国司は「判」で発言しているためウは不適当。また，「是は六あれば，別の人のにこそ」から夫が拾った銀貨は六つで，「主」が言うには銀貨は七つあったということであれば，六つの銀貨は別の人が落としたものであり，「主」が落とした銀貨七つの入った袋はまだ見つかっていないと判断したということ，および「六ながら夫妻にたびけり」から，銀貨六つを夫妻に与えたということに合致するイが適当。「ながら」は「そのまま」という意味がある。

問六　ア　良さそうに見えるが，夫妻の正直な告白を権力者である国司が認めていたとすると，嘘をついた「主」は裁かれているはずなので不適当。国司は「主」を裁くことなく，夫妻の訴えを聞き入れ夫妻にほうびを与えたという構図である。　イ　正直者の夫妻は損をしておらず，拾った六つの銀貨を手に入れているため不適当。　エ「いつでも～限らない」という内容はこの文章からは読み取れないので不適当。「いつでも～限らない」と判断するためには複数のエピソードが必要だが，文章は銀貨にまつわるエピソードのみである。

四　(品詞・用法)

1　この「そうだ」は「～という様子だ」ということであり，様態の意味を表す。　2　この「だ」は「である」とも置き換えられ，断定の意味を表す。　3　この「れる」は「自然とそうなる」ということであり，自発の意味を表す。　4　この「せる」は他人にそうさせるということであり，使役の意味を表す。　5　この「だろう」は「そのように推測される，予想される」ということであり，推量の意味を表す。

五　(漢字の読み書き)

①「摂取」とは，「取り入れて自分のものとすること」。　②「佳境」とは，一般には「興味を感じさせる場面」。「景色の良い所」という意味もあるが，一般にはあまり使われない。　③「裂く」とは，「二つに離すこと」。「割く」は「割り当てること」であり，「時間を割く」という使い方が一般的。　④「精緻」とは，「極めて詳しく細かいこと」。　⑤「粗い」とは，「大ざっぱなさま，またすきまが大きいさま」。

★ワンポイントアドバイス★

論説文は，大きなテーマを受けて個別の事例についてどのようなことが言えるのかという論理関係に気を付けよう。小説は，発言内容や仕草から，登場人物の心情や考えを言外のものでも読み取れるようにしよう。古文は，一人称・三人称にも注意して主語や目的語を補いながら全体の内容を把握しよう。

総合

2022年度

解　答　と　解　説

《2022年度の配点は解答欄に掲載してあります。》

＜数学解答＞

1　(1)　-1　(2)　$-\frac{1}{7}$　(3)　$3\sqrt{6}$　(4)　$4x+y$　(5)　$18x^5y^2$

2　(1)　$x=-9$　(2)　$x=5,\ y=-4$　(3)　$S=\frac{3V}{h}$　(4)　$(x+3y)(x-3y)$

(5)　$x=-5,\ y=3$

3　(1)　$a=6$　(2)　1440円　(3)　4π(cm)　(4)　$\frac{2\pm\sqrt{10}}{3}$　(5)　$56.65 \leqq a < 56.75$

4　(1)　$\frac{3}{10}$　(2)　5の倍数など(解説参照)　**5**　(1)　$x=10$　(2)　$x=40$

6　(1)　$a=3,\ b=12,\ c=-1$　(2)　$0 \leqq y \leqq 12$　**7**　(1)　㋐　(2)　㋓　(3)　㋘

8　(1)　解説参照　(2)　解説参照

○配点○

各4点×25(**7**(1)・(2)完答)　計100点

＜数学解説＞

基本　**1**　(数・式の計算，平方根，多項式の計算，単項式と単項式の積)

(1)　$7+(-4)\times 2=7+(-8)=-1$

(2)　$\left(\frac{1}{2}\right)\div\left(-\frac{7}{2}\right)=-\frac{1}{2}\times\frac{2}{7}=-\frac{1}{7}$

(3)　$\sqrt{24}+\sqrt{2}\times\sqrt{3}=\sqrt{24}+\sqrt{6}=2\sqrt{6}+\sqrt{6}=3\sqrt{6}$

(4)　$9x+2y-(5x+y)=9x+2y-5x-y=4x+y$

(5)　$2x^3y^2\times(-3x)^2=2x^3y^2\times 9x^2=18x^5y^2$

基本　**2**　(1次方程式，連立方程式，等式変形，因数分解，2次方程式)

(1)　$1.5x+4=0.8x-2.3$より，両辺を10倍して，$15x+40=8x-23$　$15x-8x=-23-40$　$7x=-63$　$x=-9$

(2)　$3x+2y=7$…①，$x-y=9$…②とする。②の両辺を2倍して$2x-2y=18$…③　①と③の左辺どうし，右辺どうしを加えると，$5x=25$　$x=5$　さらに，②に$x=5$を代入すると，$5-y=9$　$-y=9-5$　$-y=4$　$y=-4$　よって，$x=5,\ y=-4$

(3)　$V=\frac{1}{3}Sh$より$\frac{1}{3}Sh=V$　両辺を3倍して$Sh=3V$　両辺をhで割って，$S=\frac{3V}{h}$

(4)　$x^2-9y^2=x^2-(3y)^2=(x+3y)(x-3y)$

(5)　$x^2+2x-15=0$　$(x+5)(x-3)=0$　$x=-5,\ 3$

重要　**3**　(平方根の性質，消費税，おうぎ形の弧の長さ，2次方程式，近似値)

(1)　$\sqrt{54}\times\sqrt{a}=3\sqrt{6a}$となるので，$\sqrt{54}\times\sqrt{a}$が自然数になるとき，最も小さい自然数$a$の値は6

(2)　消費税が8%のとき，ある商品の税抜き価格は$1296\div 1.08=1200$(円)　よって，消費税が20

%になったときの売価は1200×1.2＝1440(円)になる。

(3)　$20\times2\times\pi\times\frac{36^\circ}{360^\circ}=40\pi\times\frac{1}{10}=4\pi$(cm)

(4)　$3x^2-4x-2=0$において，解の公式より，$x=\frac{-(-4)\pm\sqrt{(-4)^2-4\times3\times(-2)}}{2\times3}=\frac{4\pm\sqrt{16+24}}{6}=\frac{4\pm\sqrt{40}}{6}=\frac{4\pm2\sqrt{10}}{6}=\frac{2\pm\sqrt{10}}{3}$

(5)　近似値である56.7は，真の値aの小数第2位の数字を四捨五入して得られるので，aの最小値は56.65となる。また，近似値が56.8となる真の値をbとすると，bの最小値は56.75となる。よって，aの範囲は$56.65\leqq a<56.75$

4　(確率)

(1)　12の約数は1，2，3，4，6，12の6通りあり，正二十面体のさいころの目の出方は全部で20通りなので，出る目の数が12の約数になる確率は$\frac{6}{20}=\frac{3}{10}$

やや難　(2)　$\frac{1}{5}=\frac{4}{20}$なので，起こりうる場合が4通りのことがらを考えればよい。例えば，1から20までの数のうち，5の倍数は5，10，15，20の4通りなので，「5の倍数」は問題文にあてはまる。他にも，「6の約数(1，2，3，6の4通り)」「8の約数(1，2，4，8の4通り)」「10の約数(1，2，5，10の4通り)」「14の約数(1，2，7，14の4通り)」「15の約数(1，3，5，15の4通り)」「4以下の自然数(1，2，3，4の4通り)」「17以上の自然数(17，18，19，20の4通り)」「11以上14以下の自然数(11，12，13，14の4通り)」などが考えられる。

重要　**5**　(図形の面積)

(1)　右図1のように，正方形(大)の1辺の長さをx，正方形(中)の1辺の長さをy，正方形(小)の1辺の長さをzとすると，図より，$x+y+z=23$…①　$y=x-2$…②　$z=x-5$…③　②と③を①に代入して，$x+(x-2)+(x-5)=23$　$3x-7=23$　$3x=30$　$x=10$

図1

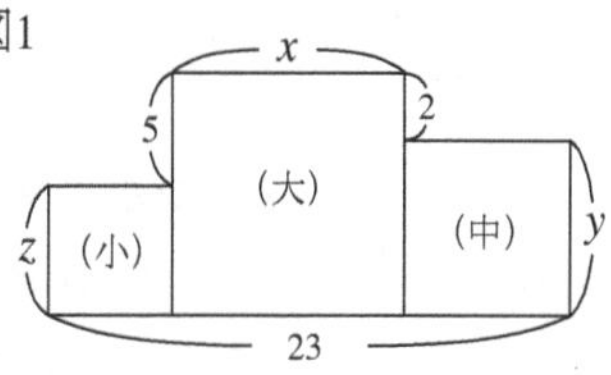

(2)　右図2のように，各頂点や各交点を点A～Iとする。四角形ABIHはたての長さが8，面積が56の長方形なので，横の長さは56÷8＝7となり，AB＝HI＝GF＝7　このとき，四角形HIFGは横の長さが7，面積が42の長方形なので，たての長さは42÷7＝6となり，HG＝IF＝DE＝6　さらに，四角形IDEFはたての長さが6，面積が30の長方形なので，横の長さは30÷6＝5となり，FE＝ID＝BC＝6　よって，四角形BCDIはたての長さが8，横の長さが5の長方形なので，面積は8×5＝40　よって，$x=40$

図2

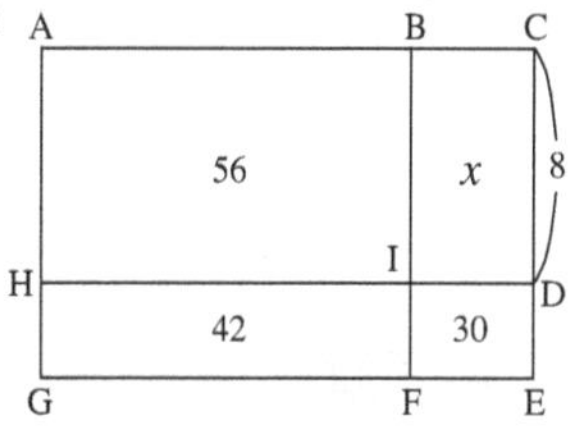

基本　**6**　(1次関数・2次関数のグラフの利用，変域)

(1)　点A(2，b)は直線$y=3x+6$上の点なので，$x=2$，$y=b$を$y=3x+6$に代入して，$b=3\times2+6$　$b=12$　また，点B(c，3)も直線$y=3x+6$上の点なので，$x=c$，$y=3$を$y=3x+6$に代入して，$3=3\times c+6$　$3=3c+6$　$3c=-3$　$c=-1$　このとき，点Aの座標はA(2，12)，点Bの座標はB(−1，3)となる。さらに，点Aは関数$y=ax^2$のグラフ上の点なので，$x=2$，$y=12$を$y=ax^2$に代入して，$12=a\times2^2$　$12=4a$　$a=3$　よって，$a=3$，$b=12$，$c=-1$

(2)　(1)より，関数$y=3x^2$で，xの変域が$-1\leqq x\leqq2$であるときのyの変域を求める。$y=3x^2$に$x=2$を代入すると，$y=3\times2^2=12$　$y=3x^2$に$x=0$を代入すると，$y=3\times0^2=0$　よって，$0\leqq y\leqq12$

重要 **7** **（平行四辺形・三角形と証明）**

△AOEと△COFにおいて，仮定よりOE＝OF…①　平行四辺形の対角線はそれぞれの中点で交わるからOA＝OC…②　対頂角は等しいから∠AOE＝∠COF…③　①，②，③より，2組の辺とその間の角がそれぞれ等しいから，△AOE≡△COF　よって，(1)は「AOE」の㋐，(2)は「COF」の㋓，(3)は「2組の辺とその間の角がそれぞれ等しい」の㋘

8 **（2次方程式を解く過程の記述，四角形の面積の求め方の記述）**

重要 (1)　$(2x+1)^2=9$　$2x+1=\pm3$　ここで，$2x+1=3$のとき，$2x=3-1$　$2x=2$　$x=1$　また，$2x+1=-3$のとき，$2x=-3-1$　$2x=-4$　$x=-2$　よって，$x=1,\ -2$

やや難 (2)　図1のように，△CDEと△GDEは辺DEが共通であり，辺CFと辺DEが平行なので高さが同じとなるから，面積は同じ。また，辺GEは，長方形GDEFの対角線なので，△GDEの面積は5　このとき，△CDEの面積も5　また，図2のように，△EBCと△FBCは辺BCが共通であり，辺AEと辺BCが平行なので高さが同じとなるから，面積は同じ。また，辺BFは，長方形ABCFの対角線なので，△FBCの面積は5　このとき，△EBCの面積も5　よって，図3のように，四角形BCDEは△CDEと△EBCを合わせた図形なので，四角形BCDEの面積は△CDEの面積と△EBCの面積の合計となり，5＋5＝10となる。

図1

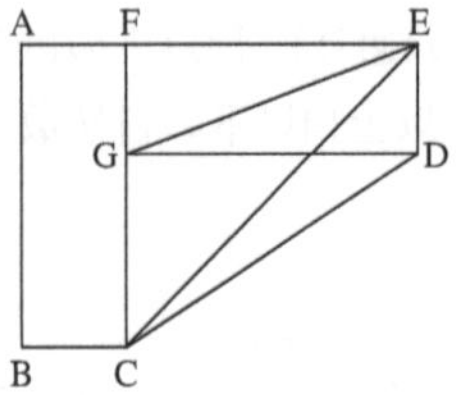

図2

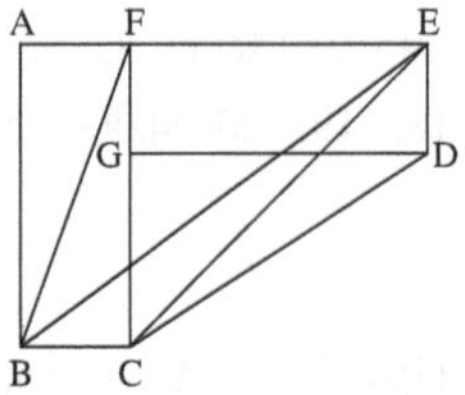

図3

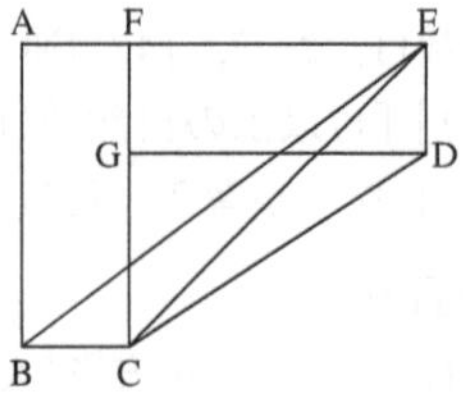

★ワンポイントアドバイス★

ほとんどは中学数学の基本事項からの出題なので，例題レベルの問題を数多く解いて力をつけよう。方程式の文章題を解くためには，速さ，割合などの小学校の知識を点検しておく必要もある。油断せず，しっかり準備を行おう。

＜英語解答＞

1　問1　A　ウ　B　ア　C　オ　D　イ　問2　they didn't take a long time to get to their destination.　問3　could　問4　ア，エ　問5　(the) cruise ships
問6　1　船[ボート]　2　時間がかかるから　問7　(例)　I want to visit France because I like to see many famous pictures.

2　問1　おととい　問2　A　ウ　B　ア　C　イ　問3　②　produced　③　eaten
問4　(in) (front) of　問5　1　F　2　F　3　T　4　T
問6　(例)　My hobby is to play tennis. I play tennis twice a week. It is fun.

3　1　イ　2　イ　3　ウ　4　ア　5　イ　6　ア　7　ア　8　ア　9　ウ　10　ア

4　1　ア　2　ア　3　イ　4　ウ　5　イ

5　ウ，エ，ク

○配点○

1問5，2問1　各4点×2　　1問7，2問6　各8点×2　　他　各2点×38　　計100点

＜英語解説＞

1　（長文読解問題・説明文：語句補充，指示語，要旨把握，内容吟味，自由英作文）

（全訳）　あなたは他の国に行ったことがあるか。それとも休日に日本の別の場所に行ったことがあるか。もしあるなら，おそらく飛行機でそこに行っただろう。最近では，ほとんどの人は長距離を移動する必要があるときに飛行機で行く。

しかし，飛行機が登場する前，人々は何をしていたのだろう。昔の人が別の国に旅行したいと思ったとき，彼らは船でそこに行った。船の中には非常に快適なものもあったが，①目的地に着くのに長い時間がかかった。船の移動は1～2週間かかる場合がある。ほとんどの人にとって，休暇を取るには長すぎたので，多くの人々は他の国に旅行する機会がなかった。

飛行機が普及すると，人々は以前よりも短い時間で世界のどこにでも旅行②できるようになった。これにより，海外旅行がより実用的になり，他の国での休暇を過ごすことが以前よりも人気が高まった。

最近，③船で旅行することは再び人気が高まっている。人々は「クルーズ船」と呼ぶ船に乗っている。これらのクルーズ船には，映画やプールなど，乗客がして楽しいことがたくさんある。④クルーズ船にはまた，多くのレストラン，ライブミュージック，さらにはお笑いがある。そのようなクルーズ船では，人々が行く場所はリラックスした旅ほど重要ではない。船がある場所から次の場所に移動している間，人々はリラックスして楽しい時間を過ごすことができる。クルーズ船はしばしば人気のある観光地に行き，乗客は日中どこかで観光に行き，夜は船に戻ることができる。

どう思うか。次の休日にクルーズに参加するか？

基本　問1　（A）　by ～ で交通手段を表す。　（B）　not as ～ as …「…ほど～ない」（C）　during the day「日中，昼間」（D）　at night「夜に」

基本　問2　過去形の否定文をつくるので，〈didn't ＋動詞の原形〉にすればよい。

問3　can ＝ be able to となる。過去形なので，could が適切。

問4　第4段落に船での旅行が再び人気になっている理由が書かれている。

問5　前文の the cruise ships を指している。

問6　（1）　第二段落参照。飛行機が登場する前は，「船」で移動していた。　（2）　第二段落参照。船での移動は「時間がかかる」のが欠点である。

やや難　問7　「旅行に行きたい場所とその理由」が問われているので，〈I want to go to ＋行きたい場所 because ～.〉の形で書けばよい。

2　（会話文：語句補充，要旨把握，内容吟味，自由英作文）

（全訳）　ダン：駅近くの新しいケーキ屋さんに行ったことがある？

ミキ：赤い扉とピンクの屋根のケーキ屋という意味？それは新しくないと思うよ。

ダン：いや。それは長い間そこにあったよ。私は白いドアと緑の屋根の新しいケーキ屋について話しているんだ。北口から道路を挟んで向かい側にある。①一昨日オープンしたばかりだよ。

ミキ：いいえ，そこに行ったことがないな。Aいいの？

ダン：素晴らしいよ！すべてのケーキはとても美味しそうに見えるんだ。それらをすべて買いたかったよ。

ミキ：ほんとに？ B どのケーキを買ったの？
ダン：決められなかったので，スタッフの何人かにどれが好きか聞いてみたんだ。
ミキ：彼らはどちらが良いと言ったの？
ダン：彼らは，最高のケーキはチーズケーキとアップルパイだと言ったよ。
ミキ：C なぜ彼らはそれらのものを選んだの？
ダン：彼らは，それらは北海道産の牛乳とりんごから作られていて，毎日新鮮に②作られていると言っていたからだよ。
ミキ：どうだった？
ダン：それらは間違いなく今まで③食べた中で一番おいしいケーキだったよ。
ミキ：うわー，それは素晴らしいね。次回は一緒に行こうよ。
ダン：もちろん，でも店が非常に人気になっているので，早くそこに着く必要があるよ。
ミキ：大丈夫だよ。土曜日の朝に開店する前に行ってみよう。
ダン：いい考えだね。ケーキを持ち歩きたくない場合は，店の④前にテーブルと椅子があるんだ。
ミキ：すごい！

基本 問1 「おととい」 the day before yesterday

問2 A It's fantastic! と答えているので，「どうだった？」の How was it? が適切。

B 「決められなかった」と答えているので，どのケーキを買ったのか尋ねているとわかる。

C because を用いて答えているので，why で尋ねていると判断できる。

問3 ② produced in Hokkaido は前の名詞を修飾する分詞の形容詞的用法である。

③ 〈have ＋過去分詞〉で現在完了の文になる。

問4 「～の前に」 in front of ～

問5 (1) 新しいケーキ屋では，チーズケーキとアップルパイを食べたので不適切。

(2) ダンは決められなかったため，スタッフにどれがよいか尋ねたので不適切。

(3) その店は人気になってきているとあるので適切。

(4) 土曜の朝に開店前に行こうと言っているので適切。

やや難 問6 「趣味について」尋ねられているので，My hobby is ～. で始めればよい。具体例や理由を書くことで語数を多く書くことができる。

重要 **3** (語句選択問題：受動態，比較，動名詞，進行形，熟語，接続詞，助動詞)

1 受動態の文は〈be動詞＋過去分詞〉となる。
2 後に than があるため，比較級が適切。
3 主語になっているので，動名詞を用いればよい。
4 〈a lot of ＋名詞〉「たくさんの～」
5 hers「彼女のもの」
6 主語が複数なので，were watching が適切。
7 wait for ～「～を待つ」
8 If ～「もし～ならば」
9 have to ～「～しなければならない」
10 you で尋ねられた場合は，I を用いて答えればよい。

4 (発音問題)

1 左側の語とアは[s]と発音する。
2 左側の語とアは[ou]と発音する。
3 左側の語とイは[i]と発音する。

4　左側の語とウは[ʌ]と発音する。

5　左側の語とイは[uː]と発音する。

基本 5 (アクセント)

ウ，エ，ク以外はすべて第1音節にアクセントがある。

★ワンポイントアドバイス★

基本問題を中心とする出題である。英作文の配点が高いので，問題集や過去問を用いて，自分の考えを英文で書けるように何度も練習をしたい。

＜国語解答＞

一　問一　1　ウ　2　イ　問二　(1)　イ　(2)　エ　問三　ウ　問四　B　イ　C　ア　D　イ　問五　ウ　問六　エ　問七　トランスサイエンス　問八　ア　問九　エ　問十　将来も増え続けることが確実なプラスチックごみの悪影響について警戒を怠らず，対策をたてて実行する

二　問一　(1)　ウ　(2)　イ　問二　1　エ　2　ウ　問三　Ⅰ　とても人が住めるような状態　Ⅱ　掃除と普請　問四　イ　問五　ア　問六　A　ウ　B　エ　問七　二人が地蔵さん親子の人の良さに付け込んで好き勝手にふるまい，親子に迷惑をかけていると考えている。　問八　相当酔っぱらっている　問九　(冷たい)五寸釘のような視線　問十　ア

三　問一　①　あわれみ　②　まいりて　問二　(1)　ウ　(2)　イ　問三　1　エ　2　ア　問四　ア　問五　夢　問六　イ　問七　エ

四　1　ウ　2　オ　3　ア　4　エ　5　カ

五　①　摂取　②　佳境　③　裂　④　せいち　⑤　あら

○配点○

一　問十　4点　他　各2点×13　二　問七　4点　他　各2点×13　三　各2点×10

四　各2点×5　五　各2点×5　計100点

＜国語解説＞

一　(論説文―接続語の問題，語句の意味，脱文・脱語補充，文脈把握)

問一　1　直前の第十三段落では，「ふたつの考え方がある」ということを示したうえで「いまの科学では前者が正しいと考えられている」という説明を行い，直後では「後者を支持する人たち」について説明しているということから，前の話題を踏まえて新しい話題を始める「では」が適当。

2　直前の第二十段落ではプラスチックごみ問題の解決について，最終段落ではプラスチックごみ問題の「予防原則」について，と同じテーマでも別の観点から述べている。したがって，前の内容を受けて新しいことを追加で述べる「また」が適当。

問二　(1)　「門外漢」とは「専門でない人，あるいは直接それに携わっていない人」。したがって，イは真逆の意味となる。辞書的な意味を知らなかったとしても，直後の「その判断は……任せよう」，「自分に責任はない」から判断できるとよい。　(2)　「落としどころ」とは「お互いが譲歩・妥協し合って決めた，両者とも納得できる条件」。したがって，エは無関係な意味となる。

「折衷」とは「いろいろな物からいいところをとり，一つにあわせること」。辞書的な意味を知らなかったとしても，同じく第二十段落の「結局のところ優劣はつけがたい」「自分とは違う考えにもリベラルに耳を傾け」から判断できるとよい。

基本 問三　ア　「猫の手」とは，「猫の手も借りたい」というように，「些細な手伝い」を表すため不適当。　イ　「一番手」とは，「最初に行う人」であるため不適当。　エ　「引く手」とは「自分の方へ来させようと誘いかける人」であるため不適当。

問四　同じく第八段落「科学は原発の安全を……政治の仕事だ」に注目する。この内容から，B・Dは「安全」について「(レベルを)決める」主体だから「政治」があてはまる。Cは「それでほんとうに安全なのかは判断できない」から「科学」があてはまる。

やや難 問五　第四段落を見返すと，科学が答えることのできない領域とは「人の価値観や判断が関係する領域だ」とある。また，第一段落によれば科学は「だれがやっても結果がおなじになる調べ方をしなければならない」ため，選択肢のア・イ・エは「人によって差が出るもの」とは言えず，つまりは科学で判断できるものとなり，不適当。ウの「価値」であれば，科学が判断できない領域と言える。これは，原子力発電所の「安全」についても，科学的に何が「安全」かを判断することはできず，政治がその「安全」のレベルを，ある価値観から恣意的に決めているという第八段落の内容にも合致する。

問六　同じく第二段落「だから，……応用することもできる」に注目する。傍線部1を原因として，「だれかがつくりだした……応用することもできる」ということなので，エが適当。また，「そうなるように」の「そう」の指示内容を確認すると，第一段落「だれにでもできることを……認められる」があてはまるため，このことからもエが適当といえる。

問七　傍線部2については，直後に「それは人の価値観や判断が関係する領域だ」と説明され，第五・第六段落では価値観や判断が関係するから科学では答えが出せない領域について，原子力発電所とプラスチックという具体例を挙げている。これをふまえ，第七段落では「科学抜きでは……そうした領域のことを，……『トランスサイエンス』と名づけた」とあるため，この「トランスサイエンス」が適当。

問八　傍線部3は，直前の「市民が科学の……分極化する」を言い換えたものである。この「分極化」について，第十二段落～第十五段落で地球温暖化を例に出し，第十六段落で「選択的接触」と「確証バイアス」によって，「立場が割れやすいテーマについては，……核になってしまう」と説明している。この内容と合致するアが適当。イと迷うが，イは科学のことに触れておらず，「科学のよろいをまとった」の説明になっていないため不適当。

重要 問九　傍線部4直後の第十九段落では，傍線部4の内容について具体的な状況を想定して述べ，傍線部4の補足を行っている。その後，筆者は第二十段落において「社会を分極させることなく，……探し続けるほかないだろう」と意見を表明しているので，この内容に合致するエが適当。第十九段落があくまで「想定されるさまざまな意見」であるということを見抜けたかどうかが鍵である。

問十　最終段落によれば，「予防原則」とは「いまの限りある知識を……事態に備える」というものであるが，この部分を抜き出したのでは，「プラスチックごみ対策」にはならない。これはあくまで「予防原則」そのものであって，プラスチックごみ問題という個別の内容に沿ったものではないからだ。すると，最終文の「将来も増え続けることが……実行する」であれば，「予防原則」にのっとっており，かつプラスチックごみ問題固有の考え方ということになる。

二　**(小説―語句の意味，擬音語，脱文・脱語補充，文脈把握，情景・心情，表現技法)**

問一　(1)「算段」とは，「苦心してよい方法や手段を考え出すこと」。辞書的な意味を知らなかったとしても，ここは「計画」と言い換えられるということに気付けるとよい。　(2)「小心」とは，「気が小さくて臆病なこと」。「気が小さい人」という意味の「小心者」という言葉を聞いたことのある受験生も多いだろう。また，「細かいことにまでよく気を配ること」という意味もあるが，こちらはあまり一般的ではない。辞書的な意味を知らなかったとしても，「心臓がばくばくしてしまう」からイ・エまでは絞り，「作務衣の男」に何も言い返せなかったという文脈からイを選べるとよい。

基本　問二　1「ざっと」とは，「丁寧にではなく，大まかに」という意味。　2「ぎゅっと」とは，「強く締めつけたり押さえつけたりするさま」。　ア「ざらっと」は「砂粒のような粗さを感じるさま」。　イ「しれっと」は「何事もなかったように，平気を装うさま」。　オ「ぎしっと」は「整然と，ものがつまっているさま」あるいは「板などを踏んできしむ音がするさま」。

問三　傍線部1直後に「今回は，……掃除と普請のためだった」とあるので，Ⅱにはこの「掃除と普請」があてはまる。「普請」とは一般に建築工事のこと。掃除と普請をしなければならない理由としては，「ところが実際に……状態ではなかった」とあるので，この部分の「とても人が住めるような状態ではなかった」が端的な説明としてⅠにあてはまる。

問四　傍線部2直前に「ぼく」は「本当に，いいんですか？」と発言している。これは，離れを貸してもらえるということが「予想だにしないような台詞」であったことに起因している。「地蔵さん」と「ヤスばあちゃん」の二人を交互に見たということから，本当にいいのかどうかを，二人の顔色を見ながら確認するという意思がうかがえる。よってイが適当。

問五　「呆然とする」とは，「予想だにできない出来事に遭遇して，一時的に何も考えられなくなってしまうこと」。この時点でア・ウに絞られる。ここでは，「作務衣の男」の発言に対して「地蔵さん」が「変なこと言うなよぉ」と「助け舟を出して」いることから，「作務衣の男」の発言内容がこの場にふさわしくないということがわかる。よってアが適当。ウでは「作務衣の男」の声質にしか言及がなく，発言内容が原因で「呆然としていた」ことがわからないため不適当。

問六　A　実際に船が出てきたわけではなく，これは「困っているところを助けてくれた」という意味を表すための比喩である。比喩の中でも，「まるで」「～ように・ような」といった，比喩と明らかにわかるような表現を用いないものを暗喩という。　B　畳は生物ではないので，実際に「生まれ変わる」ことはできない。生物でないものを生物に見立ててたとえているという点で，「人でないものを人に見立ててたとえる」擬人法の一つと言える。

重要　問七　「言い放」った内容は，直後の「ギブ&テイクって言葉も……」である。また，「作務衣の男」は「まさか，この家から，……」とも発言しているため，要は二人が地蔵さん親子から施しを受けるだけ受けて何も返さない，厚かましい人物だと思っているということが読み取れる。「ギブ&テイク」とは，「何かを与えたら何かをもらう，逆に，何かをもらったら何かを与える，という関係」のこと。二人が地蔵さん親子に何も与える気がない，あるいは地蔵さん親子が損をするということがわかる内容，それが地蔵さん親子の優しさや人の良さに付け込んだものである，または自分本位であるということがわかる内容を記述し，設問に沿って「～と思っている」という文末でまとめられればよいだろう。

問八　傍線部5は外から離れの中を見られないようにする行動である。その直後に「何なのよ，……」と発言しているため，「作務衣の男」を警戒してこのような行動に出たと考えられる。すると，「作務衣の男」について「らしく」につながることができる，つまり「未確定だがそう思われる」ような情報としては「この人はすでに相当酔っぱらっているのかも知れない」しかないため，この部分の「相当酔っぱらっている」が適当。

問九　「直喩表現」なので，「まるで，～ように，～ような」といった言葉で，「目」を他のものにたとえている箇所を探せばよい。すると，「まさか，この家から，……」の後に「冷たい五寸釘のような視線」と「ような」を使いつつ，「目」を「五寸釘」と他のものにたとえているので，ここが適当。

問十　傍線部7直前に「小心な自分自身がひどく気に喰わなくて」とあるので，自分に対して苛立っているということが記述されているアが適当。

三　(古文一仮名遣い，語句の意味，口語訳，情景・心情，脱文・脱語補充，文脈把握)

〈口語訳〉 東大寺上人の春豪房は，伊勢の海いちしの浦で，海人がはまぐりを獲るのをご覧になって，(はまぐりが)気の毒になって慈悲心を起こし，みな買い取って海にお戻しになった。(上人は)素晴らしい功徳を積んだと思って，お眠りになった夜の夢に，はまぐりがたくさん集まって，嘆いて言うことには，「私は畜生道に落ちて，迷いの世界を離れる時期を知りませんでした。(しかし)二宮の御前にお参りして，まさに(迷いの世界の)生死の苦しみから逃れることができそう(＝死んで極楽浄土に往生できそう)だったのに，上人がつまらない慈悲心を起こしなさって(命を助けたので)，また苦しい身の上となって迷いの世界から離れる縁を失いました，なんと悲しいことよ」と言うのを見て，夢からさめてしまった。上人は激しく声を上げてお泣きになった。命を助けて功徳を積むといっても，時と場合を考えた方がよいのだ。

基本　問一　古典的仮名遣いでは，語頭以外の「はひふへほ」は「わいうえお」，「ゐ」は「い」と読む。

問二　(1)「ゆゆし」は「素晴らしい，ひどい，甚だしい，恐れ多い，不吉だ」という意味の多義語である。ここでは「ゆゆしき功徳」という文脈上，ウが適当。「功徳」とは，神仏から良い報いを与えられるような良い行いのこと。　(2)「よしなき」は形容詞「よしなし」の連体形である。「よしなし」は「理由がない，方法がない，つまらない，関係がない」という意味の多義語である。辞書的な意味として適当なものはイのみ。辞書的な意味を知らない場合は，「また重苦の身となりて」から，上人が行ったことが悪い影響を及ぼしたという文脈を把握できるとよい。

問三　1　ここでは「みな買とりて」と買い取ったものを海に入れたということであるから，買い取れるものは海人の獲っているはまぐりである。したがってエが適当。ア～ウでは上人自身が海に入ることになってしまう。　2「うれふ」は「憂ふ」と書き，現代語同様「嘆く，悲しむ」といった意味。はまぐりの発言の最後にある「かなしきかなやかなしきかなや」からも，はまぐりは悲しい気持ちになっているとわかるため，アが適当。

やや難　問四　仏教的背景知識がある程度必要な設問。はまぐりは上人のつまらない慈悲心によって命を助けられたわけであるが，仏教では現世というのは苦しい場所であり，仏教を篤く信仰した者が死ぬと極楽浄土という天国のような場所に往生でき，もう生きる・死ぬという苦しみから解放されると考えている。はまぐりは二宮にお参りして生死の苦しみから逃れられそうだったのに，上人が命を助けた，つまり死ぬ運命を回避して極楽浄土に往生する機会を奪ったから不満に思っているのである。よってアが適当。ウと迷うが，本文の「二宮にまゐりて」を根拠にするほか，極楽浄土に行く方法は仏教を篤く信仰すること，とりわけ念仏を一心に唱えることであるという背景知識があれば迷わず外せる。

問五　「夜の夢に」出てきたはまぐりが「われ畜生の……」と発言したということなので，「さめにけり」つまり「さめてしまった」ものは「夢」である。古文では，神仏のほか動物　などが夢に出てきてお告げや訴えを行うというシーンがよく見られる。

問六　「啼泣」とは「声をあげて泣くこと」。初見の言葉だとは思うが，ともかく「泣」から泣いたのだということがわかればよい。上人ははまぐりが「かなしきかなやかなしきかなや」と発言したことを受けて泣いたのであるが，なぜはまぐりが悲しいのかというと「また重苦の身となりて出離の縁をうしなひ侍りぬる」からであり，その原因は自分がはまぐりの命を助けるという「よしなきあはれみ」を行ったからという内容から，イが適当。良かれと思ってしたことが逆に当人を苦しめてしまった，ということである。

重要 問七　ア　上人ははまぐりの命を助けることには成功しているので不適当。　イ　はまぐりは命を助けられた結果として「重苦の身」になってしまったので不適当。　ウ　やり方が悪かったわけではなく，上人がはまぐりの命を助けたことが結果的にはまぐりを苦しめることになってしまったという内容なので不適当。

四 (品詞・用法)

1　この「そうだ」は「～という様子だ」ということであり，様態の意味を表す。　2　この「だ」は「である」とも置き換えられ，断定の意味を表す。　3　この「れる」は「自然とそうなる」ということであり，自発の意味を表す。　4　この「せる」は他人にそうさせるということであり，使役の意味を表す。　5　この「だろう」は「そのように推測される，予想される」ということであり，推量の意味を表す。

五 (漢字の読み書き)

①「摂取」とは，「取り入れて自分のものとすること」。　②「佳境」とは，一般には「興味を感じさせる場面」。「景色の良い所」という意味もあるが，一般にはあまり使われない。　③「裂く」とは，「二つに離すこと」。「割く」は「割り当てること」であり，「時間を割く」という使い方が一般的。　④「精緻」とは，「極めて詳しく細かいこと」。　⑤「粗い」とは，「大ざっぱなさま，またすきまが大きいさま」。

★ワンポイントアドバイス★

論説文は，具体例と一般化した内容の区別に注意しよう。小説は，発言内容や仕草から，登場人物の心情や考えを言外のものでも読み取れるようにしよう。古文は，単語や助動詞だけでなく仏教観をはじめとした古典世界の知識もつけておこう。

MEMO

大切なことはメモしておこうネ！

解答用紙集

○月×日　△曜日　天気（合格日和）

◆ご利用のみなさまへ

＊解答用紙の公表を行っていない学校につきましては、弊社の責任において、解答用紙を制作いたしました。

＊編集上の理由により一部縮小掲載した解答用紙がございます。

＊編集上の理由により一部実物と異なる形式の解答用紙がございます。

人間の最も偉大な力とは、その一番の弱点を克服したところから
生まれてくるものである。　――カール・ヒルティ――

※データのダウンロードは 2024 年 3 月末日まで。

東京学参株式会社

1

(1)	
(2)	
(3)	
(4)	
(5)	

2

(1)	x ＝
(2)	x ＝　　　　, x ＝
(3)	
(4)	x ＝　　　　, y ＝
(5)	角形

3

(1)	°
(2)	y ＝
(3)	a＝
(4)	a＝
(5)	

4

5

(1)	C（　　　　,　　　　）
(2)	DE ＝
(3)	y ＝

6

(1)	∠x＝　　　　°
(2)	∠x＝　　　　°

7

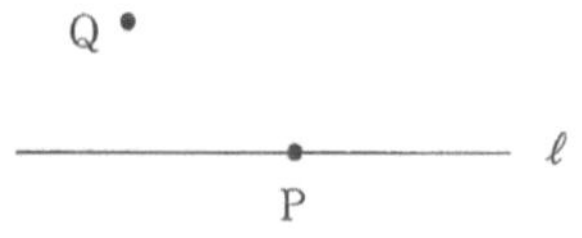

8

(1)	C（　　　　,　　　　）
(2)	y ＝
(3)	D の y 座標は

札幌静修高等学校(普通科特進コース)　2023年度

◇英語◇

1

問1

①	(　　　)
②	(　　　)(　　　)

問2

A		B		C	

問3

1		2	

問4

問5

問6

問7

問8

2

問1

A		B		C		D	

問2

(　　　)(　　　)

問3

問4

③	
④	

問5

問6

問7

3

1		2		3		4		5	
6		7		8		9		10	

4

1		2		3		4		5	

5

◇英語◇

1

問1 ①（　　）
②（　　）（　　）

問2

A		B		C	

問3

1		2	

問4

問5

問6

問7

問8

2

問1

A		B		C		D	

問2 （　　）（　　）

問3

問4 ③

④

問5

問6

問7

3

1		2		3		4		5	
6		7		8		9		10	

4

1		2		3		4		5	

5

6

[聞き取りテスト]

(A)	1		2		3		4		5	
(B)	1		2		3		4		5	

札幌静修高等学校（普通科特進コース） 2023年度

◇理科◇

1

(1)	(2)	(3)	(4)
＋ →			g

(5)	
番号	%

2

(1)	(2)	(3)	(4)	(5)

(6)

3

(1)			(2)
①	② Ω	③ 倍	W

(3)	
①	② kWh

4

(1)	(2)

(3)			
①	②	③	④

(4)	(5)

5

(1)	(2)	(3)	(4)
cm/s	cm/s		

(5)	
Ⓐ	Ⓑ

6

(1)	(2)	(3)		(4)
		(a)	(b)	

(5)

7

(1)	(2)			(3)
	①(a)	①(b)	②	

(4)	
①	②

8

(1)	(2)	(3)
→ ＋		

(4)		(5)
陽極	陰極	

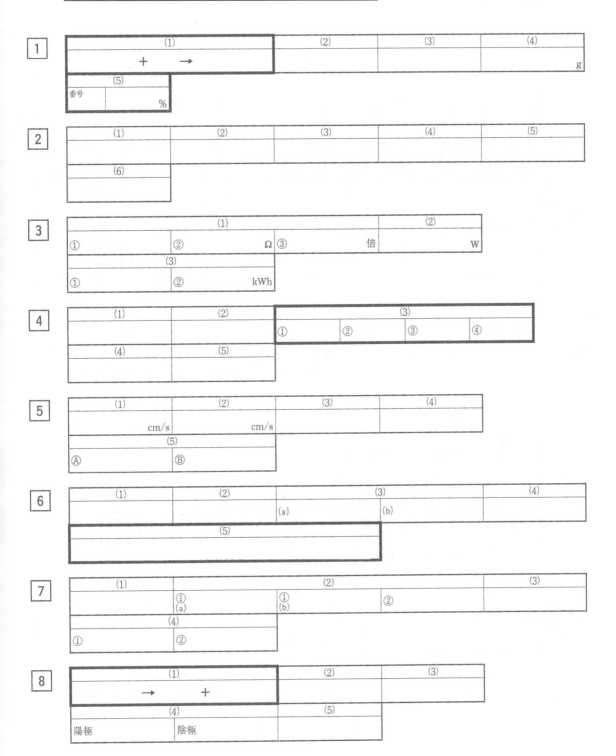

札幌静修高等学校（普通科特進コース）　2023年度

◇社会◇

1

問1

(a)	(b)	(c)	(d)

問2

(あ)	(い)

問3

(1)			(2)
(e)	(f)	(g)	(古)　→　→　→　(新)

2

問1　問2　問3

問4

問5

問6

問7

あ	い	う

問8

3

問1

(a)	(b)

問2

問3　(古)　→　→　(新)

問4　問5　問6　問7

問8　問9　問10

4

問1

(a)	(b)	(c)

問2

問3

下線部2	下線部3	下線部4	下線部5

問4　問5　問6

問7

図1	図2

問8

作品1	作品2

5

問1

(a)	(b)

問2　問3

問4

(あ)	(い)

問5

A党	B党	C党
議席	議席	議席

問6

6

問1

(a)	(b)

問2

問3　問4　問5

問6　問7

◇国語◇　札幌静修高等学校（普通科特進コース・ユニバーサル科）　2023年度

一

問一 (1) (2)

問二 1 2 3

問三

問四

問五 70 80 90

問六

問七 A B

問八 Ⅰ Ⅱ

二

問一 (1) (2)

問二 1 2

問三 Ⅰ Ⅱ

問四

問五

問六 ∫

問七

問八 (1) (2) 表現技法

問九 40 50 55

三

問一 ① 還かむ ② のたまふ

問二 (1) (2)

問三

問四 2 4

問五

問六

問七

四

① ② ③ ④

五

ヘンキャク	ヘンコウ	シュミ	納得	駆使	緩やか
					（やか）

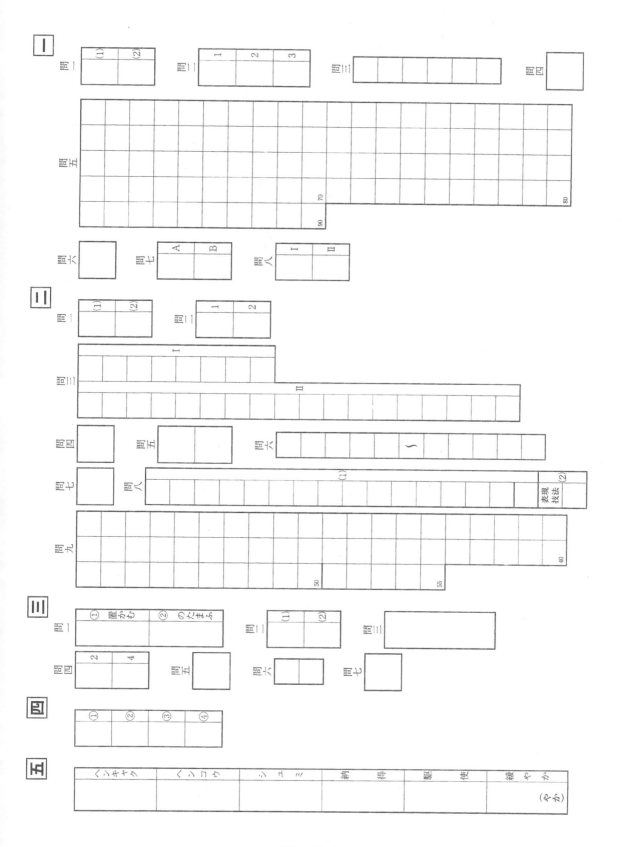

札幌静修高等学校(普通科総合コース)　2023年度　◇数学◇

1

(1)	
(2)	
(3)	
(4)	
(5)	

2

(1)	x ＝
(2)	x ＝　　　, x ＝
(3)	
(4)	x ＝　　　, y ＝
(5)	y ＝

3

(1)	cm^2
(2)	
(3)	a ＝
(4)	yの値は　　　する
(5)	

4

通り

5

(1)	A (　　　,　　　)
(2)	BC＝

6

(1)	$\angle x$＝　　　°
(2)	$\angle x$＝　　　°

7

(1)	
(2)	

8

(1)	y ＝
(2)	y ＝
(3)	cm

1

問 1

A		B		C	

問 2

問 3

問 4

1		2	

問 5

ア		イ		ウ	

問 6

2

問 1

A		B	

問 2

①	（　　　　）（　　　　）
⑤	（　　　　）（　　　　）

問 3

札幌駅の近くにある（

）？

問 4

問 5

問 6

問 7

3

1		2		3		4		5	
6		7		8		9		10	

4

1		2		3		4		5	

5

2023年度 札幌静修高等学校（普通科総合コース）

◇国語◇

一

問一 (1) (2)

問二 1 2 3

問三 (1) (2)

問四

問五

問六

問七

問八 A B

問九 Ⅰ Ⅱ

二

問一 (1) (2)

問二 1 2

問三 Ⅰ Ⅱ

問四

問五

問六 〜

問七

問八 (1) (2) 表現技法

問九

三

問一 ① おはしましけり ② 率（ゐ）て

問二 (1) (2)

問三 1 4

問四

問五

問六

問七

四

① ② ③ ④

五

ヘンキャク ヘンコウ シュミ 納得 駆使 緩やか

（やか）

札幌静修高等学校(普通科特進コース)　2022年度

◇数学◇

※ 139％に拡大していただくと，解答欄は実物大になります。

1

(1)	
(2)	
(3)	
(4)	
(5)	

2

(1)	x =
(2)	x =
(3)	y =
(4)	a =
(5)	
(6)	：

3

(1)	a =
(2)	円
(3)	cm
(4)	x= ，y= ，z=
(5)	

4

(1)	
(2)	x =

5

(1)	x = °
(2)	x =

6

(1)	a= ，b= ，c=
(2)	

7

8

(1)	
(2)	，

札幌静修高等学校(普通科特進コース)　2022年度　◇英語◇

※ 145%に拡大していただくと，解答欄は実物大になります。

1

問 1 (　　　)(　　　)(　　　) to another country?

問 2

A		B	

問 3

②		④	
⑤			

問 4

1		2	

問 5

1		2		3		4	

問 6

1

2

2

問 1

問 2

②

⑥

問 3

③

④

問 4

A		B		C	

問 5

問 6

1

2

3

1		2		3		4		5	
6		7		8		9		10	

4

1		2		3		4		5	

5

順不同

札幌静修高等学校（ユニバーサル科）　2022年度　◇英語◇

※ 145％に拡大していただくと，解答欄は実物大になります。

1

問 1　(　　　)(　　　)(　　　) to another country?

問 2　A　B

問 3　②　④　⑤

問 4　1　2

問 5　1　2　3　4

問 6　1

2

2

問 1

問 2　②

⑥

問 3　③

④

問 4　A　B　C

問 5

問 6　1

2

3

1		2		3		4		5	
6		7		8		9		10	

4

1		2		3		4		5	

5

順不同

6

［聞き取りテスト］

(A)	1		2		3		4		5	
(B)	1		2		3		4		5	

札幌静修高等学校(普通科特進コース)　2022年度

◇理科◇

※ 143％に拡大していただくと，解答欄は実物大になります。

1

(1)	(2)	(3)	(4)	(5)
mA	mA	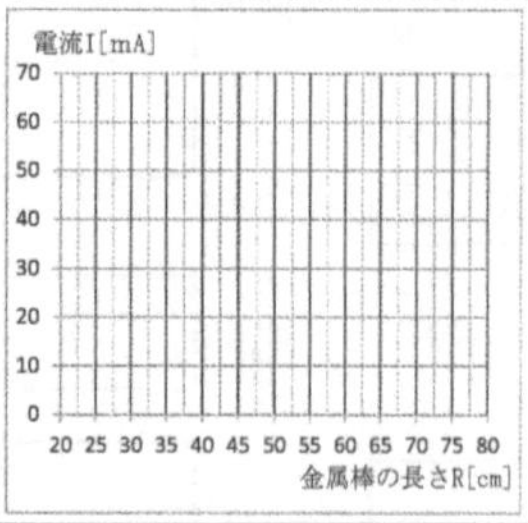		mA

(5)
理由

(6)
mA

2

(1)			
①	②	③	④

(2)	(3)
	g

3

(1)	(2)	(3)				(4)
		①	②	③	④	

4

(1)	(2)	(3)		(4)	(5)
	hPa	前線	記号	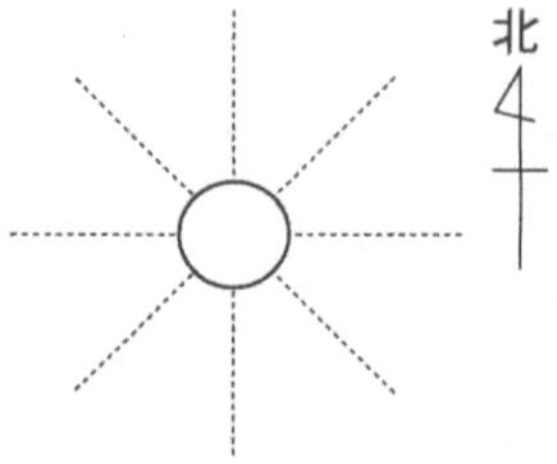	

(6)

5

(1)	(2)	(3)

(4)	
記号	理由

6

(1)	(2)	(3)	(4)
℃		%	

(5)	(6)
	g

7

(1)	(2)	(3)		
		Ⅰ	Ⅱ	Ⅲ

8

(1)	(2)	(3)			(4)	(5)
		A	B	C		

(6)	(7)

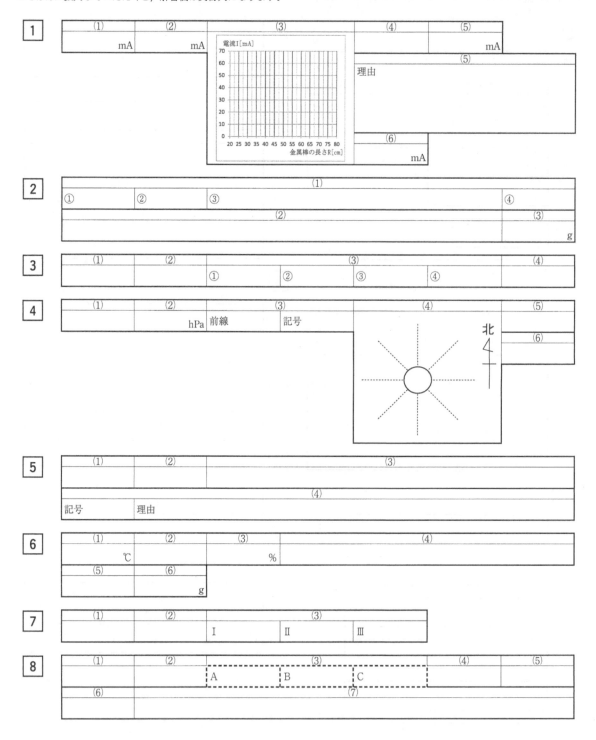

札幌静修高等学校（普通科特進コース）　2022年度

◇社会◇

※ 143％に拡大していただくと，解答欄は実物大になります。

1

問１

a	b

問２

北アメリカ大陸	オーストラリア大陸

問３　　問４

問５　　問６

問７

（f）	（g）

2

問１

（a）	（b）	（c）	（d）	（e）	（f）	（g）	（h）	（i）	（j）

問２

3

問１

（a）	（b）

問２　　問３　　問４

問５　　問６　　問７　　問８

問９

問10　（古）　→　→　（新）

4

問１

（a）	（b）	（c）	（d）

問２

問３　　問４　　問５　　問６

問７　　問８

5

問１　　問２　　問３　　問４

問５　　問６　　問７　　問８

問９　　問10　　問11　　問12

問13

問14

記号	語句

◇国語◇

札幌静修高等学校（普通科特進コース・ユニバーサル科）　２０２２年度

※１５２％に拡大していただくと、解答欄は実物大になります。

一

問一　1　2

問二　(1)　(2)

問三

問四

問五

問六　B　C　D

問七

問八

問九　25　50　75　100

二

問一　(1)　(2)

問二　1　2

問三　Ⅰ　Ⅱ

問四

問五

問六　A　B

問七

問八

問九

問十

三

問一　(1)―①　唐土　(1)―③　守　(2)

問二　(1)　(2)　(3)

問三　～

問四

問五

問六

四

1　2　3　4　5

五

セッシュ　カキョウ　サ　精緻　粗

札幌静修高等学校（普通科総合コース）　2022年度

◇数学◇

※ 141％に拡大していただくと，解答欄は実物大になります。

1

(1)	
(2)	
(3)	
(4)	
(5)	

2

(1)	x ＝
(2)	x ＝　　　　，y ＝
(3)	S ＝
(4)	
(5)	x ＝

3

(1)	a ＝
(2)	円
(3)	cm
(4)	x ＝
(5)	

4

(1)	
(2)	

5

(1)	x ＝
(2)	x ＝

6

(1)	a＝　　，b＝　　，c＝
(2)	$\leqq y \leqq$

7

(1)		(2)		(3)	

（完解）

8

(1)	
(2)	

札幌静修高等学校(普通科総合コース)　2022年度　◇英語◇

※ 145%に拡大していただくと，解答欄は実物大になります。

1

問 1

A		B		C		D	

問 2

問 3

問 4 　順不同

問 5

問 6

1

2

問 7

2

問 1

問 2

A		B		C	

問 3

②		③	

問 4 (　　　　) (　　　　) of

問 5

1		2		3		4	

問 6

3

1		2		3		4		5	
6		7		8		9		10	

4

1		2		3		4		5	

5

順不同

◇国語◇

札幌静修高等学校（普通科総合コース）　２０２２年度

※１５２％に拡大していただくと，解答欄は実物大になります。

一

問一　1　2

問二　(1)　(2)

問三

問四　B　C　D

問五

問六

問七

問八

問九

問十

二

問一　(1)　(2)

問二　1　2

問三　Ⅰ　Ⅱ

問四

問五

問六　A　B

問七

問八

問九

問十

三

問一　①あはれみ　②まゐりて

問二　(1)　(2)

問三　1　2

問四

問五

問六

問七

四

1　2　3　4　5

五

セッシュ　カキョウ　サ　精緻　粗

MEMO

大切なことはメモしておこうネ！

MEMO

大切なことはメモしておこうネ！

東京学参の

高校別入試過去問題シリーズ

＊出版校は一部変更することがあります。一覧にない学校はお問い合わせください。

東京ラインナップ

あ　愛国高校(A59)
青山学院高等部(A16)★
桜美林高校(A37)
お茶の水女子大附属高校(A04)
か　開成高校(A05)★
共立女子第二高校(A40)
慶應義塾女子高校(A13)
国学院高校(A30)
国学院大久我山高校(A31)
国際基督教大高校(A06)
小平錦城高校(A61)★
駒澤大高校(A32)
さ　芝浦工業大附属高校(A35)
修徳高校(A52)
城北高校(A21)
専修大附属高校(A28)
創価高校(A66)★
た　拓殖大第一高校(A53)
立川女子高校(A41)
玉川学園高等部(A56)
中央大高校(A19)
中央大杉並高校(A18)★
中央大附属高校(A17)
筑波大附属高校(A01)
筑波大附属駒場高校(A02)
帝京大高校(A60)
東海大菅生高校(A42)
東京学芸大附属高校(A03)
東京実業高校(A62)
東京農業大第一高校(A39)
桐朋高校(A15)
都立青山高校(A73)★
都立国立高校(A76)★
都立国際高校(A80)★
都立国分寺高校(A78)★
都立新宿高校(A77)★
都立墨田川高校(A81)★
都立立川高校(A75)★
都立戸山高校(A72)★
都立西高校(A71)★
都立八王子東高校(A74)★
都立日比谷高校(A70)★
な　日本大櫻丘高校(A25)
日本大第一高校(A50)
日本大第三高校(A48)
日本大第二高校(A27)
日本大鶴ヶ丘高校(A26)
日本大豊山高校(A23)
は　八王子学園八王子高校(A64)
法政大高校(A29)
ま　明治学院高校(A38)
明治学院東村山高校(A49)
明治大付属中野高校(A33)
明治大付属中野八王子高校(A67)
明治大付属明治高校(A34)★
明法高校(A63)
わ　早稲田実業学校高等部(A09)
早稲田大高等学院(A07)

神奈川ラインナップ

あ　麻布大附属高校(B04)
アレセイア湘南高校(B24)
か　慶應義塾高校(A11)
神奈川県公立高校特色検査(B00)
さ　相洋高校(B18)
た　立花学園高校(B23)
桐蔭学園高校(B01)
東海大付属相模高校(B03)★
桐光学園高校(B11)
な　日本大高校(B06)
日本大藤沢高校(B07)
は　平塚学園高校(B22)
藤沢翔陵高校(B08)
法政大国際高校(B17)
法政大第二高校(B02)★
や　山手学院高校(B09)
横須賀学院高校(B20)
横浜商科大高校(B05)
横浜市立横浜サイエンスフロンティア高校(B70)
横浜翠陵高校(B14)
横浜清風高校(B10)
横浜創英高校(B21)
横浜隼人高校(B16)
横浜富士見丘学園高校(B25)

千葉ラインナップ

あ　愛国学園大附属四街道高校(C26)
我孫子二階堂高校(C17)
市川高校(C01)★
か　敬愛学園高校(C15)
さ　芝浦工業大柏高校(C09)
渋谷教育学園幕張高校(C16)★
翔凜高校(C34)
昭和学院秀英高校(C23)
専修大松戸高校(C02)
た　千葉英和高校(C18)
千葉敬愛高校(C05)
千葉経済大附属高校(C27)
千葉日本大第一高校(C06)★
千葉明徳高校(C20)
千葉黎明高校(C24)
東海大付属浦安高校(C03)
東京学館高校(C14)
東京学館浦安高校(C31)
な　日本体育大柏高校(C30)
日本大習志野高校(C07)
は　日出学園高校(C08)
や　八千代松陰高校(C12)
ら　流通経済大付属柏高校(C19)★

埼玉ラインナップ

あ　浦和学院高校(D21)
大妻嵐山高校(D04)★
か　開智高校(D08)
開智未来高校(D13)★
春日部共栄高校(D07)
川越東高校(D12)
慶應義塾志木高校(A12)
さ　埼玉栄高校(D09)
栄東高校(D14)
狭山ヶ丘高校(D24)
昌平高校(D23)
西武学園文理高校(D10)
西武台高校(D06)
た　東京農業大第三高校(D18)
は　武南高校(D05)
本庄東高校(D20)
や　山村国際高校(D19)
ら　立教新座高校(A14)
わ　早稲田大本庄高等学院(A10)

北関東・甲信越ラインナップ

あ　愛国学園大附属龍ヶ崎高校(E07)
宇都宮短大附属高校(E24)
か　鹿島学園高校(E08)
霞ヶ浦高校(E03)
共愛学園高校(E31)
甲陵高校(E43)
国立高等専門学校(A00)
さ　作新学院高校
（トップ英進・英進部）(E21)
（情報科学・総合進学部）(E22)
常総学院高校(E04)
た　中越高校(R03)＊
土浦日本大高校(E01)
東洋大附属牛久高校(E02)
な　新潟青陵高校(R02)＊
新潟明訓高校(R04)＊
日本文理高校(R01)＊
は　白鷗大足利高校(E25)
ま　前橋育英高校(E32)
や　山梨学院高校(E41)

中京圏ラインナップ

あ　愛知高校(F02)
愛知啓成高校(F09)
愛知工業大名電高校(F06)
愛知みずほ大瑞穂高校(F25)
暁高校(３年制)　(F50)
鶯谷高校(F60)
栄徳高校(F29)
桜花学園高校(F14)
岡崎城西高校(F34)
か　岐阜聖徳学園高校(F62)
岐阜東高校(F61)
享栄高校(F18)
さ　桜丘高校(F36)
至学館高校(F19)
椙山女学園高校(F10)
鈴鹿高校(F53)
星城高校(F27)★
誠信高校(F33)
清林館高校(F16)★
た　大成高校(F28)
大同大大同高校(F30)
高田高校(F51)
滝高校(F03)★
中京高校(F63)
中京大附属中京高校(F11)★
中部大春日丘高校(F26)★
中部大第一高校(F32)
津田学園高校(F54)
東海高校(F04)★
東海学園高校(F20)
東邦高校(F12)
同朋高校(F22)
豊田大谷高校(F35)
な　名古屋高校(F13)
名古屋大谷高校(F23)
名古屋経済大市邨高校(F08)
名古屋経済大高蔵高校(F05)
名古屋女子大高校(F24)
名古屋たちばな高校(F21)
日本福祉大付属高校(F17)
人間環境大附属岡崎高校(F37)
は　光ヶ丘女子高校(F38)
誉高校(F31)
ま　三重高校(F52)
名城大附属高校(F15)

宮城ラインナップ

さ　尚絅学院高校(G02)
聖ウルスラ学院英智高校(G01)★
聖和学園高校(G05)
仙台育英学園高校(G04)
仙台城南高校(G06)
仙台白百合学園高校(G12)
た　東北学院高校(G03)★
東北学院榴ヶ岡高校(G08)
東北高校(G11)
東北生活文化大高校(G10)
常盤木学園高校(G07)
は　古川学園高校(G13)
ま　宮城学院高校(G09)★

北海道ラインナップ

さ　札幌光星高校(H06)
札幌静修高校(H09)
札幌第一高校(H01)
札幌北斗高校(H04)
札幌龍谷学園高校(H08)
は　北海高校(H03)
北海学園札幌高校(H07)
北海道科学大高校(H05)
ら　立命館慶祥高校(H02)

★はリスニング音声データのダウンロード付き。

都道府県別 公立高校入試過去問 シリーズ

- 全国47都道府県別に出版
- 最近数年間の検査問題収録
- リスニングテスト音声対応

公立高校入試対策 問題集シリーズ

- 目標得点別・公立入試の数学（基礎編）
- 実戦問題演習・公立入試の数学（実力錬成編）
- 実戦問題演習・公立入試の英語（基礎編・実力錬成編）
- 形式別演習・公立入試の国語
- 実戦問題演習・公立入試の理科
- 実戦問題演習・公立入試の社会

高校入試特訓問題集 シリーズ

- 英語長文難関攻略33選(改訂版)
- 英語長文テーマ別難関攻略30選
- 英文法難関攻略20選
- 英語難関徹底攻略33選
- 古文完全攻略63選(改訂版)
- 国語融合問題完全攻略30選
- 国語長文難関徹底攻略30選
- 国語知識問題完全攻略13選
- 数学の図形と関数・グラフの融合問題完全攻略272選
- 数学難関徹底攻略700選
- 数学の難問80選
- 数学　思考力―規則性とデータの分析と活用―

2309A

〈リスニング問題の音声について〉

本問題集掲載のリスニング問題の音声は、弊社ホームページでデータ配信しております。

現在お聞きいただけるのは「2024年度受験用」に対応した音声で、2024年3月末日までダウンロード可能です。弊社ホームページにアクセスの上、ご利用ください。

※本問題集を中古品として購入された場合など、配信期間の終了によりお聞きいただけない年度がございますのでご了承ください。

高校別入試過去問題シリーズ

札幌静修高等学校　2024~25年度

ISBN978-4-8141-2695-8

発行所　東京学参株式会社

〒153-0043　東京都目黒区東山2-6-4
URL　https://www.gakusan.co.jp

編集部　E-mail　hensyu@gakusan.co.jp

※本書の編集責任はすべて弊社にあります。内容に関するお問い合わせ等は、編集部まで、メールにてお願い致します。なお、回答にはしばらくお時間をいただく場合がございます。何卒ご了承くださいませ。

営業部　TEL　03 (3794) 3154
FAX　03 (3794) 3164
E-mail　shoten@gakusan.co.jp

※ご注文・出版予定のお問い合わせ等は営業部までお願い致します。

2023年10月6日　初版